マルクト広場の朝市と市庁舎

ネッカー橋からの光景

小さなよろこび　大きな幸せ

小さなよろこび　大きな幸せ

——テュービンゲン便り——

横井秀治著

知泉書館

真の豊かさとはなにか？

松田純

ドイツ南部の小さな街テューービンゲン、ここを舞台にこの物語は始まる。人口八万八千人の大学都市である。大学の歴史は古く、十五世紀に始まる。前身となったテューービンゲン神学校は、十七世紀から十九世紀にかけて、ルター派正統神学の拠点であった。ここで、ケプラー、ヘーゲル、ヘルダーリン、シェリングらが学生時代を過ごした。彼らが暮らしていた学生寮がいまもテューービンゲン大学の学生寮として使用されている。横井さんの家の窓から、その学生寮がよく見える（五頁）。日本から多くの研究者や学生が、研修や留学の目的で、テューービンゲンに滞在する。日本からのツアールートには入っていないが、素晴らしい街だ。テューービンゲンはドイツで「市民生活のもっとも高い街」に選ばれた（本書九頁）。いまふうに言えば、「ドイツで幸福度指数第一位の街」「ドイツで住んでみたい街ナンバーワン」ということである。

横井さんはドイツ人のゲルトルートさんと結婚して、この街に移り住んで、すでに二十六年になる。歴史も文化も宗教も制度も異なる地で、主夫《ハウスマン》をしながら、家事と育児の間隙をぬって、さまざまなテーマについて思索し、実地の調査を重ね、『テューービンゲン便り』に載せて日本に向けて発信してきた。文化と文化のはざまで「ドイツって、どんな国なのか？」「日本って、どんな国か？」「日本人は……？」と問い、答えを探し求めてきた。その思索から教えられるものはじつに多い。

『テュービンゲン便り』をまとめたドイツ語版はすでに刊行されている（その書評は二二八―二三二頁）。彼の義母に内容を翻訳して知らせたかったという思いから、刊行に至ったようだ。しかしドイツ語版だけというのは惜しい。日本のもっと幅広い読者にも、これを読んでほしいと思った。本書刊行によって、それがかなったことは実に喜ばしい。現地で暮らし、人々と日常の付き合いをし、心を交わせ、同時に、文化のはざまで「ドイツって、なに？」「日本って、どんな国か？」とたえず問い続けた人にしか書けない内容が、そこにぎっしり詰まっているからだ。第二部日本旅行篇も、この点で貴重である。日本を長く離れ、老境にさしかかるなかで、日本への強烈な郷愁すら感じさせる。

長男のミヒャエル君は浜松で障がいをもって生まれた。横井さん自身も日本で障がい者福祉の仕事に携わっていた。障がいや福祉について深く問いかけた思索や、ドイツの福祉や介護の現状についての記事も豊富で、そこから日独の違いも学べるであろう。

妻のゲルトルートさんは「駅ミッション」（キリスト教組織団体が駅で行う支援活動）で働いていた。その活動の根底にはキリスト教の隣人愛とホスピタリティがある。彼女の父は黒い森地方の小さな村で牧師をしていた。その妻（横井さんの義母にあたる）も教会の手伝いで忙しかったと書かれてある。横井さんは義母の晩年を共に暮らすなかで、キリスト教の精神文化に深く考えさせられたようだ。それに関わる文章から、社会や文化の根底にある宗教性について思いをはせるのもよいだろう。

私は一九九〇年ドイツ統一の年に、テュービンゲンで一年間過ごした。そのとき横井さんと出会い、いろいろ教えて頂いた。翌夏にはスイス・アルプスの山中に二家族と日本からの留学生とで貸別荘を借り、一週間、山歩きやゲームなどをして楽しんだ。こうした贅沢な時間をあまりお金をかけずに楽しむ術をドイツ人はよく心得ている。一泊二日で見るべきものだけを足早に見て回る日本人の旅行とは違う。ドイツ人のバカンスの過ごし方、時間の過ごし方を学んだ思いがした。

本書から、読者は日本とは異なるドイツ事情について豊富な知見を得ることができる。それはもちろんできるのだが、それだけではもったいない。せわしい日本とは異なる時間が流れているテュービンゲンでの暮らしぶりを想像し、ゆったりとした気持ちで、自分の日常を見つめ直してみるのもよいだろう。そこにこそ貴重な学びがあるに違いない。

「小さなよろこび　大きな幸せ」、そこには「真の豊かさとは何か？」という問いと、いま日本で最も求められている答えのヒントが詰まっている。

はじめに

二十八歳のときだった。ドイツで、ある女性と知り合いになり、半年後に彼女と結婚することになった。それから一年して、ダウン症の息子ミヒャエルが浜松で生まれた。

私たち夫婦はその息子の成長を見守りながら、日本で八年間暮らしてから、こんどは妻の母が住む、ネッカー川のほとりにある街テュービンゲンに移り住むようになった。一九八六年のことだった。それ以来、ハウスマンとなって、毎日家事と子育てをするようになった。

主夫として暮らし始めたころ、果たして自分はこれでいいのだろうかとの考えに、しばしば襲われた。妻と息子、それに一緒に住む義母は協力的だったのだが、毎朝六時に起き、朝と昼と夕食作りの生活の繰り返しに、何か物足りなさを感じたからだった。

しかし、それを毎日続けていると、家族との関係のなかで、自分は存在しているのだと思うようになった。と同時に、地域や社会とも繋がりながら生きているのだと考えるようにもなっていった。

それからというもの、自分の存在に疑問を抱かなくなり、己の生を日々の生活のなかで積極的に展開していくようになった。

ここに載せた一つひとつは、それらの体験を綴ったものである。

それらは、私が友人や知人たちに定期的に送っている『テュービンゲン便り』から選び出したものばかり。

なお、当時書いた文章を読み易くするため、手直しをしたところがいくつかある。

小さなよろこび　大きな幸せ　目次

家族と共に

まわりの人たち

地域社会

ミヒャエルの自立

手紙のやりとり

「共に」のなかで

社会を見つめる

ふるさと日本　こころの旅

小さなよろこび　大きな幸せ

このような街

古いものに囲まれて

テレビを観ていたら、画像が急に消えてしまった。十八年前に製造された画面の大きいこのテレビ、妻の叔母から譲りうけたもの。今まで一回の故障もなく、よく映っていたのに。

さて、どうしようかと思い、

「もうだいぶ古くなったから、新しいのを買おうか」

と妻のゲルトルートに訊くと、

「修理に出せば、まだ観ることができるのではないの?」

と答えたので、街にある三件の電気屋に電話で問い合わせることにした。

最初の店では、「直しても、ほかの部分が故障すると思うので、新しいのに替えたらどうですか」と勧められ、次の店では始めからその気はなく、「もうムリでしょう」との返事。

三番目の店に電話すると、

「画像がまだよく映るなら、修理しますよ」

と言ってくれたので、そこに持って行くことにした。

そのテレビ、以前と同様に今でも色合いもよく映っている。テレビもそうだが、自分はなんと多くの古いものに囲まれながら暮らしているのだろう、と思うときがしばしばある。

住んでいる家は、四百年前に建てられた五階建ての建物。ここに四家族が暮らし、私たち家族は三階に住んでいる。

この家には、時代を告げるように、黒ずんだ大きな石で囲まれた地下室がある。そこはまるで洞窟みたいで、夏は涼しいが、冬は肌を刺すような冷たさとなる。ワインやリンゴなどを貯蔵することができ、ジャガイモなどは一年以上置いていても腐らない。日本から訪れた人を、その地下室に案内すると、「へえー、すごいところね」と皆驚きの声を上げる。

中世に建てられた家には古めかしいものが合うようで、居間には妻の祖母が使用していたゼンマイ仕掛けの時計が壁に掛けてある。その時計、部屋の壁が垂直ではないので工夫して取り付けられてあって、今も一メートルほどの振り子を左右に動かしながら、一時間ごとに「ボーン、ボーン」と時を告げている。

家具も古く、テーブルや椅子、それに食器棚などは五十年以上も前に造られたものばかりだ。が、どれも固い梨の木でできているせいか、傷みはほとんどない。三年前、ゲルトルートと壁紙の張り替えをした際、それらの重い家具を移動するのに、ひと苦労したことを想い出す。

妻は、祖母が使用していたソファーや椅子などの布地が傷んでくると、小さなリヤカーの上に乗せて、家具を製造しているところに持って行く。それにかかる費用は、新しい椅子やソファーを買うよりも高くなるが、修繕するだけの価値はあるようで、日本から来た家具職人が、居間にある時代のついた椅子を目にして、「これは、一脚八〜九万円はするでしょう」と言ったことがあった。

居間の床は細長い木の板がつながっていて、その上を歩くと、「ギシィ、ギシィ」と音がする。昔の木造校舎の板敷きを歩くようなものだ。また階段も木で造られているので、長い年月を経た今は、足の踏み跡でいくらか窪んでいる。が、よく磨かれているので古めかしさを感じない。

木といえば、息子のミヒャエルが小さいころによく遊んだ積み木は、長短のシンプルな棒だが、自分で工夫しながら遊ぶことができる。義母が子供の時分に使っていたものだ。

毎日の食事に使っているナイフとフォークは、妻の両親が使用していたもので、スプーンは大きく、やっと口に入るくらいなのに最初は驚いたものだった。またコーヒー用の小さなスプーンは、銀で作られているせいか、すこし力を入れると、容易に曲がってしまう。それに銅製の鍋や湯たんぽなども古いものだ。

細長い浴槽は半世紀前に造られたもの。数年前までは薪を焚いて湯を出していたが、大家がとうとうボイラーを取りつけてくれたので、簡単に浴槽に浸かることができるようになった。ただ、残念なことは、湯の水質が硬くなってしまったことだ。

まわりを見回すと、最近何を購入したのだろうかと考えてしまう。二年前に買った洗濯機が浮かぶ。脱水は別の機械でする。妻が言うには、「脱水も一緒にする洗濯機は長持ちがしない」と。この洗濯機も十年、二十年と使い続けていけるだろう。

時代がかったものを大切にしながら維持するには、それなりに努力を要する。とくに、経済的には厳しさがあるのを知る。

たとえば、家から一歩外に出ると、約四百年前に建てられた、この地方独特の木組みの家々を縫うように歩くことになる。それらの外壁は、約三十年に一度の割で塗り替えられる。それにかかる費用は約二百万円である。屋根瓦は、五十年に一度は取り替えられる。建物を所有している人たちは、大変なことだ。

通りの美観がよいのも、そのような並々ならぬ努力がなされているからだ。街が住民の心を映し出す鏡となっているのを知る。

また家のなかでも時間ごとに聞こえてくる教会の鐘の音は、数百年前から鳴り響いているし、これからも数百年と鳴り続けていくだろう。そのように思ったのも、家の斜め前に建つ木組みの大きな学生寮（定員百二十名）が、一年前に二億円かけて修理されたとき、妻が、

「四百年前と同じ姿になったのだから、それと同じ四百年間は建ち続けていくわ」

と言ったからだ。

歴史が時と共に引き継がれているのを感じながら、私はこの街で暮らしている。　（一九九五年七月）

石畳を歩く

テュービンゲンに初めて訪れたのは、大学三年生のときだった（一九六九年）。世界をこの目で見たいという好奇心に駆られて、寝袋をリュックに詰め込んで登山靴をはき、ヨーロッパ、アメリカへ渡ったのだ。

ドイツでは、半年間ほどアルバイトをして、その際に貯めたお金でスイスやチロルの山々を歩き廻り、そのついでにテュービンゲンに立ち寄ったのだ。一泊の予定だったのが、四泊にもなってしまったのを想い出す。それだけ、この街に魅せられてしまったのだ。

この街の美しさは、当時も今も変わってはいない。違いがあるといえば、今は観光客をよく目にするようになったことだ。年間二百万の人が訪れてくる。

彼らの多くは、手にカメラを持って、旧市街の高台に立つ城からマルクト広場を抜け、ネッカー橋の約一キロの石畳道をよく歩いている。どこを撮っても、絵になる光景だからだろう。日本から友人や知人たちが来ると、私もこの道を案内することにしている。

まず、私の家の裏門を出ると、目の前に、一六〇六年に造られたテュービンゲン城の石門が威風堂々と立っているのが見える。その門を潜り、石畳の坂道をゆっくりと上ると、展望のよい高台に出る。

前景には旧市街が一面に広がり、遠方には濃い緑でおおわれた低い山々が、ゆるやかな曲線でつながっているのを望むことができる。この地形から、大昔はここら一帯が海底だったのを知ることができる。

テュービンゲン城内をしばらくのんびりと歩き廻ってから、先ほど潜った城門を出ると、この街最古の家々が建ち並ぶ曲がりくねった小路となる。ある家柱には、一四九一年の文字が刻まれている。さらに薄暗い狭い路地を下ると、急に前面が明るくなる。マルクト広場である。

広場の周囲には、中世に造られた木組みの五階建ての家々が、肩を組んだようにして建ち並び、窓辺には色鮮やかな花が植えられている。そのなかでも、ひときわ目立つ大きな建物は、十五世紀に建てられたルネッサンス様式の市庁舎だ。

　この広場で月、水、金曜日の午前中は、新鮮な野菜と果物、それにチーズ、ハム、パン、鱒などを買うことができる。並んでいる人参などは、農家の人が直接店を出しているので土がついたままだが、かじると甘い。

　この朝市は老若男女の人たちでいつも賑わい、至るところで立ち話をしている。その情景を目にすれば、ここが市民の社交の場ともなっているのを知るだろう。また街の祭りやジャズコンサートなども、この広場でよく催される。それに夏になると、若者や観光客たちが日の沈む十時過ぎまで、石畳の上に座ってビールを飲みながら夕涼みをしている。この付近一帯は車の乗り入れが禁止されているので、車の騒音をまったく耳にしないのがいい。

　ここをあとにして、石畳の道を踏んで行くと、バイオリンなどを弾いているストリート・ミュージシャンによく出会う。彼らが奏でる軽やかな音色を聞きながら、さらに進むと、高く聳え立つ、後期ゴシック造りの教会の塔が目に飛び込んでくる。

　その塔に登り、下を望むと、赤みがかったオレンジ色の小さな屋根がマッチ箱のようにかわいらしく並び、模型のように映るその様に感嘆の声を上げない人はいないだろう。ここでしばらく東西南北を眺めたあと、らせん状の階段を降りると、ヘルマン・ヘッセが四年間見習い店員として働き、今も営われている書店前に出る。

　そこを通り過ぎて右に折れると、変化に富んだしゃれたショーウインドーが並ぶ坂道となる。さらに下って行くと、イタリアのアイスクリーム店に出る。暑い日には、この店の前はいつも長蛇の列となっている。あたりを見回すと、老いも若きもアイスクリームを手に持ちながら大きな舌で包むようにして食べている姿ばかりである。

　この買い物通りで目につくことは、男性たちが乳母車を押している姿だろう。立ち話をしている男性たちも、乳母車を揺らしながら会話をたのしんでいる。

アイス店からさらに行くと、ネッカー橋の上に立つ。百メートル近くもある橋の欄干には、赤・黄・白・紫色などの花が咲き、甘い香りが一面に漂っている。そこから目線を下に向けると、大河ラインの支流であるネッカー川の水が緩やかに流れ、川面には鴨や白鳥が遊び、鱒が泳いでいるのが見える。

ここからの眺めが、美景なのである。川沿いには、中世に建てられた家々が色とりどりに並び、川面には一本の竿で操られながら小船がゆっくりと揺れ、川べりのしだれ柳の細い枝が水面に触れている風景に、目を見張らない人はいないだろう。それらをバックに、観光客たちはよく写真を撮っている。テュービンゲンの顔とも言われているところである。

この橋の中央付近に中洲へ通じる階段がある。そこを降りると、樹齢二百年にも及ぶプラタナスの大樹が百本ほど並ぶ並木道となる。そこを行くと、ローレライの歌を作曲したジルヒャーの大きな銅像に出合う。川面に目を移すと、古風な造りの家並みが、波と一緒に揺れ動いているのが見える。とくに、日が傾き、朱い陽がさざめき輝いている風光は、メルヘンの世界ともいえるだろう。

約一キロも続くこの中洲には、リスたちが住んでいて、時々彼らがすばしっこい速さで、木に登る姿を見かけることもある。耳を澄ますと、小鳥たちの鳴く声がどこからともなく聞こえ、キツツキが幹をたたく音も耳に入ってくる。それがいっそう静けさを呼ぶのである。四季折々、自然の変化がたのしめる散歩道だ。

その他にも、市内にはいくつもの景勝地がある。たとえば、学生や子供や市民が憩う緑の公園や、ピカソやセザンヌなどの絵を展示する美術館もある。それに十二ヘクタールの大学植物園内には、日本庭園もあって、花が一斉に咲く五月、この植物園を訪れると、春のよろこびを体で感じることができるだろう。花好きな人にとっては、飽きない園だ。

見学するところはまだいくつもあるが、何といっても戦災に遭っていないこの街を、自分の足で廻れば、中世の時代を肌で感じ、歩いているのがよりたのしくなってくるだろう。

（一九九七年五月）

まさか、テュービンゲンが

どこの書店・キオスクに行っても、月刊誌フォーカスを買うことができないでいた。すべて売り切れになっていたからである。それでも何とか手に入れようとして、街の図書館に足を運んだのだが、棚にはなかった。仕方なく、車で十分ほど走った隣の街で、やっと購入することができた。

「ドイツ国内の五四三の市町村のうち、市民生活のもっとも高い街はどこか」

との調査記事が新聞に載ったのは、昨日のことだった。驚いたことに、人口八万人のテュービンゲン市が第一位に選ばれたのである。それを知った市民がキオスクに殺到したのだった。

その調査はミュンヘンのある研究グループが十八か月にわたって、三万個のデータをもとに、次のような六つの分野の総合点でランキングリストを決めるものだった。

経済分野　所得額・失業率・社会扶助金需要者率・土地の価格など

環境分野　空気の汚れ・水の鮮明度・森や林などの緑の面積・交通の便など

文化分野　公園・劇場・図書館・映画館・美術館などの数

安全分野　交通事故・犯罪などの件数

健康分野　癌・呼吸器・循環器の病気で亡くなる比率など

福祉分野　幼稚園・高齢者ホーム・診療所・病院などの数

その結果、テュービンゲン市が一位になったのである。二位はボン、七位はミュンヘン、一五位はハイデルベルグ、五五位はベルリン、六八位に初めて東部ドイツ（旧東ドイツ）のローストック市、最後の方はほとんどが旧東ドイツの街々だった。

この記事を読んで、財政難に悩ませられていたテュービンゲンの市長は、一時それを忘れ、よろこんだことだろう。またある市民は、土地や住宅の価格が上昇するだろうとよろこんだかもしれない。反対に、家賃が高くなることを懸念した市民もいたかもしれない。しかし、総じて多くのテュービンゲン市民は、街のイメージがよくなったとよろこんだことだろう。

　人口八万人が住むテュービンゲンは、大学街ということもあってか、コンサートや芸術関係の展示が頻繁に催され、映画館も多い。また街全体が森に囲まれているといった感じなので、至るところで緑を目にする。

　観光客が年々増え続け、それにホームレスの人たちも、ここに集まってくるのである。居心地がよいからだろう。

　ただ、石畳の坂道が多いので、お年寄りや車椅子に乗った人は不便を感じるかもしれない。とくに、冬は路面が凍るので、気をつけなければならない。それをのぞけば、この街は実に美しい。ドイツ国内で、市民生活のもっとも高い街に選ばれたのも肯ける。

　先日、この街の女性市長が買い物かごを持って、通りを歩いていたのを見かけた。

「こんにちは、市長さん」

　そう声をかけたくなるような雰囲気が、ここにはある。

（一九九九年十月）

勿体ない

次のような手紙を、ある女性からもらった。

「東京湾では、ハエが大発生したそうです。ゴミが増えたことが原因です。テュービンゲンがそれほど美しい街なのは、一人ひとりがそれぞれ気を使っているからなのでしょうね。

　日本では買物をすると、何重にも袋に入れたり、包んだりして過剰包装です。ビンも色や形が様々です。チョコレート一つでも、美しく丈夫な箱に入っているのです。それがみんなゴミになります。私は生協に加入しているので、段ボール、ビン、広告ちらし、牛乳パック、新聞紙、化粧箱など、細かく区分けして廃品回収に出します。これも、業者にはあまりお金にならないので、引き取り手が少ないのです。ドイツのゴミ事情はどうなのか、と興味があります」

ハウスマン（主夫）をしている私にとって、このゴミ処理は毎日身近に触れている問題でもある。家庭から出る廃棄物は、「混ぜればゴミ、分ければ資源」といわれているように、私の家でも分別している。

たとえば、ヨーグルトカップ、ビニール袋、缶、アルミニウムなどは、各家庭に配られた透きとおる大きなビニール袋に洗って入れ、家の前に出す。それらは、二週間ごとに回収車がきて、街郊外にあるゴミ分類工場（私企業）に運ばれ、再生資源となる。

生ゴミは、以前は知人宅に設置してあるコンポスト箱まで運んでいたが、今は高さ一メートルもある緑の生ゴミ用の容器に入れ、家の前に出すようになった。冬は二週間、夏は一週間の間隔で撤収される。

ちり紙や小さなゴミは、高さ五十センチの黒い容器に詰めて外に出しておくと、二週間ごとに回収される。またビンは、近くの鉄製コンテナまで持ち運び、白・緑・茶色に区分けされた鉄器内に投げ入れる。

そのほかに、新聞紙、木、衣類、靴、危険物などは、決められた日に家の前に出しておけば、トラックなどで運ばれていく。

ゴミを分別し始めたころ、どこに入れたらよいのかと迷ったものだ。そのために、各家庭に配られたゴミのＡＢＣ表を台所の壁に張っていた。が、しばらくすると、それを見なくても済むようになった。そのようなことを通じて、ゴミ問題への関心も高まり、次のような心がけをするようにもなった。

パン屋に行く際は、前に包んでくれた紙袋を持ち、それに入れてもらう。買い物かごはかならず持って出かける。店に用意されている大きなビニール袋は決して使わない。また牛乳や飲料水の容器は、リサイクルができるビンを買う。

ゴミをしっかりと分別すると同時に、ゴミを出さないようにもしている。この街では、自動販売機は通りにほとんどないことも、それに一役かっている。あったとしても、煙草用の小さなものか、トイレなどにおいてあるコンドーム用のものだ。スーパーマーケットなどでは、缶入り飲料水を売っていない。

また家でいらなくなった家具類や電気器具類の大きな物を回収する日が年に二回ある。この日、家の前に置かれたものを、多くの人が懐中電灯を持って探している姿を至るところで目にする。それも若い女性や紳士、それに主婦や学生や外国人などさまざまだ。先日、私も一脚の椅子を見つけ、家の居間に運んだことがあった。

その他にも、年に二回ほど、落とし物の競売の日があって、そこで三百円の腕時計を買ったことがあった。この日は、街のすべての落とし物が即売され、多くの市民が参加する。この競売、ユーモア溢れるなかで行われ、その会話のやり取りがとてもおもしろいのだ。とにかく、使用できるものは他の人の手に渡る。

そのような中で暮らしていると、物を大切に使い、物を簡単に捨てない「勿体ない」の意識が自然と身についてくる。

（一九九九年十月）

こんにちは、ヨコイさん

市庁舎から歩いて一分もしないところに、ネッカーハルデ通りがある。ネッカーは川の名、ハルデは坂の意味、文字のごとく川に沿った坂道である。ここに、私は住んでいる。

この通りに建つどの家々からも、眼下に流れるネッカー川がよく望める。昔は、大学教授が好んで暮らしていたところでもあった。しかし、今は一番地のパン屋から、三百メートル先のゆるやかな坂道の下まで、ホテル、学生寮、レコード店、ギリシャレストラン、政党事務所、牧師館、幼稚園、難民集会所、郷土博物館などが並んでいる。それらの建物は、約四百年前に造られたものばかりである。

この通りには、ドイツ人以外にも多くの外国人が住んでいる。私のほかにもギリシャ人、イギリス人、フランス人、ガーナ人、トルコ人、イラン人、それに学生寮に住む外国人を加えたら、数え切れないほどとなる。

彼らと通りで行き逢うと、お互い挨拶を交わす。とくに、知り合いのドイツ人は、

「こんにちは、ヨコイさん」

と、こちらの名前をかならずつけて呼ぶ。それに応えて、私も、

「こんにちは」

と、言うが、相手の名前は知っているにもかかわらず、「こんにちは、○○さん」とのことばがなかなか口から出てこない。そのようなとき、自分は日本人だなと思ったりする。多分その原因となっているのは、次のようなことがあるからだろう。

こちらの人は、個としての存在の自分を表現しながら暮らし、相手との境界線をはっきりと見つめる。そのことを、自分が生きていくうえで大切なこととしている。そのようなわけで、挨拶の際も、自分の存在とは異なる相手の名前を言う。

その点、私は相手との境界線をそう強く意識するわけではないので、挨拶を交わす際も相手の名前をつけない。しかし、時が経つにつれて、これでいいのかと思うようになった。というのも、通りで「こんにちは、ヨコイさん」とこちらの名前を言ってくれると、その人に親密感を覚え、立ち止まって会話をするようになったからである。

それならば、私も相手の名前を呼びながら挨拶のことばを交わそうと心がけた。が、口から相手の名前がすらすらと出てこない。まあそれでも、これでよしとしている今の自分でもある。

三十八年間、日本で培われた慣習は、そう容易に変わらないものだ。

（二〇〇〇年四月）

木々との挨拶

テュービンゲンの街は、緑の大きな公園内に在るといった感じなので、家から一歩外へ出ると、様々な木々に出合う。

高い木もあれば、低い木もある。枝が上へ突き上げている木もあれば、横に伸びている木もある。花が咲

いて実のなる木もあれば、葉を一年中つけている木もある。それら一本一本を眺めていると、その個性ある姿に、つい心が奪われてしまう。

街のなかを散歩したり、買物をしながら、よく立ち止まって前に立つ木を眺め、ときには樹皮に触れて、「あなたは立派だね」と語りかける。木との挨拶である。すると、心が自然と膨らんでくるのである。

しばしば触れるのはプラタナスの木だ。排気ガスや寒さやほこりに強いこの木は、街の公園や墓地、それに街路樹として至るところに立っている。とくに、ネッカー川の中洲に百本立ち並ぶ樹齢二百年にも及ぶプラタナスの木には、よく手をあてる。灰緑色のまだらな木肌がとても滑らかで、感触がいいからである。

これらのプラタナスの巨木をよく観察すると、老いてきた枝は丈夫な枝に支えられるように針金がかかり、倒れそうになった木は隣の力強く立つ木とロープでしっかりと結ばれ、また幹が大きく割れたところには、ニスのようなものが塗られ、一本一本がよく手入れされているのがわかる。

夏の夜は、この木の下でジャズコンサートやワインの夕べが催される。そうすると、人ばかりでなく、手の形をした大きな葉と二センチ球状の実が鈴のようにユラユラと揺れ、一緒に酔い踊るのである。また木々の下には、ベンチがいくつも並び、若いカップルが何も語らずに、静かな時間を共有している姿をよく見かける。濃い緑色の葉から発散する甘い香りが、ロマンチックな気分にさせるのだろう。

この中洲の川辺には、濃く繁った榛《ハン》の木々が立ち並び、枝垂れ柳の細長い葉が水面に垂れている模様に、風情を感じない人はいないだろう。観光客がよくカメラに納めるところでもある。

さらにプラタナスの道を進むと、今までとは違った風景が展開しはじめ、背丈三十メートルほどの楓の木々が、お互い競うかのように上へ上へと亭々と伸び、地には木から落ちた種が芽を出して密生している。また下草やつたも多い。時々リスが素早く木に登っている姿を見つけたりする。それに小鳥たちの鳴き声が聞こえ、キツツキが幹を叩く音も耳に入ってくる。

ここから眺める五月初旬の光景が素晴らしく、向こう岸に建つ大きな学生寮の庭には、何本ものリンゴやナシやチェリー、それにプラムの薄紅色の花が並んだように咲いて、それが川面に揺れながら映るのである。春の訪れをより感じるところだ。

以前その庭で、日本から来た学生たちと一緒にビールやワインを飲み、語り明かした日々もあった。皆数年ここで学問にいそしんでから帰国するが、いつか自由な時間ができたら、ここを訪れて来ることだろう。そうしたら、街並みがほとんど変わっていないこの街は、彼らを心から歓迎するだろう。もちろん、私も会ってみたい。

全長約一キロにも及ぶこの並木道、四季折々たのしめるところだ。さらにテューービンゲン駅へ向かって歩いて行くと、鴨や白鳥が遊んでいる大きな池に出る。その近くには、六本の大きな西洋栗の木（マロニエ）が立ち並んでいる。

あれは、四年前の初冬のある日のことだった。そのマロニエの下を通ったとき、驚いたことがあった。上に伸びる太い幹と多くの枝がちょん切られ、六本の大木が丸坊主のようになっていたからだ。

それを見て、ここまで人間の手を入れないでもよいのではないかと、寒々とした気持ちになった。木がかわいそうでならなかった。

それから四年が経った今、それらの木々に咲く花はたしかに前よりもふさふさとなって、木全体に大きな葉を付けるようにはなった。が、それでもと思ってしまう。木が人と共に暮らしていくなかで、これも仕方がないのだろうか。

このマロニエの横に、一本の若い桜の木がある。六本のマロニエの見事な花と較べると、桜の木の花は、今は優雅さにおいては見劣るが、年々成長し、あの淡色の花が木全体を覆うようになったら、西洋栗に負けはしないだろう。その桜の木に、話しかけた。

「日本人のわたしは、あなたの美しさを知っていますよ。咲き誇ってください」

「ありがとう。見続けてください」

桜の木は肯いて、微笑んでいるような。

ネッカー橋に再び戻ってから二百メートル先に行くと、市民が憩う公園（旧植物園）に出る。その一角に、子供たちが遊ぶ場がある。ミヒャエルが小さいころ、よくブランコや滑り台をしたところである。そのすぐ脇に、樹齢二百年のブナの大木が堂々と立っている。

真夏のある日、その木の広い樹冠の下にいると、とても涼しかった。また急に雨が降った際に、そこにいると、濡れないで済んだものだった。

ブナは、この地では「森の母」と呼ばれ、樹皮に触れると、母のようなあたたかさと優しさを感じ、私たちを守ってくれる木だ。

この広い公園の敷地内は芝生で覆われ、暖かい日は若者たちがシャツを脱ぎ、上半身裸で寝そべったり、曲芸をしたりしている。外国人の家族も、よく来るところでもある。

あれは、十年以上も前のことだった。テュービンゲンに住んでいる日本人家族十数名がこの公園に集まって、モクレンの花が咲く木の下でゴザを敷き、巻きずしや稲荷ずしなどを持ち寄ったことがあった。華やかなたのしいひと時だった。

公園には、銀杏の木も立っている。ある日、その下を通ると、いくつかの黄色い実が地に落ちていた。ということは、どこかに異性の木が立っているはずだと思い、あたりを見回すと、十五メートル離れたところに、やや大きめの銀杏の木が見えた。目の前の木に話しかけた。

「黄色い実がよくなっていますね」。

「ここに植えられたのが百年前。やっと小さな実がなるようになったわ。でも、ここに住む人たち、それに鳥たちもわたしの実を食べてくれないわ」。

「あなたたちイチョウの木は、樹木のなかでも最も古く、二億年以上前からこの地上に自生していましたよね。そのあなたたちが、日本や中国からヨーロッパへ移植されたのがわずか三百年前のこと。この地では、まだエキゾチックな木と見られているのですよ。でも、そのうち、あなたの実がおいしいのを知るでしょう」。

「そうしたら、ここの人たちは競ってわたしの実の種を食べるでしょうね。私たちの寿命は千年ほど。これから向こうに立つパートナーと、大きな実がなるように仲良く暮らしていくわ」

「そのときは、わたしも食べてみたい。だけど、私たち人間の寿命は長くて百年なので、それができるかどうか。それに較べると、あなたたちは大したものですね」。

この公園から三百メートル離れたところに、大きな墓地があって、広い敷地内は様々な木々で覆われ、小鳥の囀る声がどこからともなく聞こえてくるところだ。ここに私たち家族は、月に二回ほど訪れ、マルクト広場で購入した根の付いた花を、約二平方メートルの墓に植える。

妻の先祖代々が眠っているその墓には、赤く軟らかい実のついたイチイの木が枝を広げている。このイチイの木、別名アララギは、妻が
「長生きを象徴する木なのよ」

と言ったことがあった。墓地や教会の庭でよく目にする木だ。

私の両親が眠る墓は東京の浅草にあって、まわりはコンクリートの高い建物で囲まれ、木々はなく、小鳥の鳴く声のかわりに車の騒音が聞こえるだけ。それに狭い敷地内には、墓石がびっしりと並び、散歩するような気分には到底なれないところだ。しかし、テュービンゲンの墓地は、木と土の織りなす匂いのなかで、花を植えたりしながら、ゆっくりと時を過ごすことができるのである。

この静かな墓地の裏門を出たところに、一本の菩提樹（リンデン）が立っている。この樹ほど、ドイツの詩に多く詠まれたものはないだろう。ドイツ人が最も愛している木で、東洋の銀杏と同様に、長生きする木でもある。八百年から千二百年は生き続けるだろう。街のなかで何本も目にする木だ。

そのなかでも、街外れのレストランの庭に立つ樹齢八百年のリンデンは見事である。

百名以上座れるビアガーデンの真ん中に、その木はデンとして樹冠を思い切り広げ、威風堂々と立っている。その下で、日本から来た人とよくワインやビールを飲み、この地方の料理を食べたりする。とくに、六

月の夕暮れの時刻になると、無数の薄いクリーム色の小花の甘い香りが漂い出し、会話がより弾んでくるのである。

高台に建つこのレストランからの眺めが、また美景なのである。緑の盆地が夕陽に照らされて、刻々と赤く染まっていく様は、光が醸し出すスペクタクルのようなものだ。田園詩的風景を醸し出しているこの一帯、排気ガスや高乾燥に弱い菩提樹がよろこんでいられるところでもある。

このレストランの裏は森となっている。歩くことが好きな私は、しばしば一人でそこを散歩する。と、時々幼稚園の子供たちが先生に連れられて歌を唄ったり、大きなカシワの木の下に落ちている三センチほどのどんぐりの実や松ぼっくりを拾ったりしている姿を見かける。

彼らの声で森全体が賑やかとなるが、いなくなると、再び静寂となる。木々の梢に止まって囀っている小鳥の声、それに自分の足音だけが聞こえるだけである。

私は、時々立ち止まっては、まわりに立っているマツやブナ、それに楓やカシワの木々を仰ぎ見ながら、

「あなたたちは立派ですね。四季折々あるがままの姿で暮らして」

と話しかける。そうすると、彼らから勇気をもらって慰められ、元気になってくるのである。

（二〇〇四年一月）

一本の木

あれは、ちょうど十年前のことだった。

いつものように朝食を摂っていると、外でモーターが回っているような音が聞こえてきた。道路工事をしているのだろうと思い、私たち家族は気にもせずにパンを食べ続けていた。が、その音が次第に大きくなったので、私は椅子から立ち上がり、窓辺に寄って下をのぞいた。

と、黄色い作業服を着た二人が、二メートル先に立っていたニセアカシアの木を切っているではないか。

愕き、窓を開け、

「何をしているのだ！」

と、下へ向かって大声で叫んだ。しかし、防音用ヘルメットを被っている二人の作業員には聞こえないようで、さらに幹を切り取っていった。

私と妻はすぐに外に出たが、木はすでになくなっていた。

「なぜ、切ったのだ？」

そう詰問すると、一人の作業員が、

「この木の根が建物の壁に張り付いて、壁を崩す可能性もあるので、市の委託で切り取ったのだ」

と、答えた。それを聴き、声を荒げて
「何ということだ。この一本の木によって、多くの人が恵みを得ていたのに。小鳥も蜜蜂もそうだ。それを切り倒すなんて、酷いではないか。それも予告もなしに、私たち住民の声も聞かずに」

と、言った。妻も、作業員と言い争ったが、暖簾に腕押しだった。

街路樹として立っていたそのニセアカシアの木、私たちがテュービンゲンに住みはじめたころは、二階の窓に背丈の先端がやっと届くかどうかの痩せた若木だった。それが年々大きくなって、私たちが住む三階の窓にまで、枝が伸びてくるようになった。

朝、目を覚まして窓を開けると、前に広がる複葉から発散された芳気が部屋中に漂い、それを胸いっぱいに吸うと、「さあ、きょうも一日がはじまるぞ」という清々しい気持ちになるのだった。

そのニセアカシアの木、私には想い出がいくつもあった。

春になって、白い花の甘い香りが漂い出すと、小鳥たちが新緑の葉で生い茂った梢に止まり、すばらしい声で歌うのだった。あるときなど、窓から一メートルも離れてない枝の上で、尾を上げながら澄んだ声で鳴いている小鳥の姿を、息をこらしながら眺め続けたこともあった。

花が咲いている時期もよかったが、夏になって、雨が降ったあとも素晴らしいものがあった。一枚一枚の葉の上に、小さな丸い水滴が惜しむかのようにのって、そこに太陽の光が射すと、眩いばかりに輝くのだった。

夏から秋になって、緑の葉がこんどは黄色く色づき、少しずつ散っていく様も趣があった。

そして、寒さが厳しくなって凍てつくような冬は、細い枝に氷柱が垂れ下がり、その重みで枝先は弓なりになってしまうこともあった。それが何日も続き、太陽が顔を出しはじめると、氷が溶け出して薄緑の芽が吹き、それを目にすると、春の近いことを知った。

四季折々、見飽きることはなかったその木が、切り倒されてしまったのだ。残念でならない。

それと同様に、ある一本の木に想い出がある。

東京に住んでいたとき、家の前に大きな桜の木が堂々と立っていた。四月になると、うす淡い桃色の花が木全体を覆い、わずかな風でも花びらが部屋にヒラヒラと舞い落ちてきて、それを手のひらでつかんだこともあった。

その木が切り倒されたと聞いたときは、悲しかった。それ以来、桜の花を見るたびに、その立派な木を想い出し、当時一緒に暮らしていた父母ときょうだいのことが浮かんでくるのだった。

今は、その桜の木もニセアカシアの木もない。しかし、それらを想い出すことはできる。心のなかに存在しているからだ。一本の木、語り合えば、それは心のふるさとだ。


（二〇〇五年三月）

ハウスマンとして

関係のなかで

日本からテュービンゲンに移り住むようになったのは、一九八六年のことだった。それ以来、私は家事と子供の養育をするようになった。そのようなある日、日本人の女性から、

「横井さん、ハウスマン（主夫）は退屈ではありませんか」

と訊かれたことがあった。そのとき、次のように答えたのを憶えている。

「この地で何かをするときは、男女の対で行動することが多い。たとえば、男同士、女同士で旅行をすることはまれで、レストランなどへは、一人では入りづらく、どのテーブルも男女の対で座っている。それと同様なことが自分にもいえる。妻が外で働き、わたしが家事と子育てをしているが、それも妻が何かと手助けしてくれるから、続けられているように思う。もし彼女の協力がなければ、やり続けていられるかどうか」。

ここで言いたかったのは、相手との繋がりの関係があって、自分は存在するということだった。

それからしばらくして、「私は日本で専業主婦をしていますが、自分の人生はこれでいいのかと、ふと考える時があるのです」との封書をもらったことがあった。

どうも主婦のなかには、家庭での活動によろこびをなかなか見出せずに、もやもやしながら暮らしている人が少ないながらもいるように思えた。とくに、夫が夜遅く帰宅し、夫婦や家族で話し合う時間がなかったり、家事や育児を妻だけに任せる夫だったりしたら、ましてそのような生活が毎日続いたら、その主婦は自分の生に疑問を抱きはじめるのではないだろうか。

もし私の妻が毎晩遅く帰宅し、家事や育児を手伝ってくれなかったとしたら、主夫としての自分は、今ごろ悲鳴を上げていたことだろう。

たしかに、家事や育児は毎日同じ繰り返しだが、自分でやろうと思えば、いろいろ変化をつくり出すこともできる。そう単調な時間ばかりではない。料理を作って、「おいしい」との声を聞くと、うれしくなって、「よし、もう一つ工夫しよう」という気持ちにもなる。それに料理をしている際は、食べる人を思い浮かべて作るので、自然と気合も入り、よろこびも生じてくる。

掃除でも、窓ガラスをきれいに磨いたり、家具を丁寧に拭いたりすると、仕事から帰宅した妻が、すぐに気がついてくれる。また洗い立ての白いベッドシーツに身を包んだミヒャエルが、匂いをかぎながら明るい笑顔を浮かべると、自然とこちらの顔もほころんでくる。

とにかく、自分の場合、ハウスマンの活動は家族との関係のなかで続けている。そして、それを一層深めようと心がけている。（一九九五年九月）

ハウスマンの自覚

私が毎日読んでいる新聞に、「レンジの前に立つ、自覚をもった男性たち」という見出しではじまる記事が載った。そこには、次のようなことが書かれてあった。

「家で炊事や洗濯などをしているハウスマンは、家事だけではなく、自然保護や環境問題、それに本や音楽や政治にも関心を寄せている。彼らは家事をしない男性よりも、はるかに多方面に興味を持ち、とくに、社会的問題により強い関心を示している。

ある調査によると、ドイツの成人男性のうち、約五百万人(統計的には一六・五％の男性)が家のなかで家事をしているとの数字が出ている。しかし、そのすべてが専業主夫(ハウスマン)ではなく、半分以上が外で仕事をし、家でも家事をしている男性である。それに、年金生活者(二九％)や失業者(一〇％)もいるので、専業主夫は約二％前後くらいだろう。

レンジと洗濯機の前に立つ彼らは、出世や社会的昇進、それに経済的豊かさに価値を見出してなく、より多くの寛容を保ちながら、外国人及び信仰の異なる人たちとコンタクトをとろうとしている。また困窮している人たちを援助することも重要だとしている」

これを読み終え、専業主夫をしている自分にも、そのようなことがいえるだろうかと自問した。

毎日、料理や洗濯や子育てをしていると、ゴミや食物や健康の問題、それに環境、自然問題に関心を抱くようになってきたことは確かだ。家での活動は、人間が生きていくうえで、根本的な活動だと思うようにもなった。

そこには、新聞記事のように、出世とか社会的昇進とか金銭的に豊かになろうとかの欲望はない。また家事以外に一日のなかで数時間の自由な時間もある。その時間を自分で判断して選択したこと、たとえば、ものを書いたり、市民運動に参加したりして、社会的問題にも取り組むこともできる。

そのような中で、社会および地域と結びついた自分を発見し、新たな意識を抱きつつ、自分の生を追求しているともいえる。

この記事を読み、ハウスマンの存在意識をさらに高めていこうと意を強くした。 (一九九七年一月)

パートナーシップ(1)

私が交際しているドイツ人のなかには、離婚した人やパートナーシップに問題を抱えた人もいる。自分にも妻がいるし、ハウスマンとして暮らしていると、このパートナーシップについてはよく考える。

どこの社会でも、男性と女性がお互いに選択し合って、まず家族なるものが形成される。昔ならパートナーを選ぶことは、個人の意志で決められるとは、かならずしも言えなかったが、現在は二人の自由な愛によって結ばれている。

そこには現代文化の個人主義化に伴い、結婚も個人化され、パートナー同士の問題でも、以前とはすこし違う対応策が必要になってきているのだろう。とくに、現代のように、愛が繊細で傷つきやすくなってきているなかでは、夫婦の対話がより重要な役割を果たすようになったとも言えるだろう。

どこの国でも、男性は沈黙する傾向があるようで、ここドイツでも日本ほどではないが、お互いじっくり話し合う時間がないままに毎日を過ごし、別れてしまうカップルが増えている。とくに、若い夫婦は話し合うことが少なくなって、どのように語ったらよいかわからないと聞く。このことはもちろん中年夫婦にもいえることだ。

では、なぜお互いが語り合わないのだろうか。それには、夫婦によって様々な要因があるだろう。

自分の感情を出し、胸を開いて話すことによって、自分が傷つくのを嫌がる完全主義的な人もいるだろう。また、昔から今日まで、男（夫）は外で仕事をし、女（妻）は家事・子供の養育をするという性別による役割分担の考えが一般的にあって、それを基準に行動している人もいるだろう。まして、男性は家庭内のことを、知的、合理的に考えようとして、自分の感情をなるべく前面に出さないようにする。その反対に家事をしている女性は、自分の感情と一緒に暮らしているところが強いともいえるだろう。

そのような二人が対話をしようとしても、できないのかもしれない。しかし、お互い語り合わないで耐え忍び、沈黙していくと、それはあとになればなるほど、大きな問題に発展していくことにもなるだろう。

こちらの新聞に、

「私たちの関係はこれでよいのか。まだ続けていけるのかと思いながら、ベッドに入り、パートナーを批判的にみている」

という記事を読んだことがある。さらに、

「子供が育ち、自立していくと、家庭の責任を果たしたと思い、こんどは自分の興味と仕事に力を注ぎ、今までのパートナーシップを止めてしまう中年女性が増えてきている。一方、中年男性は仕事場で重要な地位についていて、それにエネルギーを注ぎ、家庭をおろそかにする傾向にもある。この時点で二人が語り合おうとしても、どのような話をしていいのかわからず、手遅れになるケースも多い。そのようにならないためにも、夫婦は語り合え。話し合うのは、仕事から疲れて帰って来た週日よりも、週末または散歩してリラックスしている時がいいだろう」

と、書かれてあった。

それを読み、肯きもした。手入れをしないパートナーシップは問題も生じ、それはあとあとまで残るだろう。たとえ手入れをしても、まったく同じ考えを持つ人はいないし、その二人が面と向かって暮らしているので、問題はそう容易に解決はしない。が、お互い思っていることを、勇気を持って語り合うのは大切だ。そうしないと、自分が今を本当に生きているかとの問題にもなるからだ。

相手がいてこそ、自分を見つめることができるのだから。

「仕事も家庭も」の時代

日本の新聞を読むために、テュービンゲン大学の日本語学科の建物に出かけた。

ある数字を知ろうとして紙面を追ったのだが、その数字はどこにも載っていない。仕方なく、衆議院選挙に当選した人たちから、女性議員の割合を計算してみたら、約四・六％と出た。これはあまりに低すぎるのではないか、果たして民主主義が機能しているのかと疑ってしまった。

日本と同様に、ここドイツも男性主導が強い国で、家事と子育ては伝統的に女性の役割だった。しかし、少しずつ変化が生じて、とくに、選挙をするたびに国会での女性議員が増え続け、今は二六％までになってきた。緑の党などは男女半々である。

　女性議員が多くなることによって、市民は政治を身近に感じるようになり、そして政治自体が豊かな緊張を持って、より人間的になってきたといえるだろう。ただ、依然として技術や研究分野、それに指導層に占める女性の数は少なく、多くは販売や事務分野で働いている。また給料は男性と較べると、四分の三と低い。

　それをなくそうと、各分野で女性の幹部層を増やし、職業教育を充実させ、研修を多くして、女性が社会のなかで果たす役割を大きくしようとしている。と同時に、男性の役割変化と意識の変化を期待しているドイツである。

　スウェーデンの社会では、国会議員の女性の割合は約四一％となって、閣僚の半分は女性が占めている。そのような中で、家族政策は整えられて決まる。驚くことに、子持ちの女性は八八％が外で仕事をして、その労働率は世界一である。また出生率が年々減少していたのだが、一九八三年からは増えてきている。そして、子供が多い家庭の母親ほど、外で仕事をしながら出世・成功している。彼女たちは、経済的基盤に支えられて、家庭と仕事の両方をこなしているのである。

　またスウェーデン男性の四分の一以上が、出産・育児休暇（十五か月）を取る。父親の果たす家庭での教育的役割は、大きいものがあるに違いない。それに因るのだろうか、男性は情緒的感情が豊かで、より人間的な関係能力を持っていると言われている。

　それに、私生活（家庭）のなかで、自分の真の姿を見出すことを、社会での出世・成功と同様な価値とみているようで、これは今までにない男性の生活価値観の変化ともいえるだろう。他の北欧諸国も、似たような状況と聞く。

　では、四・六％と女性議員の割合が低い日本では、男女平等への道はどのようになっているのだろうか。とくに、女性の雇用政策と家族政策は整えられているのだろうか。また家庭での女性がおかれている立場はどうなっているのだろうか。

　日本を離れて十数年が経っているので、その状況は私にはよくわからないが、女性の社会進出にともなって、仕事と家庭での女性の意識変革は推し進められていると想像する。それに比例して、男性の意識変革がどの程度進んでいるのだろうか。

この地でハウスマンとして暮らしているせいか、家庭での生活を豊かにするのは、女性だけでなく、男性の課題でもあると思う。なぜなら、「仕事も、家庭も」のことばを、男性が口にする時代となっているからだ。

（一九九七年三月）

パートナーシップ（2）

日本に住んでいたころ、妻は私のことを「おとうさん」と呼んでいた。多分、そのことばをまわりの母親たちから聞いて、その言葉が出ていたのだろう。しかし、ドイツに移り住んでからは、「おとうさん」とは言わず、私の名前「ひでじ」で呼ぶようになった。ここに、日本とドイツの家族関係のあり方の違いを私は見るのだ。

日本では、どうも夫婦関係よりも親子関係に、反対にドイツでは、親子関係よりも夫婦関係に力を注いでいるように思える。日本の家族の場合、夫婦のパートナーシップのあり方よりも、親としての役割により力を注いでいるといえるだろう。とくに、女性にその傾向が強いように映る。それだけ、男性側にパートナーとしての自覚が薄いからではないだろうか。

私の実母のことを振り返ると、「四人の子供を育てるのが生きがいだった」としばしば聞いたことがあった。もちろん、子供たちが自立したあとも父と二人で暮らしていたが、その期間は短いものだった。

寿命が今よりも短かった時代は、子供の自立後の夫婦の生活も短かっただろう。しかし今は、少子化時代。そして子供がいない夫婦も以前より多く、なによりも人生が長くなって、子供が自立したあとも夫婦は長く一緒に暮らすことになってきた。と同時に、パートナーシップに変化が生じてきたと思うのだ。そのパートナー関係を意識して、暮らしていくことが、今、問われているのではないだろうか。とくに、日本ではその傾向が強いように思う。

それというのも、数か月前、日本に数週間滞在していたとき、数名の人たちとパートナー関係について話をしたことがあった。そのなかで、中高年の夫婦・家族のあり方に話が集中し、そのことがまさに問われているように思えたからだった。

たとえば、セックスレスの人が増え、中高年の離婚がひんぱんに生じ、夫婦同士の会話もない精神的離婚者が生じているなど。そして、パートナーとのセックスによろこびが見出せず、パートナー関係がうまくいかず、子供に過剰な力を注ぎ込む母親など。どうも私には、パートナーシップとそれと関連する性をしっかり考え、捉えていないように思えたのだった。

もちろん、ドイツでもその傾向はあるが、この地でよいと思うのは、性（セックス）が日本と較べて、タブーテーマとなってないことだ。テレビ番組などでも、皆真剣に自分の問題として討論しているのである。それも「性」と生きる「生」とを結びつけながらの話し合いが多い。

パートナーを持つ私も、この性については時々考えさせられる。それというのも、性がパートナーシップと関わっているところもあるからだ。自分の、そして相手の性を考えることは、とくに中高年のパートナーシップに程度の差はあれ、影響を及ぼすと思うのだ。

私自身、四〇を過ぎたころから、パートナーとしての自分と、相手のパートナーについてよく考えるようになった。この地でハウスマンとして暮らしている私なので、パートナーシップについては、より考えるようになったことも確かだ。そして「おとうさん」よりも「ひでじ」と妻が呼ぶように、家族関係のなかでも、パートナーとしての役割が重要な位置を占めているドイツなので、真剣に考えざるを得なかった。

その中で、自分のそして相手の性を知るように心がけ、お互いがそれについても語り合うようになった。ここで言う性とは、もちろんセックスも入るが、そのセックスとは下半身だけのものでなく、手を握ったり、見つめあったりの性的ふれあいを通じての情緒的な絆を含めた性のことである。まして、年を取ってくると、悲しみや寂しさも増し、そのような中で情緒的な絆を伴うセックスでなければ、お互いに真によろこびあえなくなってきた。

なぜなら、セックスには相手がいることだし、相手がどのように思い、感じているかを考えるし、よろこびを共に分かち合わなければ、それは一方通行の暴力にも等しいものになりかねない。セックスは単なる肉体的な関係だけではなく、相手と自分との愛情に基づく関係でもあるからだ。

そのことを、年とともに少しずつ学んできているように思う。そして、それは今も続いている。

通りで、カップルが手を握り合いながら歩いている姿をよく目にする。それも若い人たちだけではなく、高齢者も多い。彼らは共によろこび、悲しみ、苦しみを経験して、一つ一つの難関を乗り越えてきた人たちだ。その姿に、男と女、人と人との絆を感じとったりする。

それはあるがままの今のあなたを、お互いが受け入れ合っている姿だ。

（二〇〇〇年三月）

夏の休暇

助手席に座っていた妻が、

「テュービンゲンを発って、もう五時間も走っているわね。あとどのくらいで着くの？」

と、コップに入ったリンゴジュースを私に手渡しながら訊いた。

「一時間半はかかるだろう」

そう応えて、ジュースを一気に飲んだ。喉もとに心地良さが走った。

車窓からは、標高二千メートル以上もある山々の頂上付近に張り付いている、いくつもの小さな雪渓がくっきりと望める。それを眺めながら、彼女は体を半分ひねりながら、「あれはウサギのようね。その隣はウシのようね」と後部座席のミヒャエルに指差していた。

高速道路を出てからしばらく走っていると、土の道になった。と、野に咲く赤や白や黄色の花々が顔を見せはじめる。妻はその花々を見続けていた。その彼女に言った。

「今年は、いつもよりも早い山歩きとなったね。この六月下旬は山が開く時期で、いっせいに花が咲きはじめるよ」

「そうね。今年の山登りは、わたしの希望が叶ってうれしいわ。以前から、高山植物の花が咲き乱れる時期に、山に入りたかったから。胸がワクワクしているわ」

彼女は、そう言ってにっこりした。

私たちの車は、標高九九四メートルの南チロルのザイス村に到着する。早速、これから九日間宿泊するところを斡旋してもらおうと、村の観光案内所に行くと、二つの休暇用貸住宅を薦めてくれたので、それらを見てから決めることにした。

最初の貸住宅は、村の真ん中に建っていた。買い物には便利だが、一人一日四千五百円である。あまりに高い額なので、貸主に、「もうすこし、安くしてくれませんか」とお願いすると、三千五百円まで引き下げてくれた。しかし、それでも高いと思い、ここはやめにして、次の貸住宅に向かった。

村外れの森に入ったところに、それは建っていた。農婦らしき人が、いかにも人の良さそうな顔で私たち三人を迎えてくれる。住居内は広く、三つの部屋とキッチン付きで一人千六百円である。それに、見晴らしのよいバルコニーがついている。迷わずにここに決めた。

翌朝ベッドで目が覚め、腕時計をのぞくと、ちょうど五時である。それも、周囲から、小鳥たちの鳴く声が聞こえてくる。それも、「ピーピー、キューロキューロ、カッコーカッコー、ヒューヒヒューヒ」と色々だ。なんと明るい音色なのだろう。耳を傾け続けた。

妻がベッドの上で、

「鳥たちがにぎやかに囀っているわね」

と声を出した。

「さっきから聞いているのだけど、鳥たちの大合唱だ。森のなかとはいえ、こんなにも鳴き交わしているのを今まで耳にしたことがないよ」

「あら、カッコー鳥の呼ぶ声だわ」

私たちは聞き続けた。しばらくすると、彼女がベッドから身を起こし、寝室の窓を開けた。と、冷たい新鮮な大気が室内に漂い出してくる。

私もバルコニーに出た。目の前には、何本もの大きな木々が立ち並んでいる。そのうちのひときわ高い松の梢に、カササギが止まって尾を振りながら鳴いているのが見えた。ほかの木々にも、様々な鳥たちが小枝に止まって囀っている。

ミヒャエルもバルコニーに出てきた。

「パパ、ママ」

驚いたような声を上げて、木々を指差した。私たちはパジャマ姿のまま、バルコニーに立ち尽くしていた。まるで小鳥たちのコンサートだ。

朝食を済ませてから、昼食用のおにぎりを作り、ヨーロッパのなかで一番広いとされる緑の高原地ザイサーアルム（標高一八〇〇メートル）へ向かった。

車のなかで、妻が話しかけてきた。

「どのような花が咲いているのかしら。天気は良いし、歩くのがたのしみだわ。あなたも花の名前をいくらか覚えたでしょ?」

「十年以上も毎年アルプスに来て、君から教わっているので、だいぶ覚えたよ」

そう応えながら、薄暗い針葉樹の森をゆっくりと走っていた。

しばらくすると、急に目の前が明るくなって、草の匂いが頻りに漂いはじめてくる。車が走れるのはここまで、これから先は、自分たちの足で進むことになった。

三人とも小さなリュックサックを背負って歩き出すと、今までうっすらと立ち込めていた朝霧が晴れて、青空が見え出す。深く息を吸うと、山の新鮮な大気が体中に流れ込んでくるのがわかり、爽涼な気分となった。

三十分ほど行くと、もう緑の大草原のなかである。なだらかな優美な曲線の道が、数キロ先まで続いているのが見える。その背後には、ドロミテ特有のマグネシウムを含んだ怪奇的な大きな岩峰群が天を突くように連なっている。どの峰々も、三千メートルの高さはあるだろう。

前を歩いていた妻が、足元に咲いている色とりどりの花たちを見ながら、「あ、これはアネモス、トリカブト、キンバイソウ、アザミ……」と枚挙にいとまがないほど声を上げている。私は遠くの岩峰を眺め続けながら歩いていた。と、彼女が身丈七センチほどのリンドウの一種の花を指差した。

「あなた、見てよ。こんなに澄んだ色のエンチアンが」

そこに目を落とすと、息を飲むほどの鮮やかな青紫色の花が咲いていた。まわりを見回すと、高山植物が競い合うように咲き乱れ、あたり一面が花々で膨れ上がっているのである。花に優しく迎えられたようになった。

柔らかい土道を踏んでいると、山靴が沈み、体が浮いてくる。耳を澄ますと、牛のカウベルの音色が風に乗って聞こえてくる。見渡すかぎりの大草原である。緑と花と岩とが、視界を独占している。まるで絵本に出てくる色彩豊かな光景である。

ミヒャエルは、道行く人とすれ違うたびに、「モルゲン（おはよう）」と声をかけていた。相手からは、イタリア語でボンジョルノ、英語でグッドモーニング、それにフランス語、ドイツ語の挨拶のことばが返ってきた。それが愉快そうで、彼は笑顔を浮かべながら歩いた。

私たちは限りなく平坦な草原の道を、休みをとっては歩き続けていた。

そして、夕方の五時近くに宿に戻り、棒のようになった足をソファーに伸ばした。と、外で鳴いている小鳥たちの済んだ声が聞こえ、自分も彼らと一緒に歌っているような気持ちになるのだった。

しばらくして、私はバルコニーに出て、長椅子に身を横たえた。すると、沈みかけた朱色の陽が、松の樹間からキラッキラッと射し込んでくる。その光を浴びながら、

「ああ、すべてがここにある。わたしのすべてがここに、解放そのものだ」

と、つぶやいた。目の前に咲いているゼラニウムやペゴニアの花が眩しいほどに輝いている。

私たち三人は、広々としたこのザイサーアルムの草原に咲く花々に魅せられてしまい、三日間澄み切った青空の下を、毎日十キロほど歩き回っていた。

そのあとの二日間は雷のともなう雨だったので、日中は部屋のなかでゲームをしたり、外に買物に出かけたりして過ごしていた。雷が時々鳴り響くと、ミヒャエルは怖そうな表情を浮かべた。その彼に言った。

「明日は、晴れるぞ。きっと晴れる。そうしたら、また山歩きだ」

降り続いた雨も止み、翌日は期待していたような青空となった。

車を三十分走らせ、ローゼンガルテンの山麓に到着する。さあ、これからが本格的な山登りだ。目の前には、薄ねずみ色をしたいくつもの険しい岩峰が、角を立てたように天に向かって聳え立っている。数日前に目にしたお花畑の山域とは、まったく違う景観である。

まず、私たちはリフトに乗って、標高二三〇〇メートルで降りてから、岩場の狭い道を南へ向かって登り出した。周囲には樹木はなく、岩だらけである。岩場の間には、薄黒くなった雪がこびりついている。朝日は反対側の岩壁を照射しているので、こちら側は日陰である。吐く息は白く、立ち止まると、ヤッケを着ていても、身震いするほどの寒さである。私たちは歩き続けた。

しばらくすると、体が少しずつ温かくなってくる。足もとに目を落とすと、ピンク色の身丈二センチほどの小さなシレネとアカウリスの花が、大きな石の上に張りついたように密集して咲いている。草原に咲く花よりも、このような険しい道を踏みながら、ふと出合う花により魅せられてしまう。花と交差する瞬間、

「ああ、美しい」

と、感嘆の声が自然と出てくるのだ。高山に咲く花は、身丈が低く葉も小さいが、品と気高さを備えている。そして、なによりも清楚さがあって、可憐なのである。

陽が次第に高く昇るにつれて、前に立つ岩壁に朝日

が照りはじめてくる。

三十分もすると、赤い壁と呼ばれる直下に立った。凄みのある岩だ。直立するこの大岩壁に落日の陽があたれば、赤みを帯びるという。その残照は、さぞ目をたのしませてくれることだろう。

下り道となった。今までの岩の道が土の道に変わり、何種類もの高山植物が目に飛び込んでくる。妻はしばしば歩みを止めては、「これは、何々よ」と花の名前を言いながら歩いていた。

さらに下って行くと、道端に浮いていた小石に私は足をとられ、山側の斜面に尻もちをついた。

「あっ、こんなところにエーデルワイスが咲いているぞ」

「えっ、本当なの?」

妻が駆け寄って来た。

「自生のものは初めてだわ。人工栽培で、何回も目にしたことがあったけれど」

「それにしても、ここで出遭うとは」

私と妻は、白く咲いている四つのエーデルワイスにしばらく目を注ぎ続けた。ミヒャエルはその私たちの姿を見て、うれしそうであった。

再び下り道を進んで行くと、松と樅の樹海のなかに入った。今までの暑さから、急に涼しくなってくる。樹と土の帯びた大気が肌にとても心地良い。エーデルワイスの歌が、口から自然と出てくるのだった。

翌朝寝室のカーテンを引くと、昨日と同様に雲一つない青空である。

「アルペンローゼが誇るように咲いているところがある」と宿の女主人から聞いた私たちは、そこへ行くことにした。

車で四十分走り、リフトに乗って高さ二二五〇メートルで降り、すぐに歩き出した。正面には、巨大でどっしりとしたセラ岩峰群の大岩山（三一五二メートル）が望め、右手奥には、急峻な岩山ラングコッヘル（三一三八メートル）が雄々しく聳え立っている。まるで大巨岩が、突如平たい地盤を突き破って出てきたかのような格好だ。愕きのある山容だ。

壮大な景色を眺めながら、私たち三人はゆるやかな草原の尾根道を歩いた。足もとには、身丈十五センチの黄色い丸い花のキンバイ草と、色鮮やかな青紫色をしたリンドウ、それに小さなアザミなどが競い誇るかのように咲いている。

一時間ほど進むと、真っ赤な色をした、つつじ科の花であるアルペンローゼの群生を目にする。それが百メートル以上も赤い帯状に続いている。何と深みのある色彩なのだろう。あたりに登山者の姿はない。静寂そのものである。

さらに行くと、松と樅の樹で覆われた森のなかに入った。と、急にあたりが薄暗くなってくる。今までの強い日差しから解放されて、肌がよろこんでいるのがわかる。樹と木の間に、素早く飛ぶ何かが走った。

「あ！　鹿だ。それも二頭だ」

うしろにいた妻に、声を低くして言った。

「ええ、わたしも見たわ」

彼女も声を落としながら言った。鹿は私たちの行く先を案内するかのように、時々姿を現しては消えていく。さらに森の奥へ歩いて行くと、無人の小さな丸太小屋が目に入った。昼食を摂るにはいいところだ。おにぎりを食べることにした。

小屋の前は直径三十メートルの草原が広がり、そのなかに色々な花が咲いている。その奥には、白い雪で覆われた三千メートル級の大岩山が聳え立っている。近くからは沢の水音が聞こえ、それがいっそう静けさを呼ぶのである。

私たちは、朝握ってきたかつおぶしと梅干入りのおにぎりを食べ出した
それが終わり、私は草の上に体を横たえた。青い空には、ポッカリと白い雲が浮いている。仰向けになった姿勢から眺める花たちは、今までとは違った姿だ。その上で、蝶たちが花から花へと飛び廻っている。風にのって、松ヤニの甘酸っぱい香りが漂い、自分の存在さえも、時の流れさえも忘れ、空っぽの心になっていた。

一時間半近くが過ぎた。再び歩き出すと、こんどは今までとは違った急な下りとなった。地図にも記されていない健脚向きの山道である。ミヒャエルの手を

とって慎重に足を運んだ。登山慣れした人がいないと、危険なところだ。とくに、枯れた松葉が地面に一センチほど積み重なっているので、足をとられやすい。妻は怖がりはしなかったが、「早く、この下りを終えたいわ」と声を出しながら、私たちのうしろを歩いていた。

私はミヒャエルの温かい手を握りながら、この手は決して離さないぞと思いつつ、一歩一歩足元を確かめて下った。三十分の急傾斜の途中、妻は一回、ミヒャエルは二回ほど転ぶ。やっと緩やかな道に出たときは、三人とも笑顔で、

「やった!」

「やったね!」

と、声を上げながら握手した。

何も起こらなかったのでホッとした。登山者の姿がないこの山道で、急に雨に降られたらと思ったら、ぞっとした。恵まれたと感謝しなければならない。

八キロの尾根歩き、それに緊張した場面も何回もあったので、宿に戻ると疲れが急に出て、両足の筋肉が張って痛みも生じてくる。

夕食を済ませてから、三人ともシャワーを浴び、早々にベッドに潜り込んだ。

翌朝起きると、昨日の疲れがまだ溜まっているのがわかる。一日中、宿でのんびりと過ごすことになった。

最後の夕餉となった。妻の案で、宿から歩いて十分ほどの丸太造りの山荘風レストランに行くことになった。今回の山旅で、初めての外食である。

中庭に置いてある分厚い木の丸テーブルを囲んだ席からは、夕陽に照らされたシュレーンの大きな岩山が望める。その岩壁が時間を追うごとに、オレンジ色から淡い赤に変わり、やがて濃い赤色になった。何という色彩の演出なのだろう。光が醸し出すスペクトルだ。

大岩壁の赤色が、テーブル上のワインと同じ色になった。妻と私はグラスを重ねた。澄んだ音色があたり一面に響き渡った。彼女がグラスを手にしながら、

「アルプスの三大花といわれているエンチアン、エーデルワイス、それにアルペンローゼを見たわね」

と、にっこりしながら言い、陽に焼けた顔にワイン

グラスを近づけた。

明日からは、またテュービンゲンでの生活になるのだ。二人は職場へ。私はハウスマンの活動。三人ともここでエネルギーを得て戻るのだ。

（二〇〇一年十二月）

ありがとう、ミヒャエル

郵便受けを開けるが、目指す封書はない。翌日ものぞくが、入っていない。数日間、このようなことを繰り返していた。が、とうとうその通知を手にした。

早速居間に入り、祈るような気持ちで封を切ると、

「誠に残念ではございますが、あなた様の作品は選外となりましたのでお知らせいたします」

と記されていた。それを読み終え、深い溜め息が出た。と同時に、暗澹たる気持ちになった。

一年近くかけて一つの物語を書き、ある文学賞に応募したのは半年前のことだった。よく書けたと自負していたので、大賞は無理でも、佳作には入るだろうと想像していたのだったが、甘かった。

ソファーで新聞を読んでいた妻に、そのことを伝えると、

「それは残念ね。書きはじめて、すぐに賞はもらえないのではない？　何回も応募して、やっと賞に値するものが、でき上がるのではないのかしら」

と、新聞から目を離し、慰めるような表情を浮かべて言った。

彼女は自転車に乗って仕事へ出かけた。私は窓越しに映る垂れ下がった雲を眺め続けた。胸が塞がったような気持ちのままでいると、一日の仕事を終えたミヒャエルが作業所から戻って来た。

帰宅すると、いつもは私が作ったおやつを食べるのだが、今日はそれがテーブルの上にはない。がっかりしたような表情を浮かべていたミヒャエルを連れて、いつものように夕食の買い出しに出かけると、彼の歩き方が変なのに気づいた。しかし、それにお構いなく歩き続けた。

家に戻ってから、ミヒャエルをバスルームに連れて

行き、シャワーを浴びさせようとしたが、いつものように立とうとはしないで座ろうとする。「どうした？」と訊くが、答えないで、また座ろうとする。

奇妙に思い、彼の足裏をのぞくと、一センチほどの黒いトゲが皮膚に刺さっているではないか。驚き、ミヒャエルを連れて、すぐにバスルームから出て、彼をソファーに横たわらせた。そして、焼いた針の先でトゲを抜こうとした。が、深く入っているのでなかなか引き出せない。

針で突き刺すたびに、痛そうな顔をして、何も言わずにじっとこちらを見ているミヒャエル。「痛いか」と訊いても、黙っている。その表情からして、痛いのは明らかだ。なんとかこのトゲを取り出さねばと思いつつ、何度も試みるがだめである。仕方なく針で皮膚を切りさいて、やっとのことで引き抜くことができた。と、その瞬間、血に混じった白い膿が勢いよくパッーと飛び散った。助かったと思った。

「出たから、もう痛くないぞ」

と、言うが、彼の顔はなおも歪んだままである。消毒液を塗って、早く寝かせることにした。

ミヒャエルがベッドに入ってから、思い続けた。作業所から戻って来たときから、不自然な歩き方をしていたが、それを気にしなかった私。選外の通知に胸が塞がれ、そのことばかりに心が捕らわれていた私。トゲが刺さった足で歩いていたので、さぞ痛かったろう。ハウスマンとして、父親として、これは落第だと思った。

それと同じようなことを、以前勤めていた日本の知的障害児収容施設で経験したことがあった。一人の少年がいつもとは違う足取りをしていたが、気に止めずにいた。入浴をさせようとしてズボンを脱がせると、大腿部に深い切り傷があって、そこからまだ血が滲み出ていた。それを三時間以上も気づかずにいた自分は、彼らをお世話する職員として、失格だと思った。それを今、再びやってしまったのだ。こんどは最も身近にいる我が子に。情けない。

翌朝体温を計ると、平熱である。足裏の痛みは消えたようで、立たせて歩かせても足を引きずらない。こ

れなら作業所へ行けるだろうと思い、玄関まで送って行き、

「痛くはないか」

と、彼の顔を見ながら訊くと、

「パパ、パパ」

と、甘えたような高い声を上げながら、足先を指差すミヒャエル。その姿を見て、共に生きるとはこのことだと思った。賞を得られずに気落ちしていた心が、一転して晴れた。

作業所のマイクロバスに乗ろうとしている彼の姿を目にしながら、

「ミヒャエル、ありがとう」

と、つぶやいた。

（二〇〇二年三月）

家族と共に

ありがとう、ヒデジ

　ミヒャエルと義母がいつものように、居間で絵合わせのゲームをして遊んでいた。それに私が参加しようとすると、ミヒャエルが、「邪魔しないで」と手を横に振った。大好きなおばあさんと二人だけで、ゲームをしたいのだ。

　ミヒャエルがテュービンゲンに移り住むようになったのは、八歳のときだった。それ以来、彼はおばあさんと一緒に暮らし、おばあさんのいない生活は考えられなくなっていた。同様のことが私にも言えた。

　日本での暮らしから、テュービンゲンに移り住もうと決めたのは、七十五歳の義母が一人でここテュービンゲンに住んでいたことも一つの理由だった。

　彼女と住みはじめたころ、三世代同居の生活の難しさに、果たしてやっていけるだろうかとの思いにしばしば襲われた。しかし、時が経つにつれて、私に寄せる義母の配慮、それに彼女の生き方を見ているうちに、この人と一緒に暮らせることに感謝の念さえ持つようにもなった。

　義母は皆から「リンゴのおばさん」と呼ばれ、笑うと、薄赤い頬がいっそう紅くなる。それを目にすると、まわりにいる人も穏やかな気持ちになってくるのである。今まで義母の怒った顔を見たことがない。また人と会うときはいつもニコニコして、彼女との会話のなかで、ありがとうの語を聞かない日はない。義母から「ありがとう」と言われると、こちらもありがとうという気持ちになるから不思議だ。

たとえば、ハウスマンの私が昼食と夕食を作っているのだが、お皿に盛ったものはかならずきれいに食べてくれる。今まで慣れ親しんできたドイツ料理の味ではなく、醤油味となるが、すべてを食べてくれるのである。

そして、夕食後は私たちと一緒にテレビを観たり、ゲームをしたりして過ごす。それも終わり、階下の自分の部屋へ戻る際には、かならず、

「ありがとう、ヒデジ」

と、言うのである。そのときなど、こちらこそお義母さんと食事をして、夕方の団欒を一緒に過ごさせてくれて、ありがとうという気持ちになるのだった。

義母の父、それに夫も牧師だった。その職は忙しく、家には常にお手伝いさんがいたので、義母は料理をしなかったようだ。だから、私は義母の料理をあまり口にしたことがない。しかし、彼女は自分の衣類は自分の手で洗い、私たちの洗濯物を中庭に干してくれる。それればかりでなく、私のワイシャツやズボンなどにも、アイロンをかけてくれるのである。そのきれいに仕上がった服を着ると、有り難い気持ちになるのだった。

八十三歳の義母の身体は少しずつ弱くなって、外出する際は杖を必要とするようになってきたが、頭と精神の活動は今も活発で、本をよく読むし、時事問題にも関心を向けている。それに人との会話のなかで、機知に富んだ話をよく口にするので、まわりの人は次に彼女が何を語るのかと耳を傾けるのである。また親戚や知人などが集まると、昔のことをよく憶えているので詳しく話してくれる。その内容に、しばしば感心させられることが多い。

手紙をよく書くし、電話での交流も多い。私たちの電話代の二、三倍は払っているだろう。また地域の婦人会にもよく出かけている。その義母と暮らすだけでも、ありがたいと思う日々である。

（一九九四年）

小さな花

私たち家族は、季節を問わずよく散歩に出かける。テュービンゲンの街は大きな緑の公園内に在るといった感じなので、すこし歩けばもう森の入口となる。

先日も八十五歳になった義母と一緒に森へ出かけた。そのとき、貴重な体験をした。

春の雨が何日も続いたあとの久しぶりの青空の下、私たち四人は歩き出した。どこからともなく、小鳥たちの鳴き声が聞こえ、木の葉が爽やかな風に揺られてサラサラと音を立てているのを耳にしながら、杖をついて歩く義母の速度に合わせて、私たちはゆっくりと歩いていた。

しばらくすると、ミヒャエルが早足となって、ひとりでどんどんと先へ行った。ここで彼を見失うと、探すのが大変だと思い、私があとを追いかけようとすると、妻が、

「わたしが行くから、あなたは母と一緒に歩いてきて」

と、声を上げて駆け出した。

私は義母と肩を並べて、樹と土の香りが漂う小径をゆっくりと歩いていた。時々、葉の狭間から陽光がもれて、私たちの顔を撫でていく。ミヒャエルと妻の姿はもう見えない。私たちは、何も語らずに歩いていた。と、突然、彼女が立ち止まって、小径の脇にあった野の草をじっと見つめた。

そこに何かあるのかと思い、私も目を向けたが、変哲もない野草が目に入っただけであった。

「何かあるのですか」

今も草むらに目を落としている義母にそう訊くと、彼女は杖をその野草のところへ指した。

「ほら、白い花が咲いているでしょう」

それでも花らしきものが見えなかったので、その方に近づいて腰を屈めた。と、草の間に小さな白い花が咲いているではないか。

「あっ、こんなところに花が」

そう声を出してから、私は義母のほうに振り向いて、

「お義母さんは歩きながら、この花がよく見えましたね」

と、言った。彼女は何も応えずに、なおもその花に目を注いでいた。その顔はなんと穏やかで、安らいでいるのだろうと思った。杖をつき、今はゆっくりと歩かねばならぬ身になったが、その足取りのなかで、この小さな神秘的な花を見出したのである。

先に走っていったミヒャエルと妻の速さでは、この花を目にすることはできなかっただろう。またこのようなところに花は咲いていないだろうと、ひとり勝手に思っていた私にも見出せなかった。しかし、義母は今のゆっくりとした歩きのなかで、あるがままに自然に咲いている花を見つけ、そこによろこびを得ていたのである。

その小さな白い花を私たちはしばらく眺めてから、再び歩きはじめた。すこし行くと、丸太でつくられた形のよいベンチがあったので、義母に訊いた。

「座りましょうか」

「まだ大丈夫ですよ。先へ行きましょう」

そう声を出して、義母は休まずにゆっくりと歩き続けた。高い針葉樹に囲まれた小径をさらに歩いて行くと、展望のよい明るいところに出た。そこにもベンチがあったので、義母に再び訊いた。

「休みましょうか」

「ええ、すこし疲れたわ」

そう言って、義母は腰を下ろした。私は彼女に、

「二人は、もう先に行ってしまったようですね」

と、言ってから、先ほど目にした小さな花についての話をはじめた。

「さっき出合ったあの小さな花、いろいろなことを考えさせてくれました。お義母さんはゆっくりとした足取りのなかで、あの花を見つけたのですよね。わたしには、見つけることはできませんでした。自分自身、若いころから心がけていることがあるのです。それは、ゆっくりということです」

義母は、目の前に広がる明るい景色を眺めていた。

「でも、毎日の生活のなかで、このゆっくりがなかなかできないのです。その際は、大抵自分の目先のこ

とばかりが気になり、時間に追われ、自分の心を失っているのです」

　私は今までベンチにもたれ掛かっていた姿勢から、こんどは深く座りなおした。

「お義母さんはゆっくりとした歩きのなかで、あの小さな花を見つけ、じっと眺めていましたよね。その姿から、お義母さんはとても豊かな時間を持てる人だなあと思ったのです。まるで、花と対話して耳を澄ましているかのようでした」

　彼女は黙ったまま、こんどは私のほうに顔を向けながら聴いていた。それを見て、思った。義母の歳で、対話して耳を澄ますということは、いのちの音を聴くことなのだろうと。

　しばらく沈黙が続いたあと、こんどは義母が話し出した。

「ゲルトルートが黒い森地方の小さな村で生まれたことは、知っていますね」

「はい、そこには二度ほど行ったことがありますから。景色のいいところですね。緑の草原と小さな川が流れ、川べりには花が咲き、今でもあの光景を想い出すことができます」

「当時、夫はその村で牧師をしていたのですよ。小さな村だったので、周辺のいくつかの村の教会へ、毎日自転車で走り廻っていましたね。とにかく、夫は忙しかったわ。ある日、アンネ（障がいを持ち、若くして亡くなった長女）を車椅子に乗せ、近くの野に花摘みに出かけ、その花を夫にあげたら、夫はしばらくその花を眺めてから、アンネに『ありがとう』と優しく言ったのですよ。彼女はとてもよろこんだわ」

　義母はその情景がまるで目の前に浮かんでいるかのように、生きいきとした声で語り続けた。

　それを聴きながら思った。高齢者は現実の世界と、もう一つの世界を持っているということを。もう一つの世界とは想い出の世界で、それがその人にとっては家にもなるし、ふるさとにもなるし、辿り着くところはパラダイスにもなるのだろうということを。

　高齢者は、多くの想い出を自分の引き出しのなかに納めてある。もしその人が亡くなれば、一つの図書館がなくなっていくのと等しいと言えるだろう。その歴史のある図書館から、何かを引き出すことができるかどうか、それは今のこの時のなかにいる自分にかかっているのだ。耳を澄まさねば。

しばらくすると、「ヤッホー」というひときわ高い声が聞こえてくる。二人が手を振りながら、駆け足でこちらへ向かって来るのが目に入った。

ミヒャエルが先に着き、ゲルトルートがそのあとに続いた。彼女はベンチに腰かけている母を見ながら、

「まだ、そんなに歩いていないでしょうに。お母さん、もうすこし歩かなければだめよ」

と、言うと、母は、

「そうね、そうしましょう」

と、応えてから、ゆっくりと腰を上げた。

しばらくすると、義母は疲れてきたようで、娘と腕を組んで歩くようになった。ミヒャエルは、二人の前後を行ったり来たりしている。どこからともなく歌う小鳥たちの声が聞こえ、私たちは森に包まれていた。

（一九九六年五月）

親族の集い

妻がすこし変わった催し物を思い立ったのは、半年前のことだった。それ以後、彼女は会場を探したり、招待状を書いたりして、熱心にその日に向けて準備をしていた。それも自分でたのしみながら、

「ケーキはだれが持ってくるの？　夕食はどうしましょう？　だれがスピーチをするの？　音楽演奏は？」

と、親戚の人たちと電話で話をしていた。

いよいよその日になった。会場はテュービンゲンの教会集会所内の小さなホール。義母の両親が結婚して今年で百年目にあたるので、それを祝おうとするものだった。

妻がこのプランをたてたとき、核家族になっている現代で、とくに、三世代同居をほとんど見かけないドイツで、この集いに来る人はそう多くはないだろうと思った。が、集まった人はなんと約六十名にも及んだ。

義母の四人の兄姉たちは他界していたが、その子供たちと孫たちが集まったのである。半分以上は、私がまだ会ったことのない親戚の人たちだった。

ドイツでは、誕生日などを祝う会は家庭で頻繁に行われているが、このように広範囲の親族が、葬式でもないのに出席するとは思いもよらぬことだった。驚いたことに、六十名のうち二十歳前後の青年が九名も来たことである。彼らはこのような集まりに興味を持たないだろう、と想像したのだったが、違っていた。ホールの飾り付けや、後片付けをお互いに協力してきぱきと行い、ドイツ青年の意外な面を知ったという思いになった。

午後二時から始まり、ケーキを食べながら、一人ひとりがスピーチをのべていった。

六十名のドイツ人が集まれば、楽器を鳴らす人は数名はいるもの。その人たちがバイオリンとオーボエとホルンで合奏し、皆で歌を唄い、簡単なゲーム遊びなどが催された。

そのような中で、今までそう話し合うこともなかった従兄弟どうしとか、叔父、叔母、甥、姪などがお互いに知り合う機会となった。もちろん、親族のなかで最年長の義母は、今は亡き両親ときょうだいのことを語った。マイクロホンのない小さなホールなので、声をいくらか高くして、頬を紅潮させて話す義母。その話に、親族の人たちは耳を傾けていた。

その情景を目にしながら、思った。彼女が今ここにいるのも、過去の数知れぬ親族との交流のうえに成り立ち、今のこの行為が未来を創り上げていくのだろうと。

最後に、義母が、

「このような会が開かれ、皆がお互いに話し合われたことは、ありがたいことです」

と、言うと、皆から拍手が湧き起こった。

解散の時刻となった。多くの人が妻と握手しながら、「ありがとう」と言っていたのが、私には爽やかに聴こえた。このような集いが、親族関係の絆を保ち、そして深めるのだろうと思ったからである。

妻と私は、体が弱ってきた義母を両脇から支えるようにして外に出た。と、あたり一面が初夏の夕陽に照らされて、眩しいくらいに茜色に染まっていた。義母を支えていた私の手に力が入った。

（一九九六年九月）

調和のとき

シャワーを浴び、ひげを剃り、アイロンのかかった白いワイシャツを身につけたミヒャエル。これから仲間と一緒にディスコへ出かけるところである。帰ってくるのは、夜中の十二時過ぎだろう。

彼が再びディスコに行ったので、この時間を有効に使うために、私と妻は何をしようかと話し合った。

土曜日の夜なので、市内ではコンサートや演劇などが催されていたが、映画を観ることになった。ヘルマン・ヘッセ作の『シッダールタ（釈迦の幼名）』が上映されていたからだった。

私たちが館内に入ると、先客が二名いるだけだった。妻がそのうちの一人に、「こんばんは」と声をかけ「こんなに人が少ないと、ゆっくり挨拶を交わせるからいいわね」と言いながら椅子に腰かけた。

十名ほどの人がインドを舞台にしたフィルムを観ていた。二時間があっという間に過ぎていった。

映画館を出てから家へ帰る途中、私は妻に語り出した。

「このフィルムがどれほど正確にシッダールタを描いたかわからないが、キリスト教に基づく文化と歴史のなかで育ったヘッセが、仏教をこれほどまでに深く掘り下げたことに、驚きと畏敬の念を抱いたよ。とくに、最後のシーンで、年老いた主人公のシッダールタが、同じように、年老いて正しい道（真理）を求め歩き続けている友人に再び会い、『正しい道を、つねに外に捜し求めるのでなく、自分の内にすでに棲んでいる中から見出すことが大切だ』とのことばが耳に残ったね」

彼女は、仏教という見知らぬ内容を含んだ作品でもあったせいか、黙って聴いていた。

「共存しながら、生きている私たちだ。そのなかで自分の内面を見つめ、自己を探求することは大切なことだ。そんなことを考えさせてくれた映画だったよ」

そう言いながら、私たちは肩を並べながら歩き続けた。

家に着くと、こんどは義母を含めて三人でルミーというゲームをすることになった。マージャンによく似たこの遊び、頭を使うこともあって、義母の脳の活動にはよく、私たちが好んで遊ぶゲームだった。だんだんと熱が入ってくる私たち三人。と、先ほど観た映画の最後の会話シーンが、ふと浮かんでくる。「共に」のなかでの調和だと思った。

一時間が過ぎると、義母が欠伸をし出したので、

「もう、休んだ方がいいですよ」

と、私が言うと、彼女は肯き、自分の部屋に戻った。

ミヒャエルが家に戻ってきたのは、十二時過ぎ。まだ興奮覚めやらぬ顔で体を動かしていた彼だったが、しばらくして満足したような顔つきで、ベッドに潜り込んだ。

私も、よい時間を過ごせたことに感謝して妻と共に床に就いた。


（一九九六年十一月）

母と娘のうた

テュービンゲンから車で三十分ほど走ったところに、ハイガーロッホという街がある。人口わずか千九百名だが、宿泊するホテルはいくつもあって、国内外から年に少なくとも二万人が訪れて来る。

六月上旬のよく晴れ上がった午後、私たち家族四人は車でそこへ向かった。

青く澄み切った広々とした空には、白い雲がポカリポカリと浮き、淡緑の麦畑とむせるような黄の菜の花が縞模様を呈しながら続いている。この地方一帯の田園風景である。

街に着くと、教会の鐘の音がちょうど三時を告げた。妻がまずコーヒーを飲んでから歩こうと提案したので、小高いところに建っている喫茶店に行くことになった。

バルコニーの椅子に座ると、素晴らしい景色が目に飛び込んでくる。眼下には小川が流れ、それに沿って

古い木組の家々が建ち並び、六百年前に造られたお城と大きな教会が望め、まるで絵本に出てくるような街並みである。しかし、多くの人がここを訪れるのは、その美観のためではなく、教会の下にある洞穴が目的なのだった。

そこは、かつてはビールの地下蔵だったが、一九四四年にベルリンの空襲を恐れたドイツの物理学者たちがその洞窟に集まり、戦争が終結するまで、原子爆弾の研究をしたところでもあった。それが今は地下室の原子博物館となっていたからだった。

コーヒーを飲み終えると、妻が母に言った。

「ユダヤ人のお墓へ行ってみない？」

義母は肯いた。それを見た私は、妻に訊いた。

「ここにユダヤ人が、住んでいたのだろうか」

「もちろんよ。この街には、多くのユダヤ人が暮していたわ」

彼女はそう声を出してから、この地方の歴史を話し出した。

一時間ほどしてから、私たちは店を出た。そして、曲がりくねった坂道を三百メートル下って行くと、道路の脇に一つの記念碑が目に入った。

「この街には、約四百年以上も前から大勢のユダヤ人が住んでいた。多い時は三百名が暮らし、ナチ時代にも二百名近くが生活をして、ここから百九十二名のユダヤ人が強制収容所へ連行され、生き残った人はわずか十一名だけだった」

と、記されてあった。それを読み、このような美しい街にも、ナチの傷跡が残っていると思うと、ため息が出た。さらに歩いて行くと、古い石壁で囲まれた墓地が目に入ってくる。

ユダヤ人墓地というのは、一種独特のものがある。以前プラハのユダヤ人墓地を訪れた際もそうだったが、ここに足を踏み入れると、厳粛な気持ちにさせられる。どの墓石も、質素な石板一枚の上にヘブライ語とドイツ語が刻まれ、すべてが東を向いて整然と規則正しく並べられ、花はなく、ドイツの墓地のように、散歩するような雰囲気ではない。死者の威厳を感じるのである。祖先を大事にしている民族なのを知るのだ。

私たちは大きな石板の前に立った。ナチ時代に強制収容所へ連行された人たちが眠っているところである。その墓石の上には、いくつもの小石が並べられてあった。ここに訪れたユダヤ人たちが置いていったのだろう。妻と義母は、しばらくその墓石前でこうべを垂れていた。ナチ政府時代にドイツ人がした行為を、自分の心のなかで見つめているかのように私の目には映った。

私たちは、再び車でテュービンゲンへ走った。

家に戻り、夕食の準備をしていたときのことである。妻がジャガイモを剥きながら、キリスト教信仰に関する詩を突然歌い出した。と、義母もにんじんを切りながら、娘と声を合わせはじめた。今まで聞いたことのない句であった。

高齢の義母は、昨今についての記憶は極端に忘れるようになってしまったが、昔憶えた文句は口からすらすらと出てくる。二人がリズムをとりながら、いつもより声を高くして、祈りの詩を歌っているのである。三〜四分は続いただろうか。それを終えると、二人とも、顔を見合わせた。母と子の重なった顔である。それを目にして、思った。信仰の篤い二人は、キリスト教の歴史を背景として生きているのだと。

（一九九七年三月）

義母との昼食

杖をついて歩くようになってしまった義母と二人だけで昼食を摂るようになってから、もう数年が経つ。妻は職場へ、ミヒャエルは学校へ。そうなると、私が昼食を作ることになった。

世代の異なる、育った文化と食生活が違う二人が顔を合わせて食事をすることに、最初のころは戸惑いがあった。それに献立を考え、何を話題にするか頭を痛めたものだった。しかし、ありがたいことに、義母は私の作ったものは何でも口に入れてくれた。今まで、お皿に盛ったものを残したことはない。

二人の会話でも、方言的なドイツ語で話す義母の言うこともわかってきて、最初のころのぎこちないやり取りではなくなった。また話す内容も、自然と私の口から出てくるようになっていた。しかし、このところ気になることがあった。

それは八十六歳になる義母の食べる量は変わらないのだが、以前のように自分から話し出すことがなくなって、静かに黙々と食べるようになってしまったからである。こちらから話しかけないと、会話が始まらなくなってしまった。話しかけるといっても、最近の記憶は忘れがちな義母なので、昔の出来事を聞き出すことになる。遠い記憶はよく覚えているので、すこし間をおいてから話をしてくれる。

たしかに、会話は途絶えがちになってきたが、それでいて窮屈さはまったく感じない、静かな昼食の時間でもあった。開け放した窓からは、外で鳴く小鳥の声や、家の前の通りを歩いている人の声も聞こえてくるのだった。

そのような中で、義母と一緒に過ごす時間がとくに多い私として、心がけていることがあった。体が衰えてきたとはいえ、彼女の精神の働きまでも弱らせないことだった。しかし、そう心がけても、ソファーに横たわる時間が多くなってきた義母を前にして、何をしたらよいのかと考え込んでしまい、何もできずにいる。せめて、昼食の時間に、昔の記憶を引き出すことくらいになってしまった。

そのような義母だが、彼女のすばらしいところは、自分で心がけて朝食用の自分のパンを、以前のように毎日ではないが、三日に一回の割り合いで、杖をつきながらゆっくりとパン屋まで買いに行くことである。また私たちよりも前に新聞を読み、その内容を娘に語ったりもする。

本を読む時間は減ったが、単語によるクロスワード・パズルなどは辞書を引いたりして、自分でも意識しながら脳の訓練をしている。また夕食後は、私たちと一緒にゲームをする。それに、週一回の聖書を読む会にはかならず出席している。ただ、手紙を書いたり、受け取ったりする回数が極端に減ってしまった。が、義母はそれでよしとしているようでもあった。

義母の毎日の姿を目にしていると、人は年をとってからも、自分から積極的に生き、学び続けることが大切で、そのことによって精神及び記憶力の働きを保ち、脳の働きを活動させているのを知った。

義母は私との静かな昼食を終えると、いつもにこやかな顔と優しい声で、

「おいしかったわ。ありがとう、ヒデジ」

と、言う。そのことばを聴くたびに、私はよろこび、感謝するのだった。

（一九九七年十月）

日曜日はタンデムで

「さあ、ミヒャエル、走るぞ！」

「ヤアー、パパ」

それを聞き、彼と一緒に漕ぎ出した。

通りで知り合いの人が、「ハロー」と手を上げる。それに応えてベルを鳴らす。子供たちの、「あっ、タンデムだ！」との声を耳にする。

二人乗り用のタンデム自転車を妻の知人から安い値で買ったのは、夏がはじまる前だった。それ以来、週末は街郊外やネッカー川に沿って設けられている自転車道を走るようになった。

平坦な道の両側には、麦畑が延々と続き、所々に咲いている身の丈二メートルほどの大きなヒマワリの花たちが、笑っているかのように私たちを歓迎してくれる。それらを眺めながらの走行である。

大人と子供用に作られたタンデムなので、脚力が異なる二人にはピッタリである。「もっと漕げ！」と促すと、「ヤアー」と声を上げて力強くペダルを踏むミヒャエル。

走りながらの会話もでき、なによりもまわりに映る景色を二人で共有できるのである。それに、うしろで漕いでいる彼の息づかいが伝わってきて、まさに共にといった感じとなる。

二人で乗りはじめたころ、家から十キロメートル離れた郊外の起伏のないところを走り回っていた。が、少しずつ慣れてくるにしたがい、遠出するようにもなった。ときには、電車に自転車を乗せ、丘陵地で降り、そこから走り出すこともあった。限りなく続く緑

の草原に、たわわになっている赤いリンゴの実を目にしながら走行する。ゆったりとした気分となって、心が自然と躍ってくるのだった。

かなり上り坂となると、うしろで漕いでいるミヒャエルに、

「もっと力を入れて！」

と、声を高くして言い、背を丸めながら、私たちは汗をかきつつ上る。そのときは、周囲の景色をたのしむ余裕はない。が、下り坂となると、風を切っての走りとなる。その心地良さは、ことばでは表現できない。

「ヒェー、ヒェー」

ミヒャエルは声を発してよろこぶ。景色が飛んで行く。これを体験したらもう止められない。

あるとき、急に空が暗くなり、風雨に打たれながら走ったこともあった。またあるときはギラギラと照りつける太陽の下、休みなしで二時間も走り続け、喉がカラカラとなって、村の食堂でジュースを飲んだこともあった。あの味を、今も想い出すことができる。このようなことを、二十歳を越えた息子と一緒に体験できるとは思いも寄らぬことだった。

一人では自転車に乗れないミヒャエルは、このタンデムを気に入ったようで、日曜日になると、自分のヘルメットを持ち出して、

「さあ、走ろうよ」

と、催促してくる。

「漕げ！」

「ヤアー」

うしろから、ママの「気をつけて！」の声が飛んでくる。

（二〇〇四年二月）

小さな集会所

五十、六十歳の誕生日は、こちらの人たちはとくに大切に祝う。ちょうど六十歳になった妻は、例年とは違う誕生日会を企画した。

朝食を済ませてから、私たち三人は車で一時間半走り続け、ある村に到着し、その村の真ん中に建っている教会に行くと、義兄夫婦二組と一人の牧師が私たち

が来るのを待っていた。お互い挨拶を交わしてから、だれもいない堂内に入った。牧師が語り出した。

「ここで、あなた方のお父さんは、牧師としての活動をしていました。当時、わたしは神学生で、お父さんの説教をよく聴いていました……」

妻と知り合う二年前に、義父は車に跳ねられて即死したため、私は直接会ったことはない。義母からも、義父についての話をあまり聞いたことがなかったので、義父のことをよく知らなかった。目の前で語っている牧師の話の内容から、義父はとても子供好きで、教会での活動と学校での宗教の授業にを熱心に行い、青少年から親しまれていたと言う。

牧師は当時のいくつかのエピソードを熱心に語り続けた。それを聴いてから、私たちは教会堂を出て、歩いて十分のところにある小さな村民集会所へ向かった。

妻が誕生日を祝うのに、なぜここの集会所を選んだかというと、人口八千人のこの村で、義父は農家の子として生まれ、十年以上もここで牧師として働いていたからだった。それと、妻は母方の親戚とは頻繁に交流をしていたが、父方とはコンタクトがほとんどなかったので、常々それを気にしていたからでもあった。

招待したのは、この村の近辺に住む父方の親戚の人たち三十名であった。私が会ったことのない人たちばかりである。

手作りのケーキなどを持ち寄り、コーヒーを飲みながらの祝会となった。まず、妻が挨拶をしてから、何人かが時間をおきながらスピーチをした。

皆この地方訛りのあることばで語り、ユーモアを交えてエピソードを話すので、私には聴き取りづらく、隣に座っていた妻に何度か、話の内容を説明してもらっていた。もちろん、私も妻と北ドイツのベーテルで知り合い、そのあと数か月して結婚し、浜松に住み、障がいのある息子を育てながら暮らしていたことを語った。それに、義母の日本訪問などの話もした。そして、最後に、

「今、テュービンゲンで、ゲルトルートと暮らしているのがうれしくてなりません」

と、言うと、皆から拍手をもらった。

四時間ほどの歓談を終え、帰宅すると、誕生日祝いの手紙が束となって郵便箱に入っていた。それを手にして、彼女は居間に入って読み出した。

テュービンゲンに住みはじめたころは、妻の誕生日に届く手紙はわずか数通だったが、今は二十通以上も配達されてくる。それを読んでいる彼女の姿から、この地にどっしりと腰を据え、まわりの人たちと親密に暮らしているのがわかるのである。そうすると、私もついうれしくなるのだった。（二〇〇四年五月）

春の一日

いつもは六時半前に朝食を摂るのだが、きょうは日曜日。八時過ぎに食べ終えて、私たち三人は小さなリュックを背負い、テュービンゲン駅へ向かった。

赤色で塗られた二両電車が走り出すと同時に、沿線に並ぶように立っているリンゴ、ナシ、プラムの木の花々が目に入ってくる。その下には陽を浴びながら咲いているタンポポの花が、絨毯を敷いたように広がっている。この地方一帯の五月上旬の田園風景である。

休日なので、車内はサイクリング姿の家族連れと、明るいスポーツシャツを着た六十代の人たちで賑わっている。二十年前は、電車内に自転車を置くところがなかったが、今は自転車を立てかける空間が十分にある。

しばらくすると、背丈の高い樅の木が現われてくる。黒い森地方に入ったのだ。今までの明るい風景から、針葉樹の広がった薄暗い景色に変わった。さらに走り続けていると、こんどは広葉樹の森となった。と、妻が座席から立ち上がり、窓を開けた。爽やかな風が流れ込んだ。私も立ち上がって、前に広がる春の景色を眺め出した。

ドナウ川源流の澄んだ水が、広い草原のなかを蛇行しながら走っているのが望める。時々線路がその川に接近すると、川底の水草が揺れているのが見える。川べりには、初々しい新緑で覆われ始めたブナの木々が何本も立ち並び、それらの葉が太陽の光を浴びて眩しいくらいに輝いている。

電車はゆっくりと走り続けていた。しばらくすると、約五十メートルほどの岩壁が垂直にそそり立つ渓谷となった。妻が来たかったところだ。まわりに映る光景を眺めながら、彼女が口笛を吹き出した。青春時代をこの地方で暮らし、幼稚園の教員資格を取って、初めて働き出したのがこの地だった。

ミヒャエルも立ち上がった。若きドナウ川に沿って、家族連れのサイクリング車が走っている。のどかな光景だ。それを眺めている妻に言った。

「今年の夏、ミヒャエルは仲間と二週間、休暇に行くので家にはいない。その間、どうだろう、二人でこの付近をサイクリングしようか」

「それはいい案ね。トゥートリンゲンからジークマリンゲンまで数日間はかかるけれど、そうしましょうよ」

彼女は再び口笛を吹き出した。風の音にそのメロディーは消えがちだったが、私の耳には快く響いていた。

電車は、十六世紀に造られた城が建つジークマリンゲンに到着する。テュービンゲン行きの電車に乗るまでには、まだ時間があったので、どこかで夕食を摂ることになった。

休日なので、レストラン関係以外の店はどこも閉まっていて、街のなかは人影もまばらで、ひっそりとしていた。

ドイツに住みはじめたころ、日曜・祭日は店が開いていないので、不便を感じたものだった。しかし、今は週末になると、家族とゆったり過ごすことができ、だれもが休養をとって心を潤しているようで、これもいいものだと思えるようになった。

レストランに入り、ミヒャエルと私はスパゲティを注文する。私が肉料理をあまり作らないので、妻はこの際とばかりに、好きな酢で煮た牛肉をオーダーする。目の前に盛られたスパゲティを食べ出すと、トマトの味はまずく、麺は冷えている。妻のお皿をのぞくと、ほとんど肉が残っている。

「食べないの？」

「冷凍庫から出したような味だわ」

そう答えて、ヌードルだけを食べている。彼女のお皿にのっている肉を小さく切って、口のなかに入れた。ゴムのような硬さである。出されたものは何でも食べる妻だったが、この肉だけは残した。滅多にないことだ。でも、この味では肯けた。

店を出てから、彼女に言った。

「この付近には、競い合うようなレストランがないのかな」

「そうね」

「そのうち、家で肉料理を作るから」

それを聞いたミヒャエルは、にっこりした。

ジーグマリンゲン駅の売店でパンを三つ買い、それを車内で食べながら、家に戻った。春の一日が過ぎようとしていた。

（二〇〇六年六月）

まわりの人たち

顔と顔を合わす

ホームレスの人と知り合いになったのは、次のようなことがあったからだ。

ミヒャエルと一緒に教会前広場を歩いていると、いつも石畳の上に座っている人が手招きをしたので、何だろうと思って近寄ると、

「きょうは暑いな。これで、彼にアイスクリームを買ってあげな」

と、声を出して、ミヒャエルに二マルクをあげようとした。

「息子だろう？　何という名前だ？　それ」

彼は、にこやかな顔でミヒャエルにコインを手渡した。私は驚き、どうしようかと一瞬迷った。が、せっかくの厚意を無下にしてはいけないと思い、そのお金を受け取り、イタリア店に行ってミヒャエルにアイスを買ったのだ。

いつも通行人にお金を乞うている人から、まさかお金をもらうとは思ってもみないことだった。それ以来、その人を見かけると、話をするようになった。

いつも片手にビールを持ち、服はアルコールが浸みつき、幾本も抜けた歯から出るドイツ方言は聴き取りづらかった。が、言っていることは理解できた。時々アルコールを飲み過ぎて、通行人に大声を出すときもあったが、ミヒャエルと一緒にいる私には、いつも穏

やかな声で話をするトーマスだった。

そのトーマスが十年近くの路上生活に終止符を打って、街の老人ホームで暮らすようになった。そのことを、私は心からよろこんだ。

それから五か月たったある日のことだった。通りを歩いていると、向こう百メートル先にトーマスらしき人が路上に座っているのが目に入った。まさかと思いながら近づくと、彼だった。驚き、すぐに駆け寄った。

彼は、寝袋の上で壁に寄りかかって、眠っていた。傍には飲みかけのワイン瓶が置いてあった。

「トーマス」

と、呼びかけると、目を開けてこちらを見た。五十四歳なのだが、十歳以上は老いた顔である。

「どうしたのですか。もう夕方ですし、老人ホームへ帰らないのですか」

「もう今のホームでは、暮らしていけない。まわりの人と合わないのだ。もうダメなんだ」

「一体、どうして?」

「もうダメなんだ」

絶望的な表情で、彼は何回も繰り返すだけだった。

二十分ほど話をしてから、トーマスと別れ、通りを歩いていると、私の胸は少しずつ塞がって悲しくなってくるのだった。これから老人ホームで暮らすと、あれほど明るい顔で語ってくれた彼が、再び路上生活の人となってしまったからだ。

大きなショックを受けた私は、ホームレスになった原因やアルコール依存症の人がアルコールを止める難しさ、それに人と人との関係などを考え続けた。

再び、路上で歩行者に喚き散らすようになってしまったトーマス。でも、私とミヒャエルが傍に近寄ると、優しい表情となって静かな声で話す彼。路上に座っているトーマスの姿を目にするのが辛く、その姿を見たくないと思うようになってしまった私。「一体、自分はどうしたのかな」と日々考えるようになった。

そのようなある日、一人で街外れの森へ出かけた。

土と木の匂い、風の音を耳にしながら森のなかを歩いていると、自分が森全体の清らかな空気に、吸い込まれたようになっていった。そのとき、ふと思った。

トーマスがこうあって欲しいというこちらの見方だけに固守して、その願いが叶えられないから、彼の姿を目にしたくないとは、あまりにも自我が強く働き過ぎているのではないだろうか。

木と土の匂いや風の音など、森全体を包む澄んだ空気がまずそのままあって、自然の素晴らしさが伝わってくるのであって、私が在って、森の素晴らしさがあるのではない。それはトーマスのことに関してもいえて、自分の自我的な立場から降りたところで、今の彼と接することが大切なのだと気づいた。お互い傍にいるだけでいいのだと思った。

それからというものは、路上に座っているトーマスを見たくないという気持ちがなくなり、今の彼と顔と顔を合わせて話をすることが、前より以上にたのしくなってきたのである。これは不思議なことだった。

（一九九五年十一月）

思いやる心

紅葉していた葉が散って、初雪が降り出したある日、街の通りを歩いていると、トーマスとしばしば一緒にいたホームレスの人が声をかけてきた。

「元気でいるかい。きょうは、せがれがいないが」

「ミヒャエルは家にいますよ。ところで、ここのところトーマスの姿を通りで見かけないのですが、どうしているか知っていますか」

「彼なら、一か月前に老人ホームに戻っていったな。そこで、再び熱いスープを飲んでいるだろうよ」

それを聴き、すぐ家に戻り、台所で料理をしていた妻に、トーマスが再び前の老人ホームに戻ったことを伝えた。

「それはよかったね。わたしもここのところ彼を見かけなかったので、気にはなっていたわ。そう、それはよかったわ。これから寒くなっていくことだし」

彼女はよろこんで叫んだ。私たちは、トーマスが路上生活を止めて、再びホームに帰ったことをよろこんだ。

　そのときに思った。トーマスは戻るところへ戻ったのだ。まわりの人たちが、彼のような人をほったらかしにしなかったのだ。ああ、人って素晴らしいな。人は自分一人では生きられるものでなく、他の人と網の目のように結ばれながら、共に生きているのだ。一つの結びの糸が切れても、他のまわりの糸が支えてくれるのだ。そこには、相手を思いやる心があったからこそだろう。

　路上で会って話をするたびに、トーマスは、

「もうダメなんだ。もうダメなんだ」

と、よく言っていた。無意識のうちに自己を愛するが故に、そのことばが自然と口から出ていたのだろう。そのことを知っている周囲の人たちが、とくに以前住んでいたホームの同居人と職員の人たちが、何とかしてトーマスを再び老人ホームに戻そうとしたに違いない。

　このことから、いくつかのことを学んだ。とくに、彼の「もうダメなのだ」ということばに、深く考えさせられた。嘆きを言うことは、人に助けを求めているのではないだろうか。嘆きを聴く耳を持ちたい。また嘆きを口に出す自分にもなりたい。なぜなら、そこに己の弱さ、不完全さを知り、そこから次の一歩が始まると思ったからである。

　たしかに、トーマスは路上でアルコールを飲み、喚き散らす場合もあった。人に嫌な印象を与えることもあった。しかし、「もうダメなのだ」という嘆きのことばがあったからこそ、老人ホームに戻ったと思えてならない。


（一九九六年三月）

一分間の握手

　こちらで人と会ったとき、そしてその人と別れる際にはかならず握手をする。相手が男であろうが、女であろうが握手を交わす。柔らかい手やごつい手、乾いた手や湿った手、力を込める手や軽く触れる手などいろいろだ。

握手をして、もう会話が始まっている。それは、過去・現在・未来における二人の出会いの気持ちを表現しているようなものだ。

握手は一瞬にするが、最近、一分間続けてしたことが二回ほどあった。

一つは、ホームレスだったトーマスとの握手だった。街の通りを歩いていると、彼の姿を見つけた。以前のように酔ってなく、しっかりした足取りであった。早足で歩み寄り、握手しながら、

「今日、再びあなたに会えてうれしい。ホームの暮らしはどうですか」

と、訊くと、穏やかな目でこちらを見て、

「再び老人ホームに戻って、今はいいぞ。息子のミヒャエルはどうしている？　元気でいるか」

と、訊き返してきた。その彼としばらく話をしてから、再び乾いた柔らかい手を握って別れた。通りで、再び会うことができるだろう。ミヒャエルとも握手をしてくれるだろう。そう思うと、心が自然と弾んでくるのだった。

もう一つは、スリランカから政治亡命をしてきた人との握手だった。

街の郊外に住んでいる彼の家族と、私たちの家族は、お互い料理を作り合って交流を続けていた。しかし、ここ二年ほど、通りで彼らの姿を見かけなくなったので、どうしているかと思っていたとき、マルクト広場で買い物をしていた彼を見つけたので、駆け寄り、

「最近は、どのような暮らしをしているの？」

と訊くと、彼は沈んだような声で、

「現在のように失業者が多いと、外国人、それも難民のボクには、仕事はなかなかまわってこない。今も職業安定所からの通知を待っているところだ。昨年の一年間は、隣町にあるコンピューター関係の学校へ通い、資格は取得したが、どこも雇ってくれない。四十を過ぎている自分は、宙に浮いているようなものだ」

と、肩を落としながら語った。以前はこちらの目を見ながら話をしたのだが、今は見ないで話をする。しばらく立ち話をしてから、別れる際に彼の手を強く握ると、こんどは私の目を正視して、強く握り返してき

た。そうすると、彼の気持ちがこちらに伝わってくるのがわかり、柔らかい手を離したくない気持ちになった。このとき、別れの握手は再び会おうとする意思表示だと思った。

握手をすることは、自分の気持ちと相手の気持ちが、光のように交差する瞬間だ。

人との出会いのなかで、握手をしたり、頬と頬を寄せ合ったり、身体を抱いたりのコンタクトは感情がともない、いいものだ。

（一九九六年五月）

あなたの友人でしょ

図書館のカウンターで、本の貸し出しの手続きをしていると、八十六歳になるベルニングさんが手を挙げて、ニコニコしながらゆっくりとこちらに近づいて来た。

「しばらく会っていなかったので、どうしているかと思っていたぞ」

「ここ三週間ほど、お会いしていませんでしたね」

そう言って、私はベルニングさんの柔らかい手を握った。片方の手にはベートーベンのカセットテープ二本とカルメンのビデオフィルムがあった。

「それを観るのですか」

「わたしはオペラも好きだ。とくに、カルメンの曲は気に入っている」

青い瞳を輝かし、微笑みながら踊る真似をした八十六歳のベルニングさん。私たちはしばらく立ち話をしてから別れた。

そのベルニングさんと初めて会ったのは、私が週に一回通っている街の室内プール場だった。毎火曜日は温水の日なこともあって、多くの高齢者が泳ぎに来る。八割以上が七十代以上の人たちで、そのなかには九十二歳の人もいる。ベルニングさんもかならず来ていた。

一人住まいのベルニングさんは音楽好きで、左手は絶えずケイレンしているが、ピアノは上手に弾くことができる。それに現役時代はジャーナリストだったせいか、今でも時事問題に強い関心を持ち続け、ユーモアを交えてよく話をする。日本にも興味を示し、私と会うたびに日本語の新たな単語を言う。

　そのようなベルニングさんの姿を目にしていると、この人は年をとっても、精神というか、知性は後退していないと思う。ただ、最近耳は遠くなってきたようで、補聴器を使用するようになってきた。でも、そのようになっても、

「この補聴器のおかげで外を歩いていても、車のうるさい音を調節できるので、よいものだ。ありがたい」

　と、先日も私たちの家に来て、コーヒーを飲みながら語った。マイナス的なことを、プラスに転じてしまう人でもある。

　話すときは、いつも力強い口調で語り、ゲーテやシラーやニーチェなどの名が口からスラスラと出て、哲学と文学にも強い関心をもっている。若いころに、いや若い時分に限らず、今も自分で自分自身を発見しようとしている人は、年を重ねても退屈しないのだろうと思ってしまう。


毎日小さなナップザックを背負って、杖をつかずに買い物や散歩に出かけているベルニングさん。近くに一人娘が住んでいる。その家族と毎土曜日はかならず会っている。

　八年前に奥さんを亡くしてから、一人で暮らしてしているベルニングさんが言う。「自分が動けなくなったら、介護保険があるし、娘はその情報を詳しく話してくれたので、心配はしていない」と。とにかく、この人と話をしていると、常に前向きに生きている姿勢を感じる。キリスト教の神のことは語らず、自分は無神論者だと言い、よく宇宙の偉大さの話を私に語ってくれる。

　山歩きが好きで、昔は妻と一緒にチロルの山によく登ったと話をしてくれたこともあった。二年前には、一人で南チロルに行き、ペンションの階段から足を滑らし、一週間現地の病院に入院していたとも語った。それを聴き、

「いつか、一緒に山へ行きたいですね」

　と、誘いのことばをかけると、うれしそうな顔をし

て肯いてくれた。

ベルニングさんは知人以上の人だ。私の妻が言うには、「あなたの友人でしょ」と。このとき、ふと思った。友人とは？　たしかに、お互い家に招待したりしての交際を、七年間続けている。そのようなお付き合いをしながら、新たなベルニングさんを会うたびに発見する。と、そのことは、新たな自分を発見することにもなるのだった。

私たちは会うのが、たのしみになっている。そこには、お互いが相手を思いやる気持ちがあるように思う。しかし、友人となるには信頼関係がどうしても必要だろう。相手の苦しみを知らないで、また自分の苦悩を告げないでそれは可能だろうか。ただ、今はベルニングさんとの関係を大切にしていこう。

（一九九六年七月）

最も親しまれている菩提樹が

作業所から帰宅すると、家の裏門前に立つ菩提樹をよく眺めていたミヒャエル。しかし、最近そのような姿を見かけなくなってしまった。どうしたのかと思い、彼に訊くと、

「鳥、トリ、いない」

と、答え、窓から十メートル先に立っている菩提樹を指差した。

「アッ！」

と、私は思わず、声を上げた。六月に入っているのに、白い小さな花はおろか、緑の葉さえ枝に付いていないではないか。太い樹幹だけが、寂しそうに立っているだけなのである。

夕食を摂っているときに、そのことを妻に話すと、

「わたしもそれには気がつかなかったわ。そういえば、ここのところ家の裏から小鳥たちの声が、聞こえないわね」

と、言い、ミヒャエルのほうに顔を向けた。彼は肩をすくめながら、再び
「鳥、いない。トリ、いない」

と、声を出した。妻が話し出した。

「リンデン（菩提樹）は千年も前から村々の広場に立ち、その広い樹冠の下で村人たちは憩い、語らっていたわ。大きな由緒ある建物の側には、大体リンデンが立っているわ。この地方の人たちにとって、リンデンは最も親しい木よ。あなたも街のなかでよく見かけるでしょ」

「散歩していると、よく目にするね」

「リンデンは神の宿る木とも言われているわ。無数の小さな花からは甘い匂いが漂い、それを乾燥させてお茶にして飲むと、風邪の熱冷ましにもなるわ。血を洗ってくれるし。とくに、夕暮れのときは芳香ね」

「そうだったのか。だからミヒャエルは夕方近く窓を開け、その匂いと鳥の声を聞いていたのか。その木が一体、どうしたのだろう？」

　彼女が再び語り出した。

「リンデンは排気ガスと高乾燥には弱いのよ。裏に建っているホテルが、たしか半年前から改築されていたわね。そのとき、職人たちが休憩する移動用簡易コンテナがリンデンの横に置かれたわね。そこから毎日煙が出ていたわ。多分、そのせいよ。環境汚染にとても敏感な木なのだから」

「そうだったのか」

　ミヒャエルは、私たちの会話を耳にしながら、さかんに「ピー、ピー」と小鳥の鳴き声を出していた。

　広々した枝にハート形の葉をいっぱいに付け、甘く漂う香りを発散する菩提樹。その姿は、今はない。数百年も生き続けてきた木が枯れてしまったのだ。一本の木に注意を払わなかった人の行為で、菩提樹が消えてしまったのだ。残念でならない。


（二〇〇〇年七月）

懐かしい人

　予期もしない人から電話がかかってきた。その声に驚くと同時に、よろこびが走った。あのペーターからだった。彼と奥さんが二週間したら、訪れて来るとの知らせであった。その日がくるのを、私は首を長くして待った。

ペーターがそろそろ現われる時間だと思い、通りに面した三階窓から何度も下をのぞくが、二人の姿はまだない。三十分が過ぎても、呼び鈴は鳴らない。待った。

十一時四十五分、インターホンを通して、ペーターの声が聞こえてくる。すぐに玄関先に出て、ペーターと彼の奥さんと握手を交わし、二人を家に招き入れた。

居間に入ると、妻が台所から出て来て、よろこびの声を上げながらペーターの肩を抱いた。ペーターは、私と妻がテュービンゲン市庁舎の戸籍係前で結婚式を挙げた際の立会人の一人でもあった。彼と会うのは、三十数年ぶりである。

ソファーに腰かけたペーター夫妻を前にしながら話をしていると、当時のことが鮮明に浮かんでくる。

日本の大学を休学して、欧米に一年間滞在したことがあった。ドイツでは、十歳年上のペーターの両親宅で半年近く住んでいて、ギターを上手に弾くペーターに連れられて、若者のパーティにしばしば行ったり、彼の家の庭仕事をしたりしたこともあった。それに、彼の口利きで、近くの木工所で働くこともできるようにもなった。そのときに貯めたお金で登山用品を揃え、チロルやスイスの山々にも登ったのだ。

一時間ほどの歓談をしてから、昼食の時間となった。ここでも、「ヒデジ」「ペーター」と呼び合いながら過ごした。お皿に残った最後の一滴をスプーンで上手にすくうペーターの動作は、昔のままだ。後片付けのときも、私がお皿を両手に持って台所へ行こうとすると、ドアを開けてくれるペーター。優しさも、昔のままだ。

昼食後、皆で旧市街を散策することになった。髪の毛は薄くなり、六十八歳になったペーターのうしろ姿に、やはり年月が経ったのを感じる。が、彼は今も自分が経営する建築事務所で働いているのだ。

若いころ、アジアと北米・南米をリュック一つで二年半かけて歩き廻った大冒険家のペーター。その姿をみて、私もヨーロッパと米国、それにメキシコの地まで歩いたが、南米には足を踏み入れることができずに終わってしまった。

私たちは、当時のことを話しながら家に戻った。そして、コーヒーを前にして、ペーターの奥さんが作ったケーキを食べながらのたのしいひと時となった。

別れの時刻となった。私が、

「次は、ペーターの家へ遊びに行くから」

と、言うと、二人ともよろこんだ表情を浮かべてくれる。春になったら、ペーターの住むところへ訪れよう。彼との物語がまだまだ続くのがうれしい。ここにも、私の辿った歴史があるのだ。それを大切にしよう。


（二〇〇五年一月）

冬の休暇

昨夜から降り続けている雪で、車窓に映る景色は白一色である。高速道路に入った。と、どういうわけか、車の速度が時速百二十キロメートルから百、八十、六十キロメートルに落ち出した。アクセルをいくら踏んでも、一向にスピードが上がらない。妻が、「変な臭いがしてこない」とこちらに顔を向けて言った。

速度が一段と落ちて、何かが焼けているような臭いが強くなってくる。焦りにも似た気持ちとなった。こんなところで止まったら一大事だ。ギアを変え、アクセルを踏むが、テンポは下がる一方である。

時速三十キロメートルとなった。五キロメートル先に休憩所の標識が目に入った。あそこまで辿り着きたい。ミヒャエルも異常に気づき、前に体を乗り出すようにして「パパ、パパ」と声を上げ、妻は真顔でギアを変えたりしている私の動作を見ながら、「停まったほうがいいわ」と声高に言った。

しかし、ここで停車するわけにはいかない。緊急用ランプを点滅した。妻も私も、いのちに関わるような危機感を感じ始めた。このまま走って、火でも噴いて爆発でもしたら……。

カタツムリのような動きになった。休憩所まであと四キロメートルはある。祈るような気持ちでハンドルを握り続けた。火薬のような臭いが、一段と鼻に突いてくる。今にも、車はパタリと止まりそうである。と、三十メートル先に車が四台くらい停まれそうなところが見えた。あそこまでたどり着きたい。

エリア内に入った。エンジンを止め、外に出て、ボンネットを開けたが、車に詳しくないのでわかるはずがない。再び座席に戻り、エンジンをかけた。モーターは回るのだが、車は動こうとはしない。

　妻と話し合い、会員となっている自動車クラブＡＤＡＣに連絡することが、一番いいだろうとのことになった。が、私も妻も携帯電話を持っていない。周囲は、畑地が広がっているだけである。さて、困った。と、彼女が、

「わたしがアウトバーンを出て、どこかの人家から、ＡＤＡＣに電話を入れるわ。あなたとミヒャエルは、ここで待っていて」

　と言い終えると、ヤッケを着て雪の降るなかに消えた。

　三十分が過ぎた。時速百五十キロメートル以上で走っている何台もの車が、私たちの横をヒューンヒューンうなるような音を出して飛ぶように走り過ぎて行く。そのたびに、車はグラグラと揺れた。彼らの車がすこしでも触れたら、木っ端微塵となってしまうだろう。ＡＤＡＣの救助車が早く来ることを願った。

　五十分が過ぎた。妻はまだ戻って来ない。車内はモーターを切っているので、暖房は効いていない。エンジンはかかるのだが、爆発でもしたらと思い、かけないでいた。外では雪が降り続いている。

　ミヒャエルと話をしていると、吐く息が白く見え出した。ふとバックミラーをのぞくと、何かが動くものが映った。妻だ。こちらへ向かって歩いて来る。ミヒャエルに、「ママが来たぞ」と言うと、彼は笑顔になった。

　雪を払いながら入ってくる彼女を迎えた。

「一キロ先の民家から電話をしたわ。ＡＤＡＣの車が来てくれるわ」

　そう言いながら、ティッシュで鼻をかんだ。

　車内は震えるような冷たさである。私たちは、スキー帽を被り、毛糸のマフラーを首に巻きつけ、手袋を身につけて一刻も早くＡＤＡＣの車が来るのを待った。

　彼女はミヒャエルに歌を聞かせていた。と、一台の

パトカーが私たちの前で止まり、警察官が出てきた。二人とも腰のところに手をおき、すぐにでもピストルを抜けるような姿勢である。一人は車五メートル前で立ち、もう一人はこちらに歩み寄って来た。

「どうして、こんなところで停まっているのだ?」

厚着している私たち三人をじろじろとのぞきながら、不審そうな顔で言った。

私が今までの経緯を話していると、黄色の車がランプを点滅しながらうしろに止まった。ＡＤＡＣの車だ。警察官は、それを見て了解したらしく、その場から立ち去った。

こんどは黄色い服を着た人が近づいて来て、ボンネットを開けて点検をはじめた。

「ギアチェンジが壊れている。これで走るのは無理だ。レッカー車を呼ぶ必要がある。三十分したら、来てくれるだろう。しかし、ここに車を停めておくのは危険だ。次の休憩所まで引っ張るので、ハンドルの操作をしながらついてくるように」

高速道路上で、綱に引かれての時速八十キロメートルの運転である。それも、雪の降るなかでの四キロメートルだ。休憩所に着くと、ハンドルを握っていた手の力が抜けたようになった。

自動車クラブの会員となっているので、ありがたいことにコストは無料である。一枚の紙にサインをするだけで済んだ。

レッカー車が来るまでには、まだ時間がある。モーターを回しても危険はないと知ったので、暖房を入れた。

「何と言うことだ。クリスマスの日に」

「でも、ヒデジ、車が火を噴いたり、事故にならなかったりしてよかったわ。感謝しなければね」

私たちは、レッカー車が来るのを待ち続けた。

四十分が過ぎたころだった。大型のレッカー車が来て、車はうしろに積まれ、私たち三人は運転手の後の席に座った。

レッカー車がテューービンゲンへ向けて走り出すと、五十歳くらいの運転手が話しかけてきた。

「どのくらい乗っている車?」

「二十万キロメートルほど走っています。十六年前に製造された車で、あと数年は乗っていようと思っていたのですが。もう限界でしょうかね」

運転手は答えないでいた。しばらくして、彼は数時間前に扱った車のことを話し出した。

「家族全員で乗った車がスリップして十メートル下に転落し、皆病院に運ばれたよ。あの車も古かったな。このような雪が降るときは気をつけることだ」

それを聴いた妻が、「私たちは、幸運だったたわ」と声を上げげた。

テュービンゲン市内の自動車修理所に着いたのは、夕方の六時過ぎだった。今日はクリスマスの祭日なので、どこも休みである。とりあえず、車はレッカー車から降ろされた。私たちは自宅に戻ることにした。

雪道を歩きながら、妻に話しかけた。

「修理に一日はかかるだろうと、ＡＤＡＣの人が言ったが、二、三日以上要するようなら、今回のシュバルツバルト（黒い森）での休暇は止めにしようか」

「そうね、無理することはないわね」

「でも、義兄さん二人が君の誕生日の贈り物として、休暇用住宅を一週間予約してくれたものだし、何とか実現したいな。とにかく、明日、修理工場に行って、その様子をみてから決めよう」

翌朝七時半、ひとり自転車に乗って工場へ向かった。雪の積もった道は走りづらい。とくに、坂道の多いテュービンゲンの街なので滑りやすい。慎重に走った。

十分足らずで事務所に着き、昨日のことを話すと、あまり感じのよくない中年男性が車を点検するために外に出た。そして、しばらくしてから戻ってきて、

「一日ではなおせない」

と、顔の表情を変えずに言った。その彼に、「動いたら、すぐにでも休暇地に行きたいのです。明日までに修理してくれると、ありがたいのですが」とお願いするように言うと、「ナイン（ＮＯ）」との事務的な冷たいことばが返ってきた。

家に戻ると、ミヒャエルが近くのベーカリーから買ってきた焼き立てのパンが、食卓に並んでいた。それらを食べながら、さてどうしようかと、話し合いを

始めた。

「それでは、その工場で車を修理してもらっている間、そこにある代車を借りることにしたら？」

「うん、それはいい案だ。すぐに電話して訊いてみよう。でも、事務所のあの人は感じがよくなかったな」

「では、わたしが電話をするわ」

妻は受話器を取り、相手の人に私たちが休暇へ行きたがっていることを話した。五分したら、連絡してくれることになった。彼女と会話をした人は、どうも私が話した人とは違うようだ。

電話のベルが鳴った。

「では、今日の三時半までには、修理が終わるのですね。ありがとうございます」

そう言って、彼女は受話器を置き、にっこりして、

「四時にはシュバルツバルトへ向けて、再び出発できるわ」

と、声を上げた。

三時半になったので、私は車を取りにひとりで事務所に行った。三名の人が机に向かって仕事をしていた。そのなかに、朝対応した人もいる。その人に声をかけようとすると、奥から六十代の品の良さそうな人が出て来た。

「ヨコイさんですね。朝、奥さんから話を聞きました。車は修理しましたから、どうぞ休暇へお出かけください」

胸にかかってある名札を見ると、工場長と記されてある。朝対応した人は、下を向いて何かを書いていた。

「ありがとうございました」

そう言って、工場長と握手をし、下を向いていた人を一瞥してから事務所を出た。

修理してもらった車で家に戻り、三人で再び目的地へ向かった。

二時間ほど経った夕暮れ、千人が住む小さな村サイクに到着する。あたりは雪が五十センチ近く積もっている。一分もしないうちに、私たちの滞在する休暇用住宅が見え出した。あと百メートルの坂道だ。かなり急だが、上れるだろう。が、三分の一までくると、車

輪が凍った雪上で空転をはじめた。前へ進もうとするが、タイヤは滑って空回りするだけである。バックもできない状態となった。何度もアクセルを踏むが、動こうとしない。二人に車を押してもらうが、びくともしない。まわりに人家はない。

途方に暮れていると、黒いオーバーコートを身につけた一人の女性が私たちの前に現われた。

「この坂は凍っているので、一度下まで降りて、バックで一気に上るしかないでしょう」

暗くて顔は見えないが、月の光で髪が金色なのはわかった。

「そうしたいのですが、タイヤが空回りするだけで、下にもいけないないのです」

「わたしが、代わりに運転しましょうか」

その親切なことばに、即、「お願いします」と答えた。

彼女も一度はタイヤを空回りさせた。が、二度目に試みたときだった。車輪が少しずつ動いて下まで降りて行った。そして、こんどはバックで一気に上ってくる。それもかなりの速さである。妻はそれを見ながら言った。

「あの人、自動車教習所の先生ではないかしら」

「巧いものだ」

私も、圧倒されて眺めていた。その女性にお礼をのべると、

「この車のタイヤは、わたしが今までに走った冬タイヤのなかで一番悪いものだったわ。これで雪のあるところを、走らないほうが賢明だと思うわ」

と、忠告してくれる。四年前に買った中古の冬タイヤ、それも最も安いものだった。彼女の言う通りだ。この車で、雪の道を走るのはもう止めよう。彼女に感謝した。

森の入口前に建つ三階建ての大きな家の前に駐車してから、これからの六日間に必要なものを車から運びはじめる。黒いオーバーを着た女性が現われなかったら、一体、どうなったかと妻と話し合いながら、三階の貸住宅に入った。

翌朝、ベッドから起き出して居間のカーテンを開け

ると、雪を被ったタンネ（樅の木）が十五メートルほど先に何本も見える。どの先端にも、白と黒色をした尾の長い鳥が身動きもしないで止まっている。その向こうに、針葉樹であるタンネの森が雪に被われて、緩やかなカーブを描きながら続いている。夏と違い、小鳥たちの鳴き声はまったく聞こえない。森閑とした雪景色だ。

標高千メートルの、それも高台のここからは下に村が望め、点々と建つ民家の三角屋根には雪が厚く積もり、レンガ造りのエントツからは煙が立ち昇っているのが見える。それらの家々の小さな窓からは、灯りがこぼれ、庭を囲んでいる木柵にも数センチの雪がのっている。

昨日現われた女性はあの家々のどこかに住み、今ごろは朝食を摂っていることだろうと想像しながら、外を眺めていた。と、野生の鹿が、ピョンピョンと雪を蹴飛ばしながら森のなかへ消えた。窓から見る景色は、まるで雪のメルヘンの世界だ。

朝食を済ませてから、三人は雪用の装備を身につけ、ストックを持って外に出た。森の入口に建っている貸住宅なので、一分も歩けばもう森のなかである。仰ぎ見ると、薄灰色の雲が空を覆い、雪が今にも降ってきそうな気配だ。

一時間ほど歩いていると、想像していたように雪がパラついてくる。それにつれて風も吹き出した。でも、私たちの歩きには支障のない風だ。

新雪を踏んでの道は、体が沈むようで気持ち良い。木と木の間に、雪がふっくらとした餅のように積もっている。その雪面に風があたると、キラキラと輝きながら渦となって宙に舞っていく。

私たちは、雪が枝からバサバサと落ちる音を聞きながら、雪道を四十分ほど進んでは十分近く休みを取り、サクサクと歩き続けた。

翌日、翌々日も同じような天候の下、大体平均して七、八キロメートルの雪道を歩き廻っていた。

十二月三十一日（シルベスター）になった。今までの三日間とは違い、青空の広がった天気である。歩き出して一時間もすると、大気は暖かくなり、木々の梢に積もった雪が音を立てながら落ちはじめ、そのたびに粉雪が光と交差しながら舞って行く。目映いばかりだ。

昼食の時間となったので、宿で作ってきたお握りをリュックから取り出して、食べ出す私たち。夏山のお握りもいいが、雪の上でのこの味もなかなかのものだ。妻がお握りを口に入れているミヒャエルに、

「ほら、あそこをごらん」

と、十メートル先の梢を指差しながら小声で言った。二匹のリスが見えた。私はすぐにリュックからカメラを取り出して、撮ろうと構えると、もうリスの姿はない。残念がっていると、妻が、「ほら、あそこにも」と言ったが、もうその姿はない。

雪道を七キロ歩いてのワンデリングを終え、三人とも赤く焼けたような顔で宿に戻り、ソファーに腰かけ、熱い紅茶にこの地で採れたタンネの蜂蜜を入れて飲んだ。と、甘酸っぱい香りと味が口から胃に伝わり、体がしだいに温かくなってくる。私たちは足を伸ばして、今日歩いたコースについて話し合った。

夕方の六時になったので、今年最後の礼拝に出席しようとして、ストックを突きながら、下の村へ行くことにした。

太陽は沈み、周囲は薄暗いが、雪面は雪明りでやわらかい青色である。私たちが雪道を踏むたびに、サクサクとの音が聞こえてくる。両側に並んでいる菩提樹と楓の枝には、氷柱が垂れ下がり、裸のままの自分を誇っているかのように立っている。その個性ある姿に、私はつい惹きつけられて、立ち止まっては眺めていた。

私たち三人以外に、雪道を歩いている姿はない。凍ってしまった雪の上に、ストックを突きながら慎重に進んだ。

百メートル先の教会の灯りが見え出した。教会の鐘が静寂な時を破るかのように、カーンカーンと鳴り出した。その音に誘われるようにして堂内に入ると、十五名の人たちが椅子に座っていた。

ギターの演奏で式がはじまり、一人の若い牧師がすべてを司り、この地方独特のことばで、十二月三十一日の礼拝が行われていった。ミヒャエルはギターに合

わせては、体を動かしていた。

一時間足らずの素朴な式が終わり、外に出て、再び雪道を登り出した。と、一家族が向こうから歩いて来るのが目に入った。四人とも、手にたいまつを持っている。

「良い新年を！」

お互い、声をかけ合いながらすれ違った。しばらくしてから振り返ると、四つのたいまつが星月夜に照らされながら消えていく。何という幻想的な青い美しさなのだろう。私たちは眺め続けた。

宿に戻り、遅くなった夕食の支度に取りかかった。一時間ほどで、白菜と椎茸、それに薄い豚肉の入った鍋を囲んでの食事となった。三人が好きな水炊きである。家から持ってきた箸でそれらをはさみ、レモン入り醤油につけ、ご飯の上にのせて食べ出すと、体が少しずつ温まってくる。

湯気が昇る白菜を口に入れながら、妻に言った。

「今日（大晦日《シルベスター》）の夜は、日本にいたときはそばを食べたね」

「そうね。でもこれもお醤油の味よ」

彼女はにっこりした顔で応えた。私たちは、「おいしい、おいしい」と連発しながら、残った汁をスープ替わりにして飲み干した。汗が額から出てくるほどとなった。

その食事も終わると、もう十時過ぎである。夜中の十二時まで起きていようと、三人でゲームをはじめたが、今日の疲れが出てきたのか、三人とも欠伸をするようになった。

しばらくすると、カーテンの隙間から光が差し込んできて、大きな音が聞こえてくる。腕時計をのぞくと、ちょうど夜中の十二時である。爆竹が始まったのだ。村外れに建っているこの家の周辺は、大晦日の夜は静かだろうと思ったのだが、ここもドイツ、近くに住む人たちが打ち上げる花火で賑々しい。

日本では除夜の鐘がなり、静かな時のなかで新年を迎えるが、ドイツでは違う。爆竹の勢いで新年を迎えるのだ。三十分ほどで音は鳴り止んだので、私たちは眠りに就いた。

翌朝、目が覚め、起き出して窓から外を眺めると、雲の切れ目からひと筋のオレンジ色の光が見えた。それがしだいに黄色に変わっていった。と、「ありがたい」とのことばが私の口から漏れた。その瞬間、あの光景が浮かんでくる。

日本で障がいのある人たちが暮らしている施設で働いていたときのことだった。当直勤務を終え、老人ホームの前を通ると、一人のお年寄りがホームの前で日の出に向かって、

「今日も一日、ありがとうございます」

と、かしわ手を打っていたのを見かけた。

それを想い出しながら、私も朝日の方を眺めながら手を打った。

（二〇〇五年三月）

地域社会

一日が始まる

ドイツで暮らし始めたころ、よく考えさせられた問題に、キリスト教のことがあった。

それというのも祭日は、ほとんどがキリスト教に因んだものであり、何よりも妻と義母と一緒に生活をしていると、キリスト教との関係をしっかりと捉えなければならないと思ったからだ。まわりの環境から、否応無しにキリスト教という宗教に触れざるを得なくなった。

では、ドイツに来る前はどうだったかと言うと、クリスチャンの妻と暮らし、私が勤めた浜松の知的障がい児施設もキリスト教を基にした職場だったので、間接的にはキリスト教に触れていた。しかし、当時は自分のこととして考えたことはなかった。

それがドイツに住むようになると、ここの文化との出合いのなかで、どうしてもキリスト教と対話していく必要性を感じ出した。対話するには、自分の宗教的な立場をある程度、知っていなければならない。さいわい、私は学生時代に一時、禅寺へ通ったことがあったし、良寛や親鸞などの書いた本を読み、宗教哲学に強い関心を抱いていたので、自分の宗教的な立場を、ある程度は自覚していた。そのような中で対話していった。

あれは、ここに暮らしてちょうど二年が経ったころだった。テュービンゲンに住む私の知人夫妻がシュトゥットガルト市にある日本語教会のクリスマス会へ行くというので、私たち家族も同行し、そこで多くの日本人と会って楽しい時間を過ごした。

　それ以来、私はその日本語教会で行う月一回の礼拝と聖書研究会、それにいろいろな行事に参加するようになった。また日曜日には、家族と共に家の近くの教会礼拝へ通うようにもなった。そのようなある日の朝、次のような会話を妻と交わしたことがあった。

「きみの生活にとって、宗教は何を意味しているの？」

「朝からそんな話、できないでしょうに」

「そうだなあ」

　そう言ったあと、私はしばらく黙っていた。と、彼女が私の顔を見た。

「それでは、あなたにとって宗教とは、何なの？」

「自分にとって、宗教とはどのように生きるかの指針を与えてくれるものだ。とくに、まわりの人との関係をプラス的思考にしてくれて、前向きに生きようとするエネルギーをもたらしてくれるのだ。これは答えになっていないいな」

「そんなことないわ。わたしもそう思うわ」

　妻はそう言ってから、間をおかずに、

「さあ、きょうも一日が始まったわ」

と、声を上げた。

　この会話で思ったことは、十の人がいれば、十の異なる生活がある。が、どのように生きるかには、共通したものがあるだろう。彼女が「一日が始まったわ」と言ったように、まわりの人と「共に」生きていくことが大切で、その過程に普遍的な真理が内在しているに違いないと。

　そのような考えでいる私が、キリスト教の聖典といわれる聖書を読めば読むほど、その内容に魅せられ、自分をしばしば省みるようになった。とくに、日常生活のなかで自己中心的な己を見出すことが多く、その際はたいてい「共に」という意識が欠け、エゴが強く出ているのだった。

　私がこの社会で暮らしていくなかでは、キリスト教との関係は避けられるものではなかった。いや、むしろキリスト教との関係は次第によろこびとなって、毎日の生活のなかで、「共に」という姿勢で暮らしていこうと心がけている。そこに、自分の生が問われていると思っているからだ。

（一九九四年七月）

分離しないように

二年前のことだった。ある本屋のショーウインドーに、女性史に関する本が幾冊か並べられてあった。そのなかに興味を誘うものもあったので、店内に入ろうとした。と、女性店員に、

「ここは、男性禁止です」

と、断られてしまった。

「エッ」

と、驚いた私は、

「ドイツの女性運動と、その歴史に関心があるのです。窓に並べられている本を読みたいのですが、だめでしょうか」

と、訊くと、彼女は入口のドアの、「ここは女性だけの本屋」と記された張り紙を指差した。仕方なく諦め、店内に入ることはできずに終わってしまった。そのとき、何か性差別をされたような嫌な気持ちを味わった。

このことにしろ、障がいのある人や外国人や難民や浮浪者などへの差別にしろ、私たちのなかで、なぜ差別意識なるものが生じるのだろうか。

自分とは違う異質的なるものへの拒否。それが分離へと進み、差別する方向へと導くのではないだろうか。分離が差別を生むのだ。

この分離については、異国の地でハウスマンをしている私にとって、切実な問題でもあった。この地に住み始めたころ、何とかここで根を下ろしていこうとして、地域の人たちと分離しないようにと心がけていた。通りで彼らと会えば、話をしたり、家に招待したりして、知り合おうとした。

そのようなこともあってか、彼らとの会話で、私が「ガイジン（外人）」と言われたことはない。

妻が日本で八年間暮らしていたとき、「外国人」ではなく、この「ガイジン」ということばを、しばしば耳にしたようで、そのたびに彼女は、「響きがよくない語ね」と言っていたことを想い出す。たしかにそうで、私がもし面と向かって「日本人」と言われるのではなくて、「ガイジン」と言われたら、切ない気持ちになる。差別されているようで。

異国に長く住む人は、分離ではなく、その反対語の「共に」を自覚しながら暮らしている人も多くいるのではないだろうか。なぜなら、差別されたくないし、差別したくないからだ。

ネッカー川に沿って建つこの本屋、数週間前に一人の男性の姿を店内で見かけた。今は、私も入ることができるかも知れない。

（一九九四年七月）

クレープのかおり

日本から訪れて来た五名の人たちが、「テューービンゲンの老人ホームを見学したい」と希望したので、私の家から五分歩いたところに建つ市立の老人ホームへ見学に行くことになった。

街のなかでもひときわ目立つ三階建てのホームで、屋根の上にはオレンジ色の時を告げる鐘がついていて、周囲には、レストラン、スーパーマーケット、パン屋、飲み屋、銀行、花屋などが並び、百メートル以内で、毎日の生活に必要なものはすべて揃う立地条件のよいところである。

約束した午前十時、門を潜り、ホームの玄関まで来ると、甘い匂いがしてくる。建物内に足を踏み入れると、車椅子に乗った何人かのお年寄りと職員らしき人がクレープを焼いていた。その彼らが、「いらっしゃい」と声を出しながら、湯気の立っているおいしそうなクレープを私たち六名に手渡してくれる。頂くことになった。

それを口にしていると、園長らしき小柄な女性が私たちの前に現われた。私たちは彼女に連れられて、二階に住む一人のお年寄りの部屋に入った。

十二畳の広さに、子供が好みそうな家具と寝具などが置いてあった。五十代くらいの園長が、説明をはじめた。

「この部屋に住んでいる人はアルツハイマー症で、子供時代の想い出が強く、行為も少女らしくなるのですよ。それで、彼女の幼年時代と同じような室内装飾にしています。このことは、非常に大切なことなのです。見慣れたものに囲まれていると、安心感が生じてきますからね。もちろん、このホームでは、自分が今まで使用してきた家具を持ってきていいのです」

　園長に案内されて、私たちはいくつかの部屋を見て廻った。どこも広く、ほとんどが一人部屋であった。そのあと、廊下のすこし窪んだところに置かれているソファーに腰かけて、園長の話を聞くことになった。

「このホームの住人四十八名は、ほとんどがこの地域に住んでいた人たちで、わたしもこの地で生まれ育ったのです。だから、顔なじみの人も多くいますよ。アルツハイマー症の人も多くいますし、もちろん、このすべての住人は、死ぬまでここで介護されます。ここに勤めて十六年になりますが、今までに病院などへ移った例は数件だけでしたね」

　彼女の言うことに、私たちは耳を傾け続けた。

「ここで暮らしているアルツハイマー症の人は、家で過ごすよりも、ここにいたほうが長く生きていられるでしょうね。二十年も住んでいる人もいますよ。家ではベッドから出ず、薬で精神を抑えるため、どうしても体も精神も退化しますからね。でも、ここでは、朝はかならずベッドから出しています。精神を鎮める薬を飲んでいる人は、ほとんどいません」

　彼女はさらに続けた。

「住人の平均年齢は八十三歳で、アルツハイマー症の人を含め、皆、毎日自分で活動的に過ごすようにいろいろなことに取りくんでいますよ。たとえば、掃除や料理の手伝いや散歩や編み物など。それに頭を働かせるように、子供のころの記憶を取り戻させる会話や記憶トレーニング、また小グループによる話し合いなどもしていますよ。私たちの仕事は、住人一人ひとりの持つ能力を活動的にさせ、一人ひとりの欲求に適応することなのです。ここでは、自分のことはできるだけ自分でするようにして、おしめをしている人は三人だけです」

エネルギッシュに、語っていった。

「住人はよく買い物へ出かけ、お店の人とも話をして、ホーム外とのコンタクトもありますよ。また裏庭は小学校の校庭ともなっているので、一緒にボール蹴りをする人もいますね。ただし、そのあとが大変で、ホームに戻ると、足が疲れ、マッサージをしなければなりませんが。でも、世代間の接触はいいものですね。学校の倫理時間に先生と生徒たちが、このホームを訪れてきて、住民と話をしたり、またそのことを、学校に戻ってから皆で討論したりしているようですよ。孤立して外とのコンタクトがないと、心理的高齢症になってしまいますからね。とにかくここは、地域に密着したホームなのです」

彼女は、最後のことばに力を込めて言った。

「私たち職員は、ここの住人とパートナーシップを築くことが大切なのです。そのためには、住人の生活満足度と職員の仕事満足度が前提条件ですね。とにかく、職員は動機づけと責任を意識しながら、住人とチームを組むようにして働くべきでしょうね。お互いがパートナーとなるように。私たちの目的は今までのように綺麗で清潔に世話をすることではなく、ホームの住人ができるだけ多くのことを、自分でするように援助することにあるのですから」

顔を紅潮させて語る彼女の目は、輝いていた。

「現場で直接介護する職員は十二名、それ以外に十二名の人が料理や掃除や事務などをしていますよ。それに兵役の替わりに勤めている青年が三人いて、地域の青年たちもボランティア活動の一つとしてよく来ますよ。若い人のなかで、ここでしばらく活動してから福祉関係の仕事に就いた人もいましたね」

彼女が話をしている間、数人のお年寄りたちが私たちの横を通ったり、何をしているのかとうかがうように寄ってくる。そうすると、彼女はかならずその人たちに声をかけていた。「あなた方がここへ来て、彼らの目に見えるところで、話しをするのが大切なのですよ」と言った。

私たちが座っている横には、ピアノが置かれていた。近くに住む音楽学生がピアノの練習のためにここへ来て、弾くとのこと。とにかく、自由で開放的なホームのように見えた。自由といえば、朝食時間は決まっておらず、それぞれが自由に七時から九時の間に摂るのである。

園長の話を聴いているばかりでなく、こんどは私たちが質問をした。

「このホームに住んでいるお年寄りは、どの程度、家族とコンタクトをとっていますか」

「それは様々ですね。月に一回は家族の人たちが集まる日があって、多くの人が出席しますよ。それもほとんどの人がこの地域に住んでいるから来られるのでしょうが。家族の人には、ここのホームの鍵を渡してありますし」

「朝七時から九時の間に、それぞれが自由に朝食を摂るとのことですが、職員の数が多くもないのに、よくそれができますね」

「ここは住人の住まいなのであって、彼らの個を大切にしなければなりません。たとえば、犬にそこに座っていなさいと言うと、犬は座っているでしょうが、その関係は強い人間と弱い人間との関係です。このホームでは、住人と職員との関係がそのようであってはなりません。朝食を摂りたくない人は抜かしてもよいし、その代わり、あとで簡単な飲み物や食べ物をすすめています。難しいけれども、そうしています」

「職員は精神的にも肉体的にも、大変だと想像しますが、あなたがとくに職員に期待するのは何ですか」

「そうですね。いくつもありますが、親は子供を愛しますよね。私たち職員も親のようになって、住人を愛することかしら」

「このホームでは、アルツハイマー症の人たちに、独自の介護方法をとっているように見えるのですが、それは以前からもそうなのですか」

「ここでは、一九八六年にアルツハイマー症の高齢者を正しく扱おうとする新しい考えが導入されました。それは、わたしと職員とが独自に作り上げたものなのです。このホームに住むだれもが気品のある晩年を、過ごすことができるようにしたいのです。ここが彼らのふるさとになるように」

園長は熱気をこめて語った。その彼女に、私が訊いた。

「このホームは出入りが自由なので、住民が勝手に外に出て、道に迷ったりして、帰って来ないときがあるのではないですか」

「そのようなこともごく稀にありますよ。ただ、ここでは、ホームと今まで住んでいた家とを、職員が一緒に百回以上も歩いて往復しますね。そうすると、それ以外の道は行かなくなるのです。買い物に行って、帰りにビールなどを飲んで戻って来る人もいますね。そのほかに、毎日繰り返し同じ店へ行ったりする人もいますよ。その人は若いときからそのお店へ買い物に行っていたこともあって、店員はその人がアルツハイマー症と知っているので、理解を持って対応してくれているのです」

「アルツハイマー症の人たちに、精神を鎮める薬を飲ませないとのことですが、お医者さんとの関係はどうなっているのですか」

「ドイツの高齢者ホームに住む人は、それぞれ若いときから自分のホームドクターがいて、私たちはそのドクター一人ひとりと話し合い、受動的にさせるような薬を与えないことにしているのです。ドクターたちは協力的で、以前よりもコンタクトが多くなったとも言えるでしょうね」

「このホームは、だれでも入れるのですか」

「ええ、この地域に住んでいる人ならどなたでも入居可能ですよ。ホームレスだった人も三人いますし、あなたの知り合いのトーマスもいますよ。このホームはどちらかというと、下町の中流以下の人が多く、以前農業や手仕事をしていた人が多いのです。一般的な老人ホームは八十パーセントが女性なのですが、ここは三分の一が男性です。すこし例外でしょうね。それと、ここではデイケアの枠が十名あって、家族の人が朝お年寄りをここに連れてきて、夕方に迎えに来たりしますよ。また二か月間の短期滞在、それに近くに住む高齢者五人までは、ここで食事を摂ることができるのです」

園長の説明が終わってから、彼女に連れられて、私たちは再びホーム内を見て廻った。

十六世紀に造られた建物だけに天井は高く、広い空間だが、どこもあたたかい雰囲気を感じさせるような飾り付けがなされ、職員の工夫がうかがえた。

ちょうど、十二時の鐘が鳴り響いた。食堂で、園長とここに住む人たちと一緒に昼食を摂ることになった。食堂内は明るく、大きな窓からは通りを歩いている人の姿がよく見え、それに料理の味がとてもよいのである。

私たちは見学を終え、園長にお礼をのべてから外に出ようとすると、玄関口で、再び甘いクレープの匂いが漂ってくる。また頂くことになった。と、そのとき、ホームの屋根の上の鐘が一時を打った。

その鐘の音は、この地域に住むあなた方がどのような状態になろうとも、お世話しますよと告げているように思えた。

（一九九四年九月）

弱くなっていい

毎日の新聞のなかで、暴力による記事が載っていない日はない。たとえば、学校や家庭や職場、それに路上や政治などで起こっている。とくに日常目立つのは、女性、子供、外国人、障がいのある人、高齢者への暴力だ。

ここテュービンゲンでも例外ではない。そのようなこともあって、ここ数年来、多くの場で暴力行為についての話し合いがよくされるようになった。先日は「高齢者と暴力」というテーマの講演が、街の高齢者センターで開かれたので、私と妻は聴きに行った。

まず、家で世話をしている介護士が話し出した。

「年間に十四万人以上の女性と子供、それに高齢者と障がいのある人が、家のなかで肉体的暴力（虐待）を受けているとされています。なかでも最も起こりやすいのは、お年寄りへの虐待です。ただ、高齢者への虐待といっても様々で、会話もせずに栄養も考えないでほったらかしにする介護放棄的なものから、高齢者ホームに入れるぞと脅かしたりする心理的虐待、それに叩いたり、つねったりしてベッドに縛りつけたりする肉体的虐待などがあります。家庭にいるお年寄りの三人のうち一人は、何らかの形で虐待を受けているとされています」

一般的なことをのべてから、彼女は介護をしていると、なぜ攻撃的行為（暴力）が生じてくるのかについても語った。

「介護を続けることによる疲労と過大な精神的負担に加え、これから先どうなるかという展望がたたず、介護している人はフラストレーションがたまり、それが怒りと腹立たしい気持ちを生じさせ、攻撃的行為となって出てくるのです。その行為によって、欲求不満は一時おさまりますが、また次の行為まで蓄積されていくのです。そのようなことを平均して六年間繰り返していると、介護している人はうつ状態になる可能性があります。まして、家が狭く、お客を招き入れるような場もないならば、家族は孤立してしまいます。そのうえ、子供やパートナーとの日常生活での衝突も多くなり、家族のなかでの人間関係が不和になりがちです。それと、子供が若いころ、親から受けた虐待の報復として、弱ってきた親に、いくつかの条件が重なって攻撃的になる場合もあるのです」

こんどは反対に、高齢者からの虐待についても触れた。

「お年寄りの攻撃的行為は、彼らの持つ欲求不満や侮辱や屈辱や不安などが統合した形で起こります。そして、自分の感情を思いどおりに伝えることができない結果、暴力行為を自然と身につけてしまうケースもあるのです。叫んだり、叱ったり、辱めるなどの（暴力）行為を相手にだけでなく、自分自身にとる人もいます。もし高齢者が急に著しく攻撃的になってきたら、脳の器質的影響も多いので、まず薬による副作用のことも十分に考える必要があります。また嫉妬や侮辱や孤独や死の不安、それと高齢者ホームに入れられてしまうような心理的不安から攻撃的になってしまうこともあるのです」

彼女は、さらに続けた。

「お年寄りを在宅で介護しているのは家族ばかりでなく、私たちのようなホームヘルパーもいます。私たちは専門知識を身につけていますが、とかくどのような問題も解決できると、学校で教えられている傾向にあります。そのことが過大負担となって、ストレスがたまり、自分自身が問題に十分に対応できないことに責任を感じて、お年寄りに過大な要求をする場合もあるのです。私たちヘルパーも、弱くなっていいのです」

介護専門の立場を省みながら、彼女は語った。

次は、高齢者ホームで働いている介護士の話となった。

「暴力行為自体、力の関係を示す場合も多いでしょう。公の場であるホームだからといって、虐待行為がないわけではありません。とりわけ、ことばによる虐待が多く、職員とお年寄りとの対等な対話がすくないのです」

これから何を言うのか、耳を傾けた。

「たとえば、あるお年寄りがいつもの座っていた椅子から立ち上がって、歩き出したとします。すると、職員が、『どこへ行くの？』と問いかけます。お年寄りは、とっさに答えを出さなければならず、それもその職員が肯けるような答えを。しかし、迅速に的を射た答えは、その人の口からはなかなか出てきません。すると、職員が、『どこかへ行くときは、目的を持って行くものですよ。そこに座っていなさい。そこがあなたの場所なのですよ』と言います。この職員は、お年寄りが転んではいけないとの配慮から、そう言ったのかも知れません。しかし、お年寄りにしてみれば、椅子からすこし離れて、自分の静けさを求めて歩きたかったのかもしれません」

彼女は続けた。

「ここで言えることは、職員がそのお年寄りのところに行って、なぜ歩きたかったかを察し、一緒に歩いたり、または数分間その人の側にいたりして、話をしなかったかです。話をしなくても、そばにいて共に静かに沈黙することによって、その人の気持ちを理解できたのではないでしょうか。職員に、『なぜ、どうして？』と訊かれて、即座に、はっきりと的を射た答えを出せるお年寄りはそういないでしょう。この会話のなかに、力の差をうかがうことができます。この場合、顔と顔を合わせての対話が欠けていたのです」

　これを聴き、顔と顔を合わせて話すということは、相手を重んじることなのだと思った。最後に、二人の介護士とも口を揃えて、

「介護は自分と相手との関係のなかでの行為です。もし暴力的行為が生じたなら、それを単に我慢しているだけではなく、その暴力行為をまわりの人や仕事仲間と語り合うことです。もちろん、相手とも話し合い、自分の限界を知らせることも重要なことです。とにかく、介護が長く続き、休みなくケアをすればするほど、虐待行為が増してくる可能性もありますので気をつけてください」

　と、私たち聴衆四十名を前にして語った。そして、最後に、

「緊張やストレスなどをすこしでもやわらげるためには、スポーツやダンスなどの運動がよいでしょう」

　と言い、緊張をとる身近な動作を私たちに示した。それは、手に力を入れて強いこぶしをつくり、ゆっくりと力を抜くようにしながら開いていく動作だった。

（一九九五年一月）

学び続ける性

　先日、市民大学の講座に参加した際に、高齢者ホームで十八年以上働いているある女性介護士が語った内容が、私の耳に残り続けた。

「私たち介護士は毎日の介護のなかで、下着をおろし、お尻を拭き、局部にもクリームを塗るなどの、体に触れる任務をしています。おそらく看護師もそうだと想像しますが、その際に、性のいやらしい言動に程度の差はあれ不安（懸念）を持たない人はいないでしょう。私が働き始めたころは、この性的なことについては独自の問題となることを避けるために、無意識のうちに巧みにかわして触れないようにしてきました。

しかし、介護をしていると、性的なことを十分に知る必要性を感じ出したのです。この性に関しては、一人ひとり過去の経験が異なり、まして私自身も今までの自分の性を分析したこともないので、どこから手をつけてよいのかわかりません。しかし、これをタブーとしてはいけないでしょう」

彼女は話し続けた。

「人は高齢になっても、性的要求はあると私は思います。よく言われることは、若い夫婦や恋人同士は十分に満たされた性生活があって、ずっと一緒に暮らしてきた夫婦は習慣となり、よろこびも落ち、生理的にも後退して、セックスへの要求を失い、最後には性生活が消えると。しかしそれは偏見であって、高齢者も若い人と同様に性への欲求はあると思うのです。ただ、若いときのような行動的なリビドー的自然欲求ではなく、その人の過去を含めた全体の性欲求があるとわたしは見ています」

さらに続けた。

「若者志向の現代社会では、老いてからの性《セックス》は不作法で、少なくとも異常だとする見方がありますが、性《セックス》は単に身体と生殖だけを意味しているのではないですし、そこにはその人が育ってきた文化と社会の規範のもとで一人ひとりが影響を受けてきたと思われます。この問題は私たち一人ひとりの過去と、その人の国民性・歴史・文化とが複雑に交錯して、覆い隠されています。しかし、私たち介護士は人の体に触れているので、性的なことの問題は常時体験しています。これをタブーとしないで、皆で話し合うことが必要だと思っています」

この話を聴いて、性《セックス》を語ることは自分自身の過去の経験をもとにして言うことにもなるし、性行動はプライベートな行動でもあるので、それを破るところに難しさがあるとおもった。しかし、彼女のように介護をしている人たちが、それで悩みや不安を持つようなら、語り合わなければならないだろう。

彼女が言うように、性は年とともに質の変化が生じ、高齢になればなるほど、優しく柔らかくなっていくのだろうか。それには毎日の生活のなかで、パートナーと語り合い、心を尽くして一緒に歩いていくことが大切なのだろう。どうも一生涯、高齢になっても性を含めた愛は、学び続けなければならないようだ。

（一九九六年一月）

駅ミッション

夜の十一時になっても、テュービンゲン駅の職場から妻が戻ってこない。遅番の際は、九時までに帰宅しているのに、どうしたのだろう。心配になったので、彼女の職場へ行こうとした。と、そのとき、玄関で音がした。帰ってきたらしい。

出迎えに行くと、妻の側に、黒いストッキングに超ミニスカートを身につけ、甘酸っぱい香水を漂わせている一人の女性が立っていた。妻にもこのような友人がいたのかと一瞬、戸惑いながらその女性を見た。

居間に入り、三人で熱いスープを飲みながら話しているうちに、次のようなことがわかった。

妻が仕事を終える八時ごろ、その女性が駅舎内にある駅ミッション室に来て、今夜泊まるところを見つけてほしいと頼んだようだ。そこで、妻は社会福祉的な宿泊所にいくつも電話して探したのだが、警察の刑務室以外に泊まるところがなかったようだ。もちろん、市内のホテルに空き室はあったが、そこに泊るだけのお金を、その女性は持っていなかったのである。

三十半ばらしきこの女性は、旧東ドイツの地から夫と二人でこちら西側へ来た。夫は職を得て働くようになったが、一年後には失業し、毎日アルコールを飲み、借金を抱えるようになり、妻に暴力を振るうようになってしまった。そこで、夫と別れて、今は一人で暮らしていると語った。

小さな子供二人は祖父母と一緒に暮らしているらしい。子供の写真を大きなプラスチック袋から取り出して、私たちに見せる際の表情は穏やかになるが、それ以外は神経が高ぶっているのか、落ち着きがない。

薄い栗色のモジャモジャした髪に、汚れがあるのかないのかわからない黒いセーターを着たこの女性、香水がきついせいか、話をしていると、こちらが咳っぽくなってくる。えらい人が来たものだと思いながら、話を聴いていた。

今日はとりあえず、私たちの家に泊ることになった。予備のベッドがなかったので、居間のソファーの上で寝てもらうことになった。

翌朝、シーツと蒲団を異常なほどきれいにたたんで、ソファーの上に座っていた。朝食を摂ったあと、彼女は妻の勧めで町の社会事務所へ行くことになった。

それから三か月して、その女性から、「職場も見つかり、今は大衆レストランで働いています」と書かれた葉書が家に届いた。それを読み、妻はよろこんだ表情を浮かべた。

以上は、妻の仕事から生じた一つの出来事であった。彼女は、駅構内で助けを必要としている高齢者や障がいのある人たちに手を貸したり、カバンを持ってあげたりすることが勤務である。その他にも、ホームレスの人やお腹を空かしている人に、駅ミッション室でスープやコーヒーなどを出したりする。とにかく、駅構内にいる困った人たちを援助、世話するのが妻の務めである。

この駅ミッションはドイツ国内の駅七十五か所にあって、約千五百名の人たちが働いている。大きな駅には、宿泊所も設備されており、最終電車に乗り遅れた人や、事情があって駅で一夜を過ごさなければならない人も泊まれるようになっている。なかなか変化に富んだ仕事内容だ。

日本の駅には、このような活動をしている職場はないように思う。運営はキリスト教組織団体である。テユービンゲン駅ミッションには、職員二名、ボランティア五名がいて、年間延べ約二万人以上の人たちを援助している。

職場から家に戻ると、妻は今日の一日の出来事などをよく話す。そのときの目は、いつも輝いている。その様子から、生きいきと働いていることがわかるのである。

この仕事、事務所に座って困った人が来るのを待つというのでなく、自分たちから困った人を探し出し、あたたかい手を差し伸べるのである。「あなたを助けることができますか」と。

（二〇〇四年二月）

家庭で祝う静かなクリスマス

寒さを感じ出す十一月中旬、こちらの人たちは、毎月の給料以外に約一か月分のクリスマス手当を得る。このころから、商店街のショーウィンドーにはクリスマス用の商品が並び始め、通りにも少しずつ飾り付けがされていく。ただし、日本のようなきらびやかさはなく、音楽は街角に一切流れない。

各家庭それに教会では、クランツ（輪）に立っている四本のローソクのうちの一本に明かりが灯り、クリスマスが近づきつつあるのを人々は肌で感じ始める。そして、教会やホールなどでは、バッハやモーツアルトの曲などが盛んに演奏されて、どこのコンサートに出かけようかと迷うほどとなる。

私たちの家でも、音楽好きなミヒャエルがクリスマス曲のカセットテープをかけて、メロディーに合わせながら体を動かしてたのしそうにしている。

寒さがいっそう深まってくると、どの街でもクリスマス市が立ち、テュービンゲンでもマルクト広場や通りに屋台が出て、大勢の人で三日間賑やかとなる。障がいのある人たちのグループも店を出し、自分たちの作ったものを売ったりする。以前日本で木のおもちゃを作っていた私も、家で作ったクリスマス用飾りを、そのグループに提供したこともあった。とにかく街をあげての市となる。

厳しい寒さのなか、吐く息が白く見え、熱いワインを飲みながらの屋台見学は独特のものがある。この日ばかりは人と人との肩がぶつかり、身動きができないほどとなる。

子供たちにとってもうれしいことがある。それは十二月六日聖ニコラウスといって、サンタクロースにあたる人が手にムチを持って、大きな袋を抱え、幼稚園や学校・家庭などに現われて贈り物をするからである。

そして、日曜日になるたびに、居間にあるクランツのローソクに二本、三本と明かりが灯り、友人たちからのクリスマスカードと贈り物が家に届くようになる。

いよいよ二十四日となる。午前中は、数日前にマルクト広場で購入した高さ二メートルほどの生のトウヒ（樅木の一種）を居間に運び、横に伸びた枝に、妻がワラで作った星や私が作った木の飾り、それに市で買ったローソクなどをミヒャエルと一緒に飾り付ける。彼にとってはたのしい時間なのだろう、終始ニコニコ顔である
午後四時になると、家族と一緒に近くの教会に行き、座る席もないほどの教会堂内で、出席者全員で共によろこびの声を上げる。その礼拝も一時間で終わり、帰宅して、妻が作ったジャガイモのサラダと湯気の立ったソーセージを囲んでの夕餉となる。

それが済むと、ツリーの枝に立っているローソクに火を灯し、日本やドイツから届いた贈り物を皆で開ける。包装紙の紐をほどくたびに、私たちは歓声を上げ、クリスマスの歌をうたい出す。と、その声がローソクに届くのか、炎が時々揺れる。

二十五日と二十六日は、友人や親戚の人たちと共に鳥料理などを食べ、ゲームをしたりして過ごす。

この三日間、街の通りには人の影はなく、ひっそりとしている。それぞれの家庭で、クリスマスを静かに祝っているのである。


（二〇〇五年一月）

ネッカー川源流

テュービンゲンの街を貫流しているネッカー川。

いつもは水が穏やかに流れ、水面には鴨や白鳥が遊び、小船が揺れているが、ひとたび強い雨になると、水位が上がり、水は土色となって渦を巻きながら狂ったように走っていく。いつか、この川の水が最初に湧き出るところを見たいと思っていた。その機会が訪れた。

早春の雨が何日も続き、木々の新芽や蕾が噴き出し、新緑が眩しいくらいになりかけた五月上旬のある日、ひとり車に乗って、目的地の黒い森地方へ向かった。

澄み切った青空の下、ゆっくりとした速度で田舎道を走った。車窓からは、黄色く咲いている菜の花と、

実の詰まっていない淡緑の背の低い麦穂が、交互に縞模様を呈しながら延々と続いているのが見える。それを囲むように、りんご、梨、プラム、チェリーの花が、やわらかい太陽の光を浴びながら輝くように咲いている。まるで白い服を身に着けた花嫁が、恥じらいながら微笑んでいるかのようでもあった。心は自然と躍り、これから出合う源流に思いを馳せた。

一時間半で、目指すシュビィニンゲン市郊外の林に到着する。車から降りて、人気のないうっそうとした道を歩き続けていると、一つの掲示板を目にする。

「ここがネッカー川の源泉。この百ヘクタールの湿原地帯の水がネッカー川とドナウ川へ走っている」

それを読み、「エッ」と私は驚きの声を上げた。あの美しき青きドナウ川とネッカー川とが繋がっているとは、想像さえもしなかったからだ。

すこし行くと、目の前に沼のような湿原地が見え出した。遠くが見えないほどの広い円を描いている。まず、その沼の周辺を歩くことにした。

自然保護地域となっているせいだろうか、小鳥の囀る声が至るところから聞こえ、湿地上に繋ぎ合わせた板道を踏んでいると、ギィギィと音がする。尾瀬の丸太で作られた木道がふと浮かんでくる。あたりには、瑞々しい薄緑の葉を付けた白樺の木々が立ち並んでいる。春の訪れを肌で感じながら、ゆっくりと歩き続けた。

池の周囲を一時間かけて回ったが、この湿地帯の淀んだ水が本当にネッカー川の源泉なのだろうかと疑問に思った。真偽を確かめようとして、向こうから犬を連れてくる人がいたので、訊ねることにした。

「掲示板には、ここがネッカー川の源泉と書かれていましたが、そうなのですか。川らしきものは、どこにも見あたりませんでしたが」

「一般の地図には、ここが源泉と記されていますが、そうはっきり断定できないでしょうね」

「では、まだどこかに源泉といわれているところがあるのですか」

「ここから一キロ離れたところに、市の公園があって、そこにネッカー川の泉と証されているところがありますよ。そこへは、もう行ってみましたか」

「いや、まだです」

そう言ったあと、その人にまた訊ねた。

「この湿原の水は、ドナウ川へと流れているのですか」

「数キロ先にドナウ川の支流があって、そこへこの水は走っているので、そう言われていますよ」

それを聴き、ネッカー川の泉に行くことにした。

公園はすぐに見つかり、泉が湧き出ているところに立つと、ポンプから吸い上げられた水が、水道の蛇口から絶え間なく流れていた。水は澄んでおらず、これが泉の水だろうかと疑った。手も顔も洗う気になれないほどだ。

蛇口上の銅板には、「一五八一年に、この州の公爵によって、ここがネッカー川の泉とされた」と記されている。流れ出た水は、小さな溜池へ流れている。まわりには、川らしきものはどこにも見あたらない。

ベンチに腰かけて、濁った溜め池の水を眺めながら、朝握ってきたおむすびを食べ出した。どうも釈然としない。これは地元の人に訊くのが一番だと思っていると、買い物籠を持った女性が前を通ったので声をかけた。

「ネッカー川へ流れ出す最初の一滴を見たくて、テュービンゲンからやって来たのですが、この蛇口から出ている水が、本当にネッカー川へ最初に流れ出る水なのでしょうか」

「この噴泉水は、歴史的に言い伝えられたもので、源流を自分の目で見たかったら、ここから二キロ離れたところへ行くといいわ」

その女性から教わった場所に行くと、土手に囲まれるようにして、一メートル幅の小川が走っていた。

土手に立って、川床をのぞくと、透き通った流れにそって三十センチほどの水草がユラユラと揺れているのがくっきりと見える。さらに、五十メールほど歩いて行くと、入り口に造られた出水溝から水がほとばしるように出ていた。地下から溢れた水が集まり、最初の一筋の流れとなって外に現われたところだ。その水に触れた。ヒヤッとするような冷たさである。

標高七百メートルの黒い森地方から湧き出たこの水が、全長三百六十七キロのネッカー川に流れ、テュービンゲン、ハイデルベルグへ貫流して、大河ラインへ、さらに北海へと走り、いつか雲となってここに運ばれ、雨となって地下にもぐり、再びネッカーの水となるのだ。

流れに、手を触れた。新生の水は清い。

（二〇〇五年六月）

ミヒャエルの自立

誇らしげな顔

養護学校を卒業したミヒャエル。こんどは、障がいのある人たちが働く作業所に通うようになった。

最初の一年間は、いくつかの職種、たとえば、木工、金工、陶芸、園芸などの一つひとつに挑戦していた。そして、やっと彼に合った仕事が見つかったようだ。その作業内容がどのようなものかを知ろうとして、見学に行くことにした。

家から十分ほどしたところで車を止め、ミヒャエルが働いている作業室に入った。と、彼がこちらを見ながらニッコリして、「こっちへ　こい　こい」と手招きをした。今朝、「仕事場へ行くからね」と伝えてあったので待っていたのだろう。

机上には、山のように積まれた八色の粘土が置いてある。それを小さなプラスチックの箱に色分けするのが、彼の仕事のようだ。でき上がった箱を、誇らしげに示すミヒャエル。その顔は生きいきして、街で働いている若者の姿とそう変わりはない。その彼の作業ぶりを見ていると、指導員が寄って来た

「ミヒャエルは、よく働きますよ。根気があって」

と、私とミヒャエルを交互に見ながら言った。

「そうですか。いつもこの箱詰めをしているのですか」

「いいえ、一週間ごとに作業替えがあって、この作

業室にある七種類の仕事のどれも上手にこなしますよ」

「それはたいしたもんだ」

私はミヒャエルの隣に座って、箱詰めの手伝いをはじめた。

三十分ほどすると、廊下でベルが鳴った。休憩時間である。妻が数時間前に作ったリンゴパイを、このグループで働いている九人とテーブルを囲んで食べることになった。四十代半ばの男性職員も一緒である。その人の動きを目にしていると、もし自分が日本で暮らしていたら、同じような仕事をしていただろうと思った。やりたかった職種でもあったからだ。

ここにいると、皆個性のある人たちなので、ついこちらもたのしくなってくる。これほど、自分を素直に出している人たちはいないだろう。明るさをもらった気持ちになった。

三十分の休憩時間が終わると、皆再び働き出した。ミヒャエルとグループの人たちに別れを告げ、私は作業室から出た。


ここで働いている人たちは、月々の給料を得ている。ミヒャエルの場合は、手取りで一万六千円である。初めて現金入りの給料袋を目にしたときは、

「すごい！」

と、感嘆したものだった。

毎朝六時には起き、七時には家を出て、作業所のマイクロバスに乗っていくミヒャエル。そして、四時半に帰宅すると、すぐには家に入らずに二十分近く玄関前に立って、ゆっくりと前を走る車を眺めている。時々近所の知り合いの人が通ると、誇らしそうにその人と握手を交わす彼。仕事をしたあとの寛ぎの時間なのだろう。もう一人前の労働者だ。

居間に戻ったミヒャエルに、

「ご苦労さん。今日はどうだった？」

と、訊くと、ニッコリして、

「グート（よい）」

と、答えるミヒャエル。それを聴くたびに、今日の夕食も美味しいものを作るぞという気持ちになるのだった。


（一九九九年八月）

台所に立つ、男ふたり

ミヒャエルの部屋から、またうめくような声が聞こえてくる。腕時計をのぞくと、真夜中の二時過ぎである。何とかしなければ。しかし、どうすればいい?。

医者に検査もしてもらった。その結果、ミルクアレルギーであることが分かった。が、治療方法はなく、医師からは、「食べ物に気をつけるしかありませんね」と告げられただけだった。

それ以来、彼がバターやチーズ、ミルクなどを食べないように、家では注意するようになった。が、彼が働いている作業所まで、親の目が届くわけではない。ましてこの地での昼食は、バターを多く使う料理が多い。そのような中で、指導員たちに、「ミヒャエルはミルクアレルギーなので、気をつけてください」とお願いしても、徹底して守られることは難しい。

現に、ミヒャエルが作業所から便のついたパンツを持って帰る日は、月に二、三回はある。下痢のため、我慢できなくて漏らしてしまうのだ。目の前にあるものは、何でも食べてしまう彼である。そのような日の夜は、大抵うめきにも似た寝言を無意識のうちに発し、それを聞くたびに、ミヒャエルの心理的抑圧がこちらに伝わってくるのである。

私もミルクアレルギーで、チーズやヨーグルトなどを食べると、すぐに下痢をしてしまう。ミヒャエルの下痢が遺伝なのは確かで、弱く敏感なところは父に似てしまった。母の消化器官を継げば、多少のバイキンではびくともしないのだが。

今まで彼に下痢止めの薬をいくら飲ませても、一向によくはならなかった。ただ、日本から送ってもらったビオフェルミンを服したら、一時は効いていた。が、そのうち効果がなくなってしまった。

彼の下痢を目にするたびに、自分のことのように思えるのである。そのようなある日、一人の若い女性の行為を目にして感嘆したことがあった。

日本人たちが集まって話し合う会が、テュービンゲン市郊外で開かれた。休憩時間となったので、私は新鮮な空気を吸おうと建物の外に出た。と、一歳一か月になるハナちゃんがよちよちと芝生の上を一人で歩いているのが目に入った。

ハナちゃんに近寄ると、一匹の蜂が甘いミルクの匂うハナちゃんの口のあたりをブーンブーンと飛び回っているのが見えた。ハナちゃんが刺されたら大変だと思い、手で蜂を追い払おうとしたのだが、蜂はなかなか飛び去ろうとはしなかった。ハナちゃんは何事もないかのような顔で、こちらの手の動きを三十秒近く見ていた。蜂よ、あっちへ行けと振り払っていたときだった。十五メートル先で、幼児たちをベビーシッターしていた若い女性が、こちらに近づいて来て、ハナちゃんを抱き上げた。そして、ハナちゃんの顔を体全体で覆うようにしながら、「もう、蜂は飛び去りましたか」と声を上げた。

この女性の行為に、私の心は動かされた。彼女は自分の身をもってハナちゃんを抱き、蜂からハナちゃんを守ったのだ。手で長い間蜂を追い払いながら、こちらが刺されないようにしていた自分とは違っていた。私にはできなかったことだった。

それから二日後、作業所から帰ってきたミヒャエルと一緒に、いつものように夕食の買物に出かけ、そして、一時間して家に戻り、私はキッチンに立った。そのとき、「よし、やってみよう」と思い立ち、自分の部屋でカセットテープに耳を傾けていたミヒャエルに、

「今日は、パパと一緒に夕食を作ろう」

と、声をかけた。

最初はやる気を見せなかった彼だったが、再度誘うと、肯いて台所に立った。

「まず、お米を研いで」

掌で米を握るようにして洗うやり方を教えた。彼は何回も水を替えて研ぎ、そして炊飯器にスイッチを入れた。

「冷蔵庫から卵を二つ取り出して、割って」

生卵を割ったことのないミヒャエルだったので、力加減がわからず、恐るおそるの手つきであった。

「そのなかに、砂糖を入れてかき混ぜて」

「ヤアー、パパ」

「フライパンが熱くなったので、卵を入れて」

愉快そうな表情で、卵を少しずつ落としていく。

「固くなったね。こんどは包丁で切って」

まな板の上で、不器用な手つきをしながら切り出した。

「次はキュウリだ。卵と同じくらいの大きさに切って」

「ヤアー」

「次はアボガドだ。これはパパが切るから、お皿に並べて」

丁寧に一つひとつ盛っていくミヒャエル。

「さあ、炊き上がったご飯に、酢と砂糖と塩を合わせたものを混ぜて終わりだ」

しばらくすると、仕事先から妻が戻ってきて、テーブルを囲んで三人での夕餉となった。目の前には、ミヒャエルが切った食材が大きな皿の上に並んでいる。

私たちは掌に海苔をのせ、その上に酢の匂いのするご飯とアボカドと薫製のシャケ、それにキューリをそえて包むように巻き、わさびの入った醤油につけて口のなかに入れた。好物の手巻き寿司である。

妻がミヒャエルの顔を見ながら、

「今日のお寿司は、とくに、おいしいわ」

と、言うと、彼はにっこりした。

この日以来、夕食作りはミヒャエルと一緒にするようになった。男ふたりが台所に立つのである。だからといって、彼の下痢とうめくような寝言の回数は減りはしないが、以前よりも笑顔が多くなってきたのは確かだ。

父親として、今できることを身をもってしなければならない。


（二〇〇四年十一月）

見知らぬ地へ行け

夜十一時過ぎ、呼び鈴が鳴った。玄関の戸を開けると、ダニエルと赤みを帯びた顔のミヒャエルが立っていた。ミヒャエルは、私の顔を見るや、腰を振る真似をした。と、隣にいたダニエルが、

「ミヒャエルは最初、音の大きさに驚いたようでし

た。でも、そのうちにまわりの雰囲気にも慣れて、踊り出しましたよ。それも愉快そうに」

と言って、ミヒャエルの肩に手を回した。彼にとって、初めてのディスコ。きっかけをつくってくれたのは、ダニエルの誘いだった。

彼は兵役の替わりに福祉の分野などで服務している十九歳の青年。目下テュービンゲンの知的障がい者センターに住み込みながら、障がいのある人たちを世話している。

ダニエルとミヒャエルとが交流をはじめたのは、街の障がい者センターが催した旅行でのことだった。二人は同室になり、二週間の行動を共にしていた。それ以来、ダニエルは私たちの家にしばしば来て、夕食を摂っていくようになった。

彼は、いつも「うまい、うまい」と言いながら、私が料理したものはすべて食べてくれた。その声を耳にするたびに、私の包丁に力が入った。もちろん、夕食を摂ることは、彼の仕事ではないのだが、自発的に訪れて来てくれるのである。

ミヒャエルより二歳年上の彼は、高校を卒業するまでは障がいのある人とのコンタクトがなかったようだ。しかし、今は障がいのある人たちが抱えている問題点を知ることができ、毎日彼らと一緒に行動することがたのしいとも語った。

若い彼が親から離れて、見知らぬ地で生活するのはとても意義のあることだ。私自身を振り返ってみても、学生のときに、今まで住み慣れた地を離れ、一年間見知らぬ地のヨーロッパとアメリカで過ごした経験は、新しい生活のはじまりでもあった。

その国の言語も話せず、文化や習慣の違いで、何かと戸惑うことも多くあった。しかし、様子が少しずつわかってくるにつれて、自分の国がいくらか見えてきたことも確かだった。それに、何をするにも自分で決断するので、挑戦する気持が高まった。

妻も若かったころ、フィンランドで家事の手伝いと子供の世話を一年間していたことがあった。当時のことを、彼女は「見知らぬ地での様々な経験は、勉強になったわ」と言ったことがあった。

妻に限らず、この地では、期間の長短の差はあれ、外国で過ごす若い人たちが多い。ドイツは陸続きなので他の国へ容易に行くことができ、学校側も親たちも、子供を外国で過ごさせて、その国のことばや文化を勉強させようとしている。

これはなかなかいいことのように思う。とくに、高校卒業と同時に、語学の勉強をかねて他の国の家庭に入って、家事や子どもの世話などをしたり、旅行や農家の手伝いなどをしたりする。

外国だけでなく、国内での経験も意義があるものだ。ドイツでは、それを支援するような活動が多くあって、それに参加するように呼びかけている。

たとえば、志願社会年といって、十七歳から二十七歳の青年が六か月から十二か月間、障がい者施設や病院・幼稚園などの社会施設で働き、小遣いに月々二万円得られる活動など。

そのほかにも、志願環境保護年（自然保護地帯での手伝い）や志願企業年（企業に入ってしばらくの期間、自分がその企業に入社するかどうかを試すもの）などもある。それらはいずれも自分の意思でするが、国からの強制もある。青年男性に義務づけられた兵役と、ダニエルのように兵役の替わりに、社会福祉組織団体で働くものである。

実社会に入る前に、青年が外国で見知らぬ人と共に暮らすことは、自分の考えで行動することが要求され、貴重な経験となって、今後の生きる方向性を見出すこともあるだろう。

ダニエルと交流しているミヒャエルを目にしていると、ミヒャエルの自立とは何かをよく考えるときがある。子を持つ親として、ときにはミヒャエルを突き放すようにしなければならない。自分は何をしたいか、そして何に幸せを見つけようとしているのかを、彼なりに探しあててほしいと願うからだ。

ダニエルから、また電話がかかってきた。ディスコへの誘いだ。

「ミヒャエルよ、見知らぬところへどんどん行け！」

（二〇〇五年三月）

自立へ向けて

夕食を済ませてからソファーに腰かけると、ミヒャエルがテレビのスイッチを入れて、私の観たいニュース番組を選んだ。そのあと、彼はテーブルに置かれていたお皿などを台所に運び、自分の部屋へ戻った。好きな歌のテープを聞くためである。

夕食後、私たち家族はよくゲームをして遊んでいたが、ここのところしなくなってしまった。果たしてこれでよいのだろうかと思っていた。

そのようなある日、一通の封書が家に届いた。ミヒャエルが月に数回、通っている障がい者センターからで、知的障がいのある人たちが自立を目指すグループホームをテュービンゲン市内につくる計画なので、関心があるようなら連絡してほしいとの知らせだった。

五年前から、障がいのある人九名が街のなかで暮らせるようなプロジェクトがあると聞いてはいた。しかし、ミヒャエルはまだその年齢ではないと思っていた。が、最近の彼の行動を目にしていると、そろそろ親から離れる時期がきたようにも思えるのだった。

昨秋、障がい者センターが企画した一つのプログラムがあった。それにミヒャエルは参加した。障がいのある人たちが大学生の学生寮に住み、約一か月の間、親から離れて、自立するための生活訓練をしたのである。

「ミヒャエルは、結構たのしんでいましたよ」

指導してくれた人があとで話をしてくれた。ただ、自分で何を着たらよいのかわからない、髭剃りができない、トイレのマナーが十分ではない、自由時間に何をしたらよいのかわからないなどの問題点もいくつかあったが、初めての経験にしては上出来とのことばをもらった。

その実習を終えてからというもの、ミヒャエルの行動に変化が見られるようになった。そのようなときに、センターから届いた手紙だった。妻と話し合い、説明会に行くことにした。ミヒャエルも一緒である。

センターまで行く途中、妻が、「この説明会に、どのくらいの人が来るのかしら?」と訊いたが、そのことよりも、ミヒャエルがいなくなった生活を思うと、針が刺さって、空気が次第に抜けていく風船のような自分を感じ始め、返事をしなかった。

夕方の八時過ぎ、センターの小ホールに入ると、七十名ほどの人がすでに座っていた。私たちが椅子に腰かけると同時に、説明会が始まった。

まず、このプロジェクトを推し進めているセンターの責任者が、今までの経緯を話し出し、来年の秋にグループホームをオープンするので、それまでに親と専門指導者とが話し合って、よりよいものをつくっていきたいと抱負を語った。街の議員と行政官も出席していた。

センター側と親との質疑応答となった。もちろん、私たち親はいくつかの要望を出した。妻は地域の人たちと共に仲よく暮らしていけるような、そんなグループホームにしてほしいとのべた。

二時間の話し合いのなかで、私が感じ入ったことがあった。それは、七十歳のある母親が三十八歳の娘について語った内容だった。

その娘は五年前に、隣の街のグループホームで月曜から金曜日まで暮らすようになった。最初の一年間は、土曜に自宅に帰り、日曜の夕方にホームに戻るのを娘は嫌がっていた。しかし、父親が病身なのを見て、自分はホームで暮らさねばならないとわかった。

母親は語った。

「娘は今ではホームに戻るときは、また来るねと私たち親に笑顔で言うようになりました。これも娘の自立の一つなのですね。娘が自立するようになれば、親も自立します。三十八歳の娘がミニロックをはきたいと希望すれば、以前のように、そんなものを着てとは言わずに、それを受け入れる親に、今はなっています」

正直に思っていることを話しているこの母親から、私は勇気と希望をもらった。ミヒャエルが親から離れて、そろそろ自立をする時期なのだ。

二十七年間、息子と一緒に暮らしてきた私たち家族。ミヒャエルがいなくなったら、私と妻との生活が今後どのようになるのかは、今はわからない。でも、ミヒャエルは週末には家に戻って来ることだし、親としての新たな役割があるに違いない。子を持つ親の心に変わりはないし、息子との関係が続いていくことは確かだ。それをありがたく受け入れよう。

（二〇〇五年十二月）

ガンバレ、ミヒャエル

「ミヒャエルがトイレから出てこないのです。ヨコイさん、また来てくれませんか」

「わかりました。すぐそちらへ行きます」

受話器を置き、腕時計をのぞくと、七時十分である。車を走らせてホームへ向った。

五分で着き、呼び鈴を押してなかに入った。

「どうした。マイクロバスで仲間と一緒に作業場へ行かないとだめだろうに！」

居間のソファーに座っていたミヒャエルに強い口調で言った。

「さあ、これからパパの車で作業所へ向かうぞ」

彼を車の助手席に乗せ、作業所へ向けて走り出した。

「だめじゃないか、仲間と一緒に行かねば。この一か月間に、もう何回もパパが作業所へ君を連れていっているぞ。仕事場で何か嫌なことでもあるのか」

と、ミヒャエルの横顔を見て言った。彼は毛糸の帽子を深く被りなおしてから、

「パパ　しごと」

と、声を上げながら、粘土を区分けしている作業の手つきをした。その表情からして、仕事場では問題はなさそうだ。

「作業所のマイクロバスに、なぜ乗らないのだ？」

彼は黙っている。

「トイレに長くいたそうだな」

「おなか　いし」

彼は腹をさすり出した。

「昨晩、何を食べた？」

「たんじょうび　ケーキ」

これはしかたないと思った。ミヒャエルは私と同様

にミルクアレルギー。バターやミルクを口に入れると、下痢を起こし、お腹の具合が悪くなる。昨晩食べたケーキがもとでお腹をこわし、それが今朝まで続いていたのだろう。

「カセットテープでも聞くか」

ミヒャエルの好きな琴のメロディーを流すと、彼はニッコリしながら外を眺め出した。

十分ほどで、作業所に到着する。車から出ようとする彼に、

「ミヒャエル、今日もよく働いてな」

と言うと、ニッコリした顔で、

「ヤァー　パパ　バイバイ」

と、声を出して、手を伸ばしてくる。いつものあたたかい手だ。ドアを閉めてから、彼はひとりで仕事場へ向かった。

家に戻る途中、ミヒャエルのことを思い続けた。彼の自立を願っていた妻と私は、ちょうど一年前、知的障がいのある人たちが自立して暮らしていけるようなグループホームがテュービンゲン市内にできたので、これは一つのチャンスだと捉え、思い切ってミヒャエルをそこに住まわせた。月曜から金曜までそこで暮らし、週末は親の家で過ごすことになった。

移り住んだ最初の数か月間は、問題がいくつも生じた。時々真夜中に起きて、自分の部屋の電灯を、朝まで点けっぱなしにしたこともあった。また居間の椅子をひっくり返して、落ち着きのない日もあった。日曜の夕方、グループホームへ戻る際には、ホームの手前百メートルまで来ると、彼の足がぴたりと止まって動かない日もあった。

ミヒャエルも辛かっただろうが、私も夕食を摂っていると、フォークとナイフを動かす手が止まり、涙がポロッとお皿に落ちる日が続いた。彼のいないことに、空しさを覚えたからだった。それを見て、妻が言うのだった。

「ヒデジ、ミヒャエルの自立のためよ。あなたがそのような気持ちでいると、彼にそれが伝わるわよ」

「そうだけど、寂しいものはさびしい」

そう声を絞り出して、また一つ涙を落とすのだった。

そのような日々から、数か月が経った。ミヒャエルが土曜日に家に帰ると、一緒に住んでいる二十二歳と五十七歳の同居する人の名前、それにミヒャエルたちを世話している人たちの名前を、よく口にするようになった。そのときは、うれしそうな表情を浮かべる。それを見て、ホームでの暮らしが順調にいっているのがわかった。

またホームに戻る際も、以前のように足が止まることもなく、上機嫌で行くようになった。家に帰るよろこび、グループホームへ行くたのしみ、その二つを彼は示すようになったのである。

週末と夏と冬の休暇などは、家にいるミヒャエル。彼の様子を見ていると、少しずつ親から離れつつ、自立の道を歩いているのがわかる。このグループホームでやっていけるだろうと思った。もちろん、土曜日に家に帰ってきたときは、以前のように私と一緒に買い物に出かけたり、散歩をしたり、二人でキッチンに立って料理する。ミヒャエルの傍にいるのが、私の至福の時間なのだ。彼の存在は、以前と同様、私にとっては大きかった。

ある日の朝食のとき、私は妻に言った。

「今までいくつもの問題があったが、なんとかそれらを乗り越えてきたよね。朝、電話が入ってくるこの件も、世話している人たちと協力しながらやっていけば、いい方向へ進むだろう」

「そうね。ここまでミヒャエルもよくやってきているしね」

湯気の立っているコーヒーを飲みながら、妻は肯いた。

（二〇〇八年一月）

三十歳の誕生日

この国では、誕生日をとても大切にしている。とくに、二十、三十、四十歳などの区切りの年は、皆で大いに祝う。それはミヒャエルの場合でも、変わりはない。

二十歳の誕生日は、叔父や叔母やいとこなどを家に招いての賑やかなひと時だった。もちろん、主役のミヒャエルは人一倍よろこんでいた。それから十年経って三十歳の誕生日である。

彼は一年前からグループホームで暮らしていたので、そのホームの仲間たち八名と世話をしている人たち八名を招くことになった。そうなると、家に全員を招くことは難しいので、もっと広いところですることになった。

マルクト広場に面した教会のゲマイデハウス（教区信徒会館）の小ホールで、私と妻とミヒャエルとで準備に取りかかり、招待した人たちが集まって来たのは、日が暮れかけた六時過ぎだった。

夕食の支度は、妻が二日前からこの地方の郷土料理であるマウルタァシュを家で作っていたので、それをあたためるだけでよかった。サラダと食後のケーキは、参加者が持ってくることになっていた。

総勢三十七人が揃ったところで、妻がミヒャエルの伯父や伯母や従兄弟、それにグループホームの一人ひとりを紹介した。続いて、ホームの職員たちの自己紹介となった。

そのあと、妻と私は壁に映し出されたスライドの画像を見ながら、ミヒャエルが生まれた浜松や六年間暮らした土浦の日々、彼が十八歳のときに、私と二人で十八日間日本を旅したこと（二三六―二四一頁）や、毎夏アルプスの山々に登っていることなどを語った。ミヒャエルが山道を一日十キロメートルは歩き、それを一週間も続けていたと話すと、皆驚きの声を上げた。

夕食の時間となった。妻が作った料理と、何人かが持ってきたサラダを食べながら、グループホームで世話をしている人がビデオで撮った、ここ一年間のミヒャエルの生活ぶりを観た。

それが終わると、こんどは皆で歌を唄ったり、ゲームをする時間となった。ミヒャエルは、終始ニコニコ顔で各テーブルを回り、誇らしそうに、皆からもらった贈り物を披露していた。

九時過ぎ、ミヒャエルたちがホームに戻る時刻になった。最後は全員で、彼のために歌を唄い、それもアンコールになった。ミヒャエルは両手を上げて、「やった！」とのポーズを示した。

皆が帰り、私たち夫婦と知り合いの女性一名が残っての後片付けが終わり、家に戻ったのは、夜も更けた十二時。ミヒャエルはグループホームへ帰ったので、家のなかは私と妻の二人だけである。

「このような誕生日会が終わって、ここにミヒャエルがいないのはすこし寂しいな」

妻にそう言ったとき、育てた娘が嫁いで行く際に抱く父親の気持ちは、このようなものではないのだろうかと思った。しばらくして、彼女が言った。

「ミヒャエルは少しずつ自立しているわね」と。

（二〇〇八年十一月）

親から離れる

黒い森地方での冬の休暇を終えて、私たちが家に戻ったのは、ちょうど正午だった。早速、私は簡単なスープを作り、テーブルを囲んで三人で昼食を摂った。ミヒャエルはスープを飲みながら、グループホームの同居人と彼らを世話している人の名前をさかんに言い出した。早くホームに戻りたいような表情である。

昼食を終えてから、彼を車に乗せて三分ほどでグループホームに着くと、ミヒャエルたちを世話しているローサさんが私たち三人を待っていた。彼女と握手を交わしてから、私たちは居間のソファーに腰かけた。と、ミヒャエルがまわりに目を向けはじめた。それを見たローサさんが彼に言った。

「ゲアノートとマルクスはいないわよ。あと三日したら、戻ってくるわ」

そして、こんどは私と妻に顔を向けた。

「ゲアノートは、姉宅で再び血液循環が悪くなって、体が硬直してしまい、今静養しているのです。マルクスは今日戻る予定でしたが、すこし風邪気味なようで、明後日帰ってきます」

それを聞いたミヒャエルはがっかりした表情を浮かべた。

ゲアノートとマルクスは彼の同居人。ゲアノートは六十歳で、ミヒャエルと同じダウン症。マルクスは二十三歳の知的障がいのある青年。二人とも会話が十分にでき、ミヒャエルと仲はよかった。グループホームで暮らすようになってから二年半が過ぎた今、ミヒャエルはその二人の姿を目にしなかったので、気を落としたのだった。

私は、ローサさんに言った。

「二人がいないなら、ミヒャエルを家に連れ帰り、二人が戻ってくる明後日に来ましょうか。ミヒャエル一人で、このホームで夜を過ごさせるのはどうも心配で……」

「いや、待ってくださいね。ミヒャエルに直接訊いてみますから」

ローサさんはソファーに座っているミヒャエルに、同じ目の高さでゆっくりと話しかけた。

「二人は二日したら戻ってくるけど、どうする？家に帰ってもいいし、ここにいてもいいわよ」

ミヒャエルは事情を飲み込めたようで、

「ママ、パパ、ナイン（NO）」

と、はっきりした声で答えた。それを聴いたローサさんが言った。

「では、二晩ここで一人になるけど、いることにしましょう」

ミヒャエルはにっこりと肯いた。

私はミヒャエルが家に戻ると言うのだろうと思ったのだが、違っていた。うれしそうな顔をした彼を目の前にして、ミヒャエルがここでの月曜から金曜日までの暮らしを、仲間の人たちと心からたのしんでいるのを知る思いとなった。

今では親よりも、ここにいる人たちとの生活に満足しているのだ。仲間とのつながりのなかで暮らしているミヒャエルの姿から、人は社会的存在であることをまた一つ学んだ。彼は親から離れて、自立しているのだ。

この夜、妻はなかなか眠ることができないでいた。翌朝、彼女は、

「気が気ではなかったわ。ホームで、一人だけで夜を過ごしたことがなかったし……」

と言い、ローサさんに電話をかけようかと迷っていた。が、それは止めにして、次の日の夕方、一人でホームへ向かった。

二時間して、彼女が家に戻って来て、

「昼間は作業所でいつものように仕事をしていたし、夜一人で過ごしても、何の問題はなかったそうよ。ひとりで結構たのしんで、生きいきしていたらしいわ」

と、語った。それを聴き、彼にとって、ホームが居心地のよい場となっているのだと思った。

ミヒャエルが生まれてから、いつも三人で行動を共にしてきたが、今は違ってきた。妻と二人で、家のソファーに座っている時間が多くなってきた今日このごろである。

（二〇一〇年三月）

目に見えない自立

浜松で生まれたミヒャエルは、一歳を過ぎてから茨城県の土浦で暮らすようになった。当時、私はその地で、障がいのある幼児用のおもちゃを作っていた。と同時に、それらのおもちゃで遊ばせるライブラリーも開いていた。

土浦の地は、私が大学卒業後、知的障がい児施設の職員として働いたところでもあった。その施設に久しぶりに訪れた。そのとき、そこの理事長から、

「横井さん、息子さんが暮らしているグループホームについて、職員の前で話してくれませんか」

と、頼まれていたので、約五十名近くの職員の前で話すことになった。その内容は次のようなものだった。

ミヒャエルはグループホームで月曜から金曜日まで暮らし、土曜日の昼に家に帰り、日曜の夕方になると、家から歩いて十五分のホームに戻る。

グループホームで暮らし始めたころの一年間は、日曜の夕方、ホームが近くなると、彼の足は止まり、前へ進まないことが何度もあった。しかし、二年半が経った今は、足取りも軽く、テンポも速くなってニコニコしながら、うれしそうに行くようになった。その姿を目にして、グループホームでたのしく暮らしているのがわかった。一体、何がそうさせるようになったのだろうか。

ミヒャエルは、はじめの一年間は一緒に住む同僚の名前と、世話をしている人の名前をめったに口に出さ

なかった。が、今はしばしば言うようになった。その姿ときの彼の顔は、いかにもうれしそうだった。その姿を見て、またひとつ学んだと思った。

一般に自立というと、身辺自立、経済的自立、職業的自立、家を出ての自立となるが、目に見えない自立もあることに気づいたのだった。

ミヒャエルの住居には、あと二人の同居人がいる。三人の知的能力はさまざまで、年齢も六十歳、三十二歳、二十三歳と異なっている。その三人が一緒に暮らす姿に、「共生」という語が当てはまると思った。

障がいの程度が違う三人が共に暮らすには、彼らなりの寛容を必要とするだろう。そのような中で、ミヒャエルは同居人と世話をしている人に主体的に働きかけて、関係を築いていたのだ。そのことが、目に見えない自立なのだ。他者との関係をもつことができる人こそが自立をしている人なのだと思った。

ミヒャエルの場合、身辺自立や目に見える自立はいまだにできていない。しかし、この目に見えない自立である、他者との関係を持ったからこそ、今では家よりもグループホームでの暮らしに、彼はよろこびを得たのだった。

六十歳を過ぎた親に、目に見えない自立を知らせてくれたミヒャエルに感謝さえするようになった。

三十二歳の息子から学んだことだった。

以上のようなことを、職員の前で話をした。

ほかにも、グループホームの財源がガラス張りとなっていることや、街の中央にホームが建っているので、地域の人との触れ合いをどのようにしているかなどについてものべた。と同時に、ホームが存在できる前提に、ドイツの社会保障や家族とパートナーシップを基にして社会が成り立っていることにも触れた。

聴いている人たちは、次元が異なった社会のように捉えたかもしれないが、同じ人間として、共通するところも見出してくれたに違いない。

最後に、今も常に思っている自分なりのモットーについても語った。それは、短いことばでいえば、「小さなよろこび、大きな幸せ」

であった。また障がいという語があるが、それはその人の個性であって、その個性を感じる感性を、ミヒャエルを通して磨かれ、それが大きな幸せになることをものべ、一時間半の話は終わりとなった。

話しをしたことによって、聴いている人から、また一つ学ぶことができた。ありがたい時間だった。


（二〇一〇年十月）

原点だ

ミヒャエルと妻、それにミヒャエルのグループホームでボランティア活動をしている大学生二人を車に乗せ、目的地のフィルダーシュタットへ走った。

三十分ほどで着き、独特の形をした建物内に入ると、受付で五十歳くらいの人が私たち五名を待っていてくれた。その人から、建物についての簡単な説明を聴いたのち、二百五十名ほどの知的障がいのある人たちが働いている授産施設を見学することになった。

十四種類のどの作業室もあたたかい雰囲気が漂うなかで、彼らは働いていた。その見学も一時間ほどで終わり、三百席近くはありそうな椅子に私たちは座って、これから始まろうとするイベントを待った。ここに来た目的は、それを見るためであった。

ホールの壁には、人智学《アンソロポゾフィー》の創設者であるルドルフ・シュタイナーの顔写真がかかっている。ここは、アンソロポゾフィーの思想で運営されている作業所なのである。

今日の仕事を終わらせた約二百五十名の人たちと一緒に、私たちは舞台に視線を向けていた。と、幕が上がったと同時に、勢いのあるメロディーが流れ出した。

それが一分も続いていると、椅子から立ち上がって体を前後に横に動かしたり、飛び上がったり、手を強くたたいたり、音に合わせて自分の体を動かす人たちが出てくる。二曲、三曲とテンポの速いポピュラーソングが流れ続けた。大半の人が椅子に座ってはいない。皆個性のあるアクションで自分を表現し出した。

舞台では、ドラムやキーボード、アコーディオン、エレキギター、バッグパイプなどの楽器をもった十三名の人たちが力強い音を出して演奏をしている。マイクからは張りのある歌声も聞こえてくる。彼ら十三名のうち、十名は知的障がいのある人たちである。そのなかには、ダウン症の青年も三人いる。彼らに混じって、ジーパンをはいた牧師と高等学校の校長、それにTシャツ姿の養護学校の先生もいる。

演奏をしている人も、聞いている人も本当にたのしそう。こんなにも、ありのままの自分を出している人たちはいないだろう。常に、ホンネのままで生きている彼らの姿だ。

以前、知的障がいのある人たちが住む施設で働いていた私だったので、この雰囲気のなかで彼らと一緒にいると、過去の経験が一気に蘇ってきて、目が自然と潤んでくるのだった。

「ここには真の触れ合いがある。真の触れ合いがある」

心のなかでそうつぶやきながら、ビートの利いた音に合わせて、私も手をたたき出した。

観客の多くは立ち上がっている。リズムに合わせて手足を動かしたり、ダンスをしたりするカップルも出てくる。すばらしい情景だ。私自身はディスコで踊ったことはないが、ここにいる人たちは今、体でよろこびを表現しているのである。

ポップスの曲の合間に、モーツアルトやベートーベンの第九も歌われるのがドイツならでは、それに合わせて体を動かす。「アンコール、アンコール」の声に押され、一時間の予定を超過して何曲も演奏された。ここにいる人たち一人ひとりを知っていたら、さぞたのしいだろうと思った。私たちを案内してくれた人が、手をたたきながら横に座っている。この人が羨ましい。

忘却していた過去の時間に、胸は熱くなってくる。時は昔に戻らないが、以前経験したことが新たな感動をもたらしてくれるのである。これが自分の原点だと思った。

ミヒャエルも立って体を動かしている。最高の時間をもらったと思いながら、私も立ち上がって手を打ち続けた。

（二〇一一年一月）

手紙のやりとり

Tさんからの手紙

横井様

旅の余韻にとっぷりと浸かっていたいと思うのに、目の前の活動に追われ、あっと言う間に一週間が過ぎ去りました。

過日は、並々ならぬご配慮、ご親切をいただきまして、本当にありがとうございました。

Kさんとドイツへの旅の計画が出てすぐさま実行という状況でしたので、十分な事前学習も積まずに行ってしまったものですが、私にとって、予想をはるかに越えたスバラシイ旅でした。

長い歴史を経た心落ちつくテュービンゲンの街並み、スイスの雄大な自然、古都ルツェルンや湖の美しい町ローザンヌ、その他一つひとつどれを取り上げても、今でも心が震えるほど感動を味わったことは事実です。

でも……そのどれらにも増して、私の心に今尚、大きな位置を占めるのは、横井さんのご案内で訪れた、コロニーや老人ホームやホスピスでの視察でした。

それら一つひとつが常々私の社会活動の一環でしたので、さらに関心と感動とが深いものとなったのです。具体的なものが私の日ごろの活動と対比して考えることができ、今後に役立てて行こうと実感しております。

とりわけ、ホスピスについては、私自身が、この四年間余り自分のこととして、深い関心を寄せていたテーマでありましたので、今、私の手のなかに、ズッシリと重いほどの物を与えられたような手ごたえを感じます。

ホスピスについては後ほど、（ワープロ打ちの）レポートを送らせて頂きたいと思います。自己の生き方の中で、あのドイツでのホスピスについて学んだことが、どのように捉えられてゆくのか、ただ今、繰り返し、繰り返し、考えているところです。

私は、どちらかと言えば、安穏と暮らして来たような気もするのですが、今までの人生の中で、二度、死の渕に立たされたことがあります。

今から六年前、我が人生に降って湧いたようなある出来事が生じました。私にとっては、あまりに耐え難い出来事でした。どうか、すべてが夢であって欲しいと考えれば考えるほど、現実から逃れることができず、苦悩したものです。

車を見ると吸い込まれるように、自分から寄って行こうとしました。薬も飲みました。湖の渕に幾度となく立っては、心だけが一足先にスーッと水の中に入って行くような錯覚を幾度味わったことか。水辺に立つと、頭の中いっぱいに「太宰治」が浮かんで来て、他のもの一切を払いのけてしまうのです。

まるで死に神に取り付かれたような中から、どうにか抜け出ることができたのは、家族の存在でした。ただ黙って、じっと待ってくれた家族でした。

丁度その一年後、再び死の渕に立たされたのは「がんの宣告」でした。

早期ではないこと、手術の状況によってはそのまま閉腹すること、たとえ手術がうまく済んでも、その後再発の危険をごく短期間の内に抱えていることなどを医師から告知されました。

私自身が真実を求めて告知を望んだものでした。医師の一言一言を、その時は想像以上に平穏に受容しました。不思議なくらい乱れませんでした。

結局、八時間に及ぶ手術を終えて、数時間後麻酔から目覚めたころから、奈落へ引きずり込まれるような恐怖との闘いが始まったのです。一年前、あんなにも苦悩に負けて、死を選ぼうとした自分が、死への恐怖におののく日々がスタートしたのです。

それから一年間、人には会えず、電話には出られず、自閉するだけの時を送りました。

あんなにも理論的に生きていた自分が、全く理論が通らず、唯々自分のカラの中に閉じこもって行きました。とても辛い時間でした。宗教に誘ってくれる友人もいました。聖書や仏教に関する本を読みあさりました。でも、一歩も前へは進めませんでした。死に関する本を専ら読みあさりました。

一年が過ぎたころから、徐々に、徐々に心が軽くなって、すべてをあるがままに受け入れられるようになっている自分に気づいたのです。

その辺りから、「ああ、生かされているんだ」と思え、周囲のものすべてに「ありがとう」と感謝したい気持ちになったのです。

病院へいく度、ドクターは「今、医師が手伝うことがありますか」と声をかけてくれたのですが、私はきまって「今は必要がありません」と答えられるようになっていました。

ドイツへ行く前、定期診察に病院を訪ねました。医師は「これまでつないできた紐を外しましょう。向こう一年間、病院を離れてもいいです」と言ってくれました。そして付け加えたのは「病気は医師さえ判断できないほど個人個人の生き方によって異なる」ということでした。

私も、今後どんな方向へ向かうのか、どんな結果が生じるのかは神さまだけがご存知なのか、神さまさえご存知ないのかわかりません。でも、確かに「今生きている私」があることだけは事実です。しかもそれは神さまに与えられて、生かされている命、と私は思っているのです。「無駄にはできない。大切に生きたい。精一杯、今を生きたい」と思っています。

そんな私が横井さんにお会いして、強烈なインパクトを受けました。私が耐えず手探りし続けていたものが、横井さんの中にお持ちでいらっしゃるような、そんな感動を受けたのです。そんな思いで「チュービンゲン便り」をくりかえし、くりかえし読んでは、共感の涙を流している次第です。

もう一度テュービンゲンを訪れたい。そして、その時「横井さん、人はそれぞれ、どこへ帰るのでしょうか」と尋ねてみたいと思っております。

奥さま、ミヒャエル君によろしくお伝えください。

長々書きましたが、お礼をのべ、今後のご親交をお願いしたく存じます。

Ｔ　様

日本に戻られて忙しいなか、手紙を書いてくださりありがとうございます。皆さん三人が帰国して二週間が過ぎたのですね。Ｔさんからの手紙を読んでいますと、一緒に過ごした日々のことが、まるで昨日のようにも思えてくるのです。

皆さんとの出会いはとても有意義なものでした。いくらか年の若い私に、このような言いかたは失礼なのですが、プライベートな生活なども正直に語ってくださり、そのことが皆さんをより親しく感じさせてくれました。ありがとうございます。とても勉強になりました。とくに、Ｔさんの病気のなかでの体験談は、今の自分の生活を見直させてくれました。

Ｔさんが日本へ戻る前に、「日本へ帰ったら、どうぞホスピスについて、何か書いてください。その文をテュービンゲン便りに載せたいのですが……」と頼みましたが、私生活と仕事に忙しいなか、どうぞ無理をしませんように。今回の手紙を拝読しただけで、もうどのように生きるかを教わったような気がしました。感謝します。

手紙の最後に、「人はそれぞれ、どこへ帰るのでしょうか」と書かれてありました。私もそのことを以前から考えています。とくに、生まれ育った故郷の日本を離れ、文化と言語の異なるドイツに住み、年を少しずつとるなかで、同年代の人よりも、そのことを多く考えているように思うのです。そのようなある日、空を飛んでいる燕を見て、次のようなことを考えたことがありました。

春を感じ始めたある日のことでした。高台に建っている私の家の窓から、下に建ち並ぶ赤い屋根瓦の大きな学生寮がよく見えます。その建物の向こうにはネッカー川が流れています。その建物とネッカー川の上空を、燕が弧を描くようにスイスイと飛び交っていました。

彼らは春になると、アフリカからヨーロッパ大陸へ来て、ここで卵を産み、ひなが孵ります。そして、この地で飛ぶ訓練をして、夏になる前にアフリカへ飛び発ちます。その燕たちが大空を自由に舞っている姿を目にしながら、ふと思ったのです。彼らの帰るところは、どこなのだろうかと。その答えは次のように返ってきました。

それは翼なのではないだろうかと。大空を自由に飛んでいる燕に、今、今ですよ、もし翼がなかったら、自由に飛ぶことができません。翼があってこそ、彼らは燕（鳥）であるといえるのではないでしょうか。

それでは、そのことを自分の身に引きあてると、「翼に相当するところは、自分のどこなのだろうか」と考えました。そうすると、自分の存在を奥で支えているようなもの。それは在るというものではなく、意識した関係をもつ心だと思ったのです。それを持っている限り、今の自分を保つことができるのだろうと。

その関係のなかに、最も身近な家族や友人や知人、それに数知れぬ人と自然とが入っていると思うのです。今までに経験したことが、今も続いている関係の道ともいえるものです。そこに、帰るのではないでしょうか。どうも私には、命の誕生以前の、時空を越えたところに帰っていくとは思えないのです。

とにかく、今の私は、目には見えないその関係の心を意識しながら、真剣に生きようと心がけています。

お手紙をありがとうございました。どうぞお体を大切に、ご自愛ください。　（一九九六年九月）

人はどこへ帰るのでしょうか

横井様

ふと気がついて周りを見まわすと、庭の花は、すっかり秋色に変わり、木々の葉は少しずつ黄色味を帯びているこの頃です。

テュービンゲンの秋は、どんな風情を醸し出しているのでしょうか。夏の盛りに、草の匂いを感じさせてくれたネッカー川は、どんな表情で流れているのでしょう。豊かな緑と花で溢れたあのテュービンゲンの街並みが恋しくて、懐かしくて胸が詰まってきます。

ご家族の皆さま、お元気でいらっしゃいますか。

オーストリアからの自然三昧のお便りを頂いて、羨ましく思いました。絵のような自然の風景のなかに溶けこんでいると、目先の小さな出来事のあれこれが、さらになんと小さく見えてくることでしょう。

早速お便りを出そうと、今、再び精神の行方について考えているところです。

病気の宣告を受けて、手術を受けて、そんなつらい思いをしているのに、さらにその後の生命が保証されないというショックで、手術のあと精神が回復できずに葛藤した事は、前の手紙の中でも述べましたよね。

それから立ちあがりの一年間を経て、気がついたら、あるがままを受け入れるゆとりを持つことができるようになり、生かされている生命を、ありがたく受け止められるようになったのですが、思い出すと、あの自閉した一年間はただ専ら、本を読みあさったように思うのです。それも死と生に関するもの（最近は、死生学などという語が語られていますが）を読みまくったのです。

死が怖い、忌まわしいという思いが、誰の中にも大きく存在するから、がんの告知は容易に行なわれず、偽りの中で人生を終えてしまうことだってあるのですよね。

「死」とは何？　との思いがスタートだったように思います。

「死」はこの世に存在する者の宿命であることを忘れ、「生」だけが勝ち誇ったように大きな顔をしていたという事に気づきました。人生のターミナルは誰もが「死」という駅で迎える訳です。終着駅へ着くまで、ぼんやり居眠りなんてしていられない、という考えにとらわれ始めました。

そんなことを考えられるようになった一つに「チベット密教」についての本を幾冊か読んだのが契機となったのも事実です。

ダライ・ラマは輪廻転生を説いていますね。私の行きついたところもそこだったかも知れません。ただし、チベット密教による輪廻転生は、いつか、どこかへ、全く同じ生命が出現するということの様ですが、私にはこの点はまだ解りません。私は私たち一人ひとりの霊魂は不滅だろう、と考えています。

肉体は死んでしまえば脱けがら、火葬にされても、着古した服を処分する位の感覚です。でも、その人なりの尊厳を有した精神（魂）は決して消滅する筈がない、と考えると、とても気持ちが楽になりました。そしてその時から「心をこめて生きる」ということに大変意欲的になったのです。

自分の中にある精神（魂）が、他の人と触れ合って、互いに影響し合うとしたら、私の有する魂が、肉体が滅びた後にも、誰かの中で息づいてくれると考えることが、私にとっての転生の考えでした。私の死後も、私の魂は誰かの中に生きる。私の魂が転生すると考えた時から、とても真摯に生きることを絶えず思い続けています。

現在の私が、今、在るのも、その流れの中なのだろうと思っています。

この四年間、あまり苦しくて、辛くてどうしたらいいのか、と悩んだことはありません。時に耐え難いような事が起きても、「ああ、私が授けていただいたもの」と考えられるようになりました。私にも背負えるものを与えてくださったのだから、と思うと、すこしも苦痛を感じなくなりました。

あるがままの生き方って、以前はあんなにもストレスの連続だった我が人生を、何を背負っても重いと感じなくさせてくれるようです。

時々、家族ですら「あなたは不思議な人だね」と驚く位です。

「人はどこから来て、どこへ帰るのでしょう」は永遠のテーマであるようにも見え、一方で既に知っているようでもあり、という感じがします。

ミヒャエル君の笑顔に会いたいです。

ご家族の皆さまによろしく。お元気でお過ごし下さい。

T　様

緑に包まれたテュービンゲンの街も、次第に葉が色とりどりに赤や黄色に変わってきました。まさに、「黄金の十月」とこちらでは呼んでいる季節です。美しさと同時に物寂しさも感じさせてくれます。

私の家の前に立っている贋アカシアの葉も、黄色く色づいてきました。窓から望めるネッカー川の中洲に立ち並んでいるプラタナスの大樹の葉も、日を追うごとに黄色くなっていくのがよく見えます。まもなく、その葉も落ち、プラタナスの並木道は枯れた葉で埋もれることでしょう。その上を歩くと、サクサクという音がしてきます。寒い冬の到来です。

Tさんから頂くお手紙、毎回いろいろなことを考えさせてくれます。とくに、輪廻転生、魂については興味深く読みました。

私自身、この輪廻、魂についてはそう考えたりしたことがありません。だからといって、病気・老い・死について私が考えていないと言うわけではありません。むしろ私自身そしてまわりとの関わりから、そのことに触れる機会が多くありますので、間接的または直接的によく考えたりします。

ただ、輪廻転生があるかないか、魂があるかないかは、私たち人間の知識や考えをもっては明らかになることは無いと思っています。これは輪廻、魂についてだけに言えることではありませんが……。

でも、私もそして恐らくTさんも、他の人も同じだろうと想像するのですが、病気や死への不安に直面したとき、安心した気持ちでいたいと願うと思います。そのような中で、Tさんのように霊魂の不滅、輪廻転生を考えることによって、気持ちが楽になって、今を「生きる」大切さを感じとられることは、とても素晴らしいと思いました。苦しさ、辛さを踏まえてこそ、それがより深く感じられるのを、Tさんの手紙を読み終えて思いました。

私自身、最期の時がどのような心理状態になっているかわかりませんが、そばに今まで関係した人がいてくれたらと願うのです。感謝の心は、死への恐怖を追いやり、永遠への希望と安らぎとをもたらしてくれるように思うからです。そのためにも、まわりの人たちと、今のこの時の関係を大切にして、生きて行こうと心がけています。

手紙の最後に、ミヒャエルの笑顔に会いたいと書いてありました。

先日、ミヒャエルと電車に乗って買い物へ出かけました。彼は窓から外の流れる景色を眺めるのが好きです。その横顔を見ていたら、ふとこちらを向き、意味もなく笑いました。それを見て、私もにっこりしました。笑いはいいですね。笑い顔はいいですね。笑顔の似合わない人なんて、だれ一人としていませんね。

日本でも、これから寒さが厳しくなっていくことと想像します。どうぞお体を大切に、ご自愛下さい。

（一九九七年十一月）

ある知人から

日本から一通の手紙が届いた。そこには、次のようなことが書かれてあった。

「謹啓

こちら日本では木々の緑も濃くなり、初夏の陽差しが感じられる季節となりました。

先日は横井さんの書かれたものを送っていただき、ありがとうございました。

読ませていただき、横井さんの、息子さんのミヒャエル君によせる愛情と思いが伝わってきました。また、息子さんの自立に向けてのとりくみのなかで感じられた、人と社会とのあり方についても興味深く読ませていただきました。

結局は、横井さんの言う「共に、そして感謝」に集約されるものだと思います。

人との関係や社会システムの問題については、それぞれのレベルで解決に向けてのとりくみは必要ではあるけれど、不十分な社会や、心ない他者や、そして自らの運命を恨んだり、憎んだりするところからは、幸せは生み出せえないのだと最近、強く感じています。恨みや憎しみに生きる生き方は、一つの逃げでしかないからです。

私が勤務している福祉工場には、知的障害者が働いております。

社員の中には、さまざまな困難や問題を抱えている者が少なくありませんが、自ら直面している問題を直視し、家族や仲間の力を借りながらも、自らそれを乗り越えようとしている社員こそが、幸せに近いのではないかと感じます。

それは、ハンディを持っているとかいないとかは関係なく、どの人間にもあてはまるのだとも思います。それは、自分自身に気づくことであり、「あるがまま」の自分を受け入れることでもあります。

そうして、自らが自立へのステップを踏みながら生きる時、他者への感謝がさらに深まってくるのだと思います。

私が大切にしている言葉に、「自ら生き、他者も生きる」という語があります。

自分を愛せる人こそが他者をも愛することができる、そして、自らの仕事に精一杯とりくむことが他者との協力を推し進めることができるなど、さまざまな場面でこの言葉の重みを感じております。

「共に、そして感謝」との語、人だけでなく、自然をも視野に入れた、広がりのある言葉で、とても好きになりました。　　敬具」　（一九九七年十一月）

再び、Tさんから

横井様

すっかりご無沙汰をしておりますが、お変わりはないでしょうか。ご家族の皆さまはいかがでしょうか。

ミヒャエル君が、また少し行動範囲を広げて、マルクト広場で新しい発見をしている姿が目に浮かびます。そしてそんな彼の姿を、ゲルトルートさんは、大らかな笑顔で見つめていらっしゃることでしょう。

夏の日に、むせ返るような緑あふれていたネッカー川の中洲は、プラタナス並木も裸木となり、すっかり冬色と化してしまったことでしょう。

テュービンゲンは、もはや私にとっては心のふるさとのような気がします。ふっと物思いにふける時、まるでヘルダーリンがあの黄色い塔からネッカー川の流れに思いを凝らしたであろうような心境に浸ります。

今夏の旅から帰って以来、私は再び「人は何処へ帰るのだろう」との思いにとらわれて来ました。今夏、横井さんに案内されて訪れたグラーフネックとハイガーロッホが、今でも私の中で大きく息づいているのです。

グラーフネックについては、横井さんが書かれたものを読ませていただいた時から、どうしても訪れたいと思っていた所ですが、実際に行ってみて、想像していたよりももっと壮絶なものでした。

以前、アウシュビッツの展示を見ました。アウシュビッツに関する品々や写真を観ながら、時折目を覆いたくなるような思いにかられました。この人々の叫びを聞き逃すまいと真摯に心を傾けて見て回りました。しかし、ついに堪えきれず涙がこぼれてしまったのは、虐殺された人たちの髪の毛で織った布を、目にした時でした。

その布の所々から繊維のような金色の髪の毛が、ライトにあたってふわふわとゆれていました。長い年月を越えてもなお、布に織られた髪の毛の一本一本が息づいているように、微妙に揺れていました。その微かな動きは、私たちに向かって、まるで「私たちも生きていたのだということを忘れないで！」と、語りかけているようでした。

グラーフネックの記念碑の前に立った時、急に空が暗くなって突然襲った嵐のような雨風は、いったい何だったのでしょうか。「役に立たない存在」、「生きるに値しない生命」と位置づけられ、殺戮され、石ころのように捨てられていった人たちの魂の叫びだったのでしょうか。

布に織られた髪の毛の一本一本が、時を経てなお揺れるように、グラーフネックで闇の中へ消されていった人たちの魂は、永遠に後世に叫び続けているのだと、私は信じています。

今は、羊たちがのどかに草を食む傍らに立つ巨木の一本一本は、当時からずっとあそこに立って、目の前の小屋で行なわれた出来事を、黙って見てきたのでしょう。まるで虫けらのごとくに焼かれるさまも、立ち上る煙の色も、においも、何もかも、木は知っているのでしょう。せめて、精一杯その煙を吸っては昇華させ、天へ見送ってくれたのでしょうか。

ハイガーロッホのユダヤ人のお墓も、今後決して脳裏から消え去ることのない強烈なシーンです。まるで整然と人が立ち並んだような墓碑の群。しかも、そのどれもがまったく同じ方向を向いているのには、驚きました。「祖国の方角を向いているのですよ」と、横井さんはおっしゃいましたよね。

迫害を受け続けてきたユダヤの人々にとって、祖国とはどんなに深い意味をもっているのでしょうか、計り知れません。

一斉に同じ方向を向いて立つあのおびただしい墓碑は、まるで人のように見えました。ユダヤの人々があの地に立って、叫んでいるように感じられました。

「人はいったい何処へ帰るの？」　私の問いかけは、まだ続いています。

最近（十一月）、私は立て続けに二人の友人を亡くしました。

Kさんは六十歳。体に障がいがあり、歩行にもかなり不自由の身でした。彼とは二年前、障がいのある人たちの集いで知り合ったのですが、以来、時折、ハンディをおして我が家を訪れ、福祉に関する問題や生きることについて積極的に語り合っていました。

そんな彼が、この夏の旅から帰った直後から、実に頻繁に訪れるようになったのです。昼となく夜となくやってきては話しました。とりわけ九月頃からは、訪れる回数はさらに頻繁でした。日中は私が留守がちなので、ほとんど夕方から夜にかけてやって来ては話し続けました。

家族もしっかりそろった大きな農家の方でしたから、なぜこんなにも頻繁にやってくるのか、時には不思議な気さえしたものです。とても幸せそうに、いつものように福祉や生きることについて語り続けました。私の周辺の人たちとも友達になりました。

十月になってさらに足繁くやって来ました。とうとう私は、パニックになろうとしていました。そんなある日、彼は言いました。「こんな幸せな日々が怖い」と。

これまでハンディを克服するための苛酷といえるほどの努力を自分に対して強い、まさに己れに克つを実行してきた人でした。

亡くなる三日前、例のごとくやって来た彼は、私と夫に向かって、「これまであんなに不自由だった足が、この頃とても楽になって歩きやすくなった」と我が家の玄関で歩いて見せてくれました。

体を大きくゆすりながら歩く姿は、以前と変わりませんでしたが、彼の内面では何かの変化が起きていたのでしょう。いつも長居の彼がそれだけの報告をし終えると、丁重に挨拶して帰って行きました。

翌々日、亡くなる前日にまたやって来て、とてもとても幸せに満ちた笑顔を見せてくれました。「ほっとした。これでほっとした」と、大事を為し遂げたように独り言をつぶやきながら、帰って行きました。

そして突然、翌日、脳出血で倒れ昇天しました。穏やかな顔でした。

この二年足らずの間に、突然私の傍にやってきて駆け抜けるように旅立って去った彼との出会いは、とても不思議なものでした。

それから数日して、前日まで元気だったHさんが急逝しました。老人ホームを終わりの住みかとして十五年、八十三歳でした。

身寄りのない、この地にゆかりのない彼でしたが、ひょんなことからの出会いでした。

終戦後は土木作業員としてただただ働き続けてきた一生でしたが、律儀に、正直に生きることを哲理としてきた気骨のある人でした。わずかの軍人恩給をホームに納めると残りはほとんど残らず、それでもどんなことがあっても、手をつけないで自分の葬式のための費用を守り続けてきました。

戒名も遺影もない形だけの葬儀は、ホームの職員、遠縁の人、私を加えて十人ほどの小さなものでした。あっという間に亡骸となってしまった小さな遺骨を拾いながら、私は語りかけました。

「長い間、ずーっと思い焦がれていたふるさとへ、やっと帰れるね」

東北の片田舎を離れて七十年も経っても、終生東北なまりを失わなかった彼の人生の終点は、東北の生まれ故郷へ帰ることだったのです。亡くなる一月ほど前に会った際、

「そろそろふるさとへ帰ろうかと考えている」と、私に言いました。（願望なのだろう）と思っていました。

骨壺に納まって、遠縁の人に抱かれて彼は憧憬してやまなかった東北のなまり懐かしいふるさとへ、帰っていきました。

KさんとHさんの永遠の別れに接し、彼らはいったい何処へ帰ったのだろうと、考える毎日です。

この夏の旅は、横井さんと別れてから途中、ライン下りをしました。昨夏、スイスに向かう途中に標識を見て、思いもかけずに立ち寄ったラインフォールで、激流の中を船に揺られながらずぶ濡れになった思い出と重なって、感慨ひとしおでした。

ネッカー川やモーゼル川や数々の川を飲み込んで大河となったラインは、たゆとうと北海に向かって流れ続けていました。

ロッテルダムで北海に流れ着く様を目のあたりにしたいとの思いは、時間的な都合で実現できませんでしたが、大河の行方は、人生の行方とあい重なって、今もなお鮮明に脳裏に焼きついて離れません。川の流れを追うように、これからもずーっと私自身の行方を追いながら、歩いて行くのだろうと思っています。

「人は何処へ帰るのでしょうか」。今後も、繰り返し問い続けることになるでしょう。

最後に、厳寒のドイツの冬に向かい、どうぞご自愛ください。

Ｔ　様

十二月十日付けのお手紙、クリスマス前に拝受しました。ありがとうございます。

Tさんがテュービンゲンを訪れたのは二回とも暖かな夏の季節でした。こちらは日一日と寒くなってきております。とくに、クリスマスの終わった今は静けさ

も加わり、より寒さを感じています。

ドイツの一年間で最大の行事とされるクリスマスを、私の家でどのように過ごしたかを少し書いてみます。

例年のように、マルクト広場で売られている、高さ二メートル近くの樅の木をクリスマスの二日前に買ってきて、それを居間に運び、私とミヒャエルとで飾り付けをしました。

枝に飾るものは、私が以前電動の糸のこぎりを使って作った木製の星・月・羊などです。ミヒャエルはそれら一つひとつを飾りつけるたびに、歓び、手を叩いていました。もちろん、本物のローソクも十本立てました。

二四日の夕食はこの地方の習慣に従って、ジャガイモのサラダとソーセージで簡単に済ませ、夕食後は樅の木に立てたローソクに火を灯しました。それを見て、ミヒャエルはもう何をするのかを知っていて、私に賛美歌集を持ってきて、歌をうたおうとの意思表示をしました。

音痴な私は妻の声に併せ、ミヒャエルは口を開け、「アーアー」と歌い、そのあとはゲームなどをしました。家で祝う静かなクリスマスです。家でそして教会で皆と「共に」歌をうたいながら、何とも言えない、開放的な気分を味わっていました。

Tさんの手紙のなかに、六十歳と八十三歳の方が亡くなられたことが書かれていました。それを読み終えて、思ったのです。

その人たちは、自分の内からと、外からの何らかの働きが合わさって一つとなって、開放的な気分になりながら、亡くなっていったのではないでしょうか。今まで経験したことを感謝したかのように。勝手にそんなことを想像しました。

いつもTさんの手紙から、大切なことを学んでいます。ありがとうございます。これから寒い冬となって行きます。どうぞお体を大切に、ご自愛ください。まもなく始まる年が、良い年でありますように！

（一九九八年）

「共に」のなかで

自分の幸せを見つける

十五歳になる妻の甥がいつもの顔つきで、

「おじさん、ぼく、落第しました」

と言い、隣にいた親も表情を変えずに、「落第は、彼の今の実力に合っているだろう」

と、淡々と語ったのには驚いた。

この国では落第は珍しいことではなく、しばしば起こっている。とくに、高校では学年が上がるごとに、一クラス三十人近くのうち数名の生徒たちが落第、もしくは中退する。

日本の学校教育制度のなかで育った私だったので、当時落第した人はまわりにはほとんどいなかった。ただ、大学時代に、山のクラブ活動に熱中したあまりに留年したことがあった。これも落第なのかもしれないが、そのときは、「自分は自分」という意識が強くあったので、一学年を繰り返すことにまったく抵抗はなかった。しかし、それが中学や高校のときだったら、抵抗があったに違いない。

日本では大学時代はともかく、それ以前の落第は、生徒も親も学校側も避けようとするだろう。落第となると、今まで所属してきたクラスと学年の集団から離れ、その生徒は不安に陥り、なによりも恥ずかしいという意識が生じ、心理的に自分は落ちこぼれだと思ってしまうからだ。

その点、ドイツでは、「自分は自分、人は人」という考えが濃く、落第を恥ずかしいとは思わない。また落第をしてもコンプレックスをそう持ってはいない。学校側も本人も、それに親も、落第を適切な処置とみなしているのである。

その背景には、学力が低くても、他の分野で十分に活躍できる場がいくつも用意され、その選択の中から、自分の能力に適したコースを進み、そこで自分の幸せを見つけることが大切だとする考え方があるからだ。そこには、個の実現を目指した教育がなされている。

そのような考え方が根付いているせいだろうか、小学四年を終えると、生徒たちは学力に応じて、三つの異なるタイプの学校へ振り分けられる。その振り分けに関して、親たちは問題意識を持っていない。

私はこの地に住んでいる日本人家族とも交流をしている。そして、彼らと子供の教育についてもしばしば話し合ったりもする。そうすると、多くの母親は「日本の学校教育は異状だ」と嘆いたりする。その声を聴くたびに、こちらも憂いてしまう。

それというのも、日本の学校教育は、幼稚園から大学という一本の単線コースで進み、○○大学卒業という身分的価値を得て、会社に入る。そこで会社に必要な専門技術を学び、日本的な和やチームワークという枠内で、人格までも管理され、自ら管理するような体制を作り上げがちだ。

それに、家庭生活などの私的な時間までも、会社のために取られがちだ。とにかく、○○大学出身という学歴が必要で、大学に入学するための学力だけが必要となる。入試さえ通過すれば、あとはなんとか生活できるということだろう。

たしかに、最近は入社後、実力がものをいう時代といわれているが、学校時代に一本の単線しかないコースで進んできた人が、果たして自分の個をどこまで追求することができるのか。会社に入ったあと、実力が問われたとしても、自分で決定し、責任感を持ちながら個を強く出せる人がどれほどいるのだろうか。

この個に関して、思うのだ。私たちは、網の目のようにあらゆる人と関係を持ちながら共存し、自分も他の人もすべて異なる過去の経験を持ちながら、絶対的な自分の個を持って生き、そして未来もあらゆる人との協力によって、個がつくり出されていくと。

（一九九四年十一月）

まわりの人と協力しながら

居間の電話が鳴り響いたのは、夏の早朝、それも食事前のことだった。知り合いの日本人女性が下宿先で倒れ、大学病院に運ばれて、これから頭の手術をうけなければならないとの緊急連絡だった。驚き、すぐに車を走らせた。

病院に着くと、彼女の恋人であるパキスタン人が廊下の長椅子に座って、私が来るのを待っていた。彼から事情を聴くうちに、事情が次第に飲み込めてきて、これから開頭手術、それも五時間以上の難しい手術とわかった。

ドクターからは、

「生死にもかかわる事態なので、両親を呼んだほうがよいでしょう」

と告げられ、日本にいる彼女の両親に電話をすることになった。そして、手術の結果を待った。

その女性というのは、テュービンゲン大学で勉学していた学生で、生活費を捻出するために、私の家の裏に建つホテルで週に三日ほど働いていた。そのようなことから、彼女はしばしば私の家に来て、食事を共にするようになった。また一年前の夏には私たちの家族と一緒に、チロルの山で一週間過ごしたこともあった。

予期もしなかった脳動脈瘤による手術。彼女を知る私たちは、日本食を持って病院へ見舞いに行き、傍で彼女と一緒に時を過ごしていた。そして、お互いつねに連絡を取り合いながら、彼女の回復を待った。

このまわりの人たちと連絡しあいながらの会話が、とても心強く感じられた。そのときは自分の存在を忘れ、無意識のうちに「ウンウン、そうだね、そうだネ」ということばが、自然とお互いの口から出てくるのだった。

さいわいなことに、手術後に麻痺していた右手それに右足も、リハビリをしていくうちに少しずつ動くようになり、言語の障害も徐々にとれていった。そして、三か月間の病院とリハビリセンターでの治療を終えて、彼女は日本へ帰った。

この出来事から、私たちはまわりの人たちとの協力がいかに大切かを学んだ。（一九九五年三月）

この触れ合いこそ

日本に住んでいたころ、私は知的障がいのある人たちが住む施設に勤めていたこともあって、彼らを連れてしばしば街へ外出していた。そして、今はダウン症である息子のミヒャエルとよく外に出かける。そうすると、通りで多くの人たちとすれ違う。障がいのない人たちは、そこで彼らの存在を知る。

ミヒャエルが歩いていると、子供たちがよく彼を見つめる。独特の顔つきをしているからだろう。しかし、彼はそれにおかまいなく歩いて行く。そればかりではなく、時々ストリート・ミュージシャンが奏でるメロディーに合わせて、気持ちよさそうに身体を動かして踊り出す場合もある。

すると、まわりの人たち、それにミュージシャンも感情を素直に出しているミヒャエルを見て微笑みを浮かべる。彼が、人に安らぎを与えたともいえるだろう。しかし、反対に、その情景を嫌う人もいるかもしれない。そのような人は障がいのある人を身近に見慣れていないので、彼らの存在に気づいていないのだ。

私などは、彼らの存在に気づけば気づくほど、関わり合えばあうほど、社会のなかで自分がどのように生きるべきかを学んだりする。とくに、障がいのある人の生きる力強さに、畏敬の念を抱く場合がしばしばある。

それは障がいのあるなかで、自分にでき得る限りの可能性を積極的に追求し、よろこびと幸せを見つけ、そこに生きる意味を見出している姿だ。

ある知人が、

「障がいが、自分の生きる源泉だ」

と、語ったことがあった。

その姿から、成績や能力や競争などの目に見える価値に重きを置く現代社会で、目に見えない、その人固有の生きる意味を、自分のこととして考えさせられたのである。

とくに、現代は自己の欲望、欲求を果てしなく無限に追い求める結果、他者との交わりのなかで、自分を制するコントロール力が弱くなってきているともいえるだろう。そのようなとき、障がいのある人との出会いは大きな意味がある。

先日テュービンゲン駅で、次のような光景を目撃した。

車椅子に乗った両足のない人が、電車から降りようとしていた。それを目にして、自分に言いきかせた。彼は足の障がいと共存して、ありのままの姿で己をコントロールしながら生きているのだ。彼からすると、障がいのないといわれている私たちこそ、障がいを持っていると映っているのではないだろうか。なぜなら、自分の欲望や自己中心的な己を強く持つ私たちは、それに振り回されているからだ。

今の生活のなかで、「足るを知る」ことがより重要なのを知るのだった。

（一九九六年三月）

世界は一家族

あずき色とオレンジ色の布をまとったダライ・ラマ十四世を、テュービンゲンの通りで見かけたのは、彼がノーベル平和賞を受賞（一九八九年）した翌年のことだった。

二人のお供を連れて、教会前の広場を柔和な顔をしながら、ゆっくりとした足取りで大股に歩いていた。その姿は一種独特で、目に入ってくる光景をいかにもたのしんでいるかのようでもあった。そのとき、ドイツのプロテスタント教会から何かの賞を受け、その授与式がテュービンゲン大学講堂で実施されたのだ。

キリスト教組織団体が仏教者のダライ・ラマに賞を授与するとは、想像さえしなかっただけに驚きもした。キリスト教と仏教という異なる宗教間で、対話と尊重が少しずつ生じてきたのかと思ったほどだった。それを果たしているダライ・ラマは、大きな人のように映った。

チベットの元首でもあり、宗教的指導者でもあるダライ・ラマ十四世に関しては、ドイツのテレビで平和賞を受賞した前後、しばしば放映され、多くの街で展示や講演会もよく催されるようになった。テュービンゲンの市民大学でも、彼に関する写真展が三週間開かれたことがあった。そのとき、あるひとりのチベット人の文章がパネルに載っていた。

「一九五〇年に中国の軍隊がチベットに侵入して、自分たちの地は占領されてしまい、中国の所属（自治区）になってしまった。私たちチベット人は自分の国にいながら、今は二流の市民になってしまった。現在、チベットに定住した中国人の数は七百五十万人。それに対して、チベット人は六百万人。中国はチベット文化を絶滅しようと目論んでいる。中国政府は、チベットの地にある豊富な資源から大きな益を得ようとして、約百三十の鉱物資源のほかに、おそらく世界中で最も多量なウランが埋蔵されているといわれる私たちの地に、強い関心をもっている。それにくわえ、容赦なき工業化と環境問題を考えない盗伐によって、森林の四十パーセント以上は、ここ数十年間で伐採されてしまった。そのあとに植林もされずに、そのままで放置されている。またエコロジー的被害はチベットだけでなく、ほかのアジア諸国にも及んでいる。というのも、チベット高原から発する水はいくつもの大きな河に流れ、その河と共に生きている多くの人々に、害をもたらしているからだ」

これを読んだ翌日、あるテレビ番組で、チベット人の中年男性が次のようなことを語ったのを聴いた。彼はダライ・ラマがインドへ亡命した一九五九年に、同じくインドに亡命した人である。

「ある日、両親と一緒にダライ・ラマの話を聴くために会場に行くと、多くのチベット人がいた。私たち家族は彼らと話をしたあと、自分たちの地へ帰ろうと決心をして、チベットの地に戻った。が、労働許可も居住権利も持たない生活は厳しいものがあった。おまけに私は、チベット自治区の公用語である中国語を話することができなかった。でも、さいわいなことに、私は英語を話すことができたので、チベットを訪れる外国人のために、ガイドをするようになった。そのようなことをしながら暮らすうちに、警察官などが国家の権力によって、デモ行進している人たちを好き勝手に逮捕して、監禁している状況を知った。そこで、それらの情報を海外に伝える活動をするようになった」

さらに、彼は熱い口調で語り続けた。

「いつものように仕事が終わり家に戻ると、数名の警察官たちが私の持ち物を検査していた。警察官は、私がヨーロッパ諸国で政治的活動をしているチベット人に渡そうとしていた、拘禁の報告原稿を探していたのだ。それは発見されてしまい、自分は一九九三年五月、国家の機密を盗んでいたという名目で逮捕され、首都ラサで拘置されてしまった。その拘置所の部屋はとても汚く、毎日、数時間も尋問をうけた。自分はよい方で、ほかの政治犯は、それは酷い拷問をしばしばうけていた。私は拷問されないですんだが、ただ辛かったのは隔離されて、目にする人は警備兵だけだった。くわえて、いつも同じような尋問が延々と続き、それも真夜中のときがしばしばあった」

一息入れてから、彼はさらに続けた。

「中国では反革命者は最も重い刑となるので、自分は死刑になるかも知れないと思った。でも、さいわいなことに私が旅行ガイドとして働いていたころ、お世話した人のなかに世界的に有名な方が何人かいて、その人たちのおかげで、私は中国当局から釈放された。それは一九九四年一月一日のことだった。この日を、私は自分が生まれた日と思っている。私は楽観論者かもしれないが、中国はチベットをいつか解放するだろう」

これを聴いた次の日、街の図書館に行き、ダライ・ラマが著した本を借りて、数日間読みふけった。そのなかで、ダライ・ラマは次のようなことを書いていた。

「人や生き物にとって、最も大切なものはいのちです。そのいのちを、傷つけるようなことをしてはいけません。暴力によっての問題解決は一時的なもので、決定的で長期的な解決には決してなりません。むしろ、次から次へと新しい問題が生じてきます。中国が一九五〇年にチベットに侵入し、それに対してチベット人が行った五〇年代の暴力運動は、自殺的行為でもありました」

さらに続いた。

「わたしにとっての敵対者は、まさにわたしの真の友人なのです。それは、他者への尊重と寛容とをさらに強く働きかける試金石なのですから。だから、敵対者（友人）でも、憎むべきではないし、その人に尊重と感謝でもって接するべきなのです。現に、わたしは中国の文化を尊いものと思うし、私たちはお互いに隣人として深く学ぶことが大切なのです。わたしは中国の人を尊敬しているし、敵とは思っていません」

ダライ・ラマはさかんに相互依存のことを説く。

「人間はお互いにすべて依存しながら生きています。世界は一つの家族なのであって、そのメンバーのなかには小さい人や少数民族や小さな国もあれば、大きな人や大民族や大きな国もあります。それらは一つに結ばれ、平和で幸福に暮らすことが必要です。それには、お互いが寛容とハーモニーの精神とを持って尊重し合うことです。世界を全体としてみるべきです。なぜなら、すべての部分は、お互いに影響しあっているからです」

これを読み、ダライ・ラマは過酷な運命を背負いながらも、つねに明るい笑みを浮かべて、六百万人以上のチベット人に希望を与えているように思えた。一体、その力はどこからくるのだろうか。

ダライ・ラマの発言を聴いたり、書かれた本を読んだりしていると、信仰と現実主義との緊張のなかで世界への責任を果たそうとする姿を、彼に見出すことができる。力でくるものに対しては、絶え間なく自己をコントロールして、忍耐と寛容とを持ち、長期的な見方をしながら、そのなかでバランスをとっているように映るのだった。

チベットは今後どのようになって行くのだろうか。亡命者のダライ・ラマがあの独特な姿で自国を自由に歩く日が、いつか来るのだろうか。そう願うが……。

（一九九六年三月）

相手がいればこそ

日本に住む知人から、かなり深刻な手紙を受けとった。そこには、現在日本で多発しているいじめや登校拒否のことが、それもその人の子供がまさにいじめの対象となっていることが詳しく書かれていた。子供はもちろん、親も大変な状況におかれているのを知った。

この方にすぐに手紙を書き出したのだが、何をどう綴ってよいのかわからず、ただ絵葉書を出しただけに終わってしまった。胸が痛んだ。

同様のことを、先日ある集会で経験した。ドイツ人と日本人半々の計五十名ほどの人が、「ドイツと日本の学校教育、よい市民とは?」というテーマでの話し合いがあった。そのなかで、日本の学校に勤めていた元教師が自分の実践体験を語った。

それを聴き、日本の受験競争の学校教育がいかに歪んでいるかを再認識し、胸が締めつけられてしまった。話の内容がどのようなものだったかは、日本の学校教育の状況を知っている人は想像できるだろう。

そのあと、参加者同士で、ドイツと日本の学校教育の違いについて討論がされた。とくに、ドイツでは個に重点がおかれ、日本では集団が重視され、それは教育にも当てはまるといったことなどの話が出た。それを聴きながら、絶えず考え続けたのは、「教育、もっと広く言うと教養とは何か」ということだった。

このことを深く捉えることが大切で、日本とドイツの文化、社会、歴史がもともと異なるなかで、両国の学校教育を比較し、教育の方法論を考えたところで、根本の教育・教養を考えたことにならないと思ったからだった。まして、それがよい市民をつくりだしていくとは思えなかった。

教育つまり教養とは何かを思考し続けると、
「自分自身を発見する行為だ」
との答えを、私は見出すのだ。

よく汝自身を知れ、と言われる。それは毎日の生活のなかで、どのように生きていくかという問題と、深く関わっているからだろう。しかし、この汝自身を知るほど難しいことはない。自分で、自分自身を知ることはほとんど不可能に近い。でも、相手がいれば、自分を知ることは可能だ。なぜなら、自分の思い通りにいかないことで、悩み、自分のエゴを知るからだ。

ハウスマンをしながら、そのことを頭において、まわりの人と共に暮らすなかでよろこびと悲しみを味わおうとしている。よい市民とは、もしかしたら、それに気づいた人たちのことを言うのかもしれない。

もし天国に一人でいたら、たのしいだろうか。自分の思い通りになったら、だらけてしまうのではないだろうか。たとえ天国にいても。（一九九六年七月）

相手の顔を見ながら

ハウスマンの私は、外で仕事をしている人よりも社会的コンタクトが少なくなりがちだ。それを避けるために、地域のなかの様々な活動に参加するようになった。

その一つに、「哲学的対話時間」という集会がある。哲学的といっても、抽象的なことを勉強するのではなく、私たちの日常生活のなかで生じてくる出来事、たとえば、苦しみ、不安、ストレス、暴力、教育、解放、悲しみなどを、どのように受けとめ、どのように対処したら、より充実した暮らしとなっていくのかを話し合うのである。

月に数回行われ、参加者は主婦や学生や年金生活者など二十～七十代の世代の異なる人たち八、九名が集まる。

三年前から始まったこの集会は、日本人の哲学者であるOさんが催したものだった。毎回テーマを替え、二時間近く一つのテーブルを囲んで、各自の体験をもとにして、思っていることを自由に語り合うのである。

参加者は、ほとんどがドイツ人、それも地元の人が多いので方言がよく飛び交って聴きづらい場合もあるが、顔と顔を合わせての対話形式なのでわかり易い。

この集会で、あるとき、道元が著した「正法眼蔵」の一部を読もうとの声が出た。もちろん、一回の話し合いで済むはずはなく、続けて話し合うことになった。

回を重ねるごとに、これはもう私たちの限界を越えているとの声も出はじめて、尻切れトンボに終わってしまった。ただ、私自身は学生のころ、鶴見の総持寺へ泊まりがけで行ったり、時間を見つけては座禅をした体験があったので、この話し合いのなかで新たな自分を見つめ、勉強にもなった。それは、次のようなことだった。

山歩きが好きだったので、自然のなかをよく歩く。と、自分がその自然に包み込まれ、自然との一体感をあじわうことがある。そうすると、生かされていることへのよろこびに震え、「ありがたい」ということばが口から漏れるのだった。

それはまさに道元の名言である、「仏道をならうというは、自己をならうなり。自己をならうというは、自己を忘るるなり。自己を忘るるというは、宇宙と一つになることなり」を想い起こさせる。

では、日常生活のなかで、それをどのように体得したらいいのだろうか。ある時、この哲学的対話時間で話し合っている人たちと通りでバッタリ会った。立ち話をして、お互いの様子などを聞きながら、彼らを家に招いたり、呼ばれたりするお付き合いを通して、「共に」という心になって、生かされているのだとつくづく思うのである。

今日もマルクト広場で、通りで知り合いの人たちと逢えば、握手をして立ち話をする。人との交流はいいものだ。コンタクトを続けていかねばとつくづく思う。

（一九九七年十一月）

社会を見つめる

民主主義のなかで

日本から知友たちが訪れてくると、次のような会話をよくする。

「こちらの生活はどう？　暮らし易い？」

「ここに住んでいると、自分の時間というものが、所有できるような気持ちになるよ。そのようになると、毎日の生活のなかで、生きているよろこびがふと生じる場合があるね。日本にいたときは時間に追われ、気がつくと、時間が過ぎ去っていたからね。その点からすると、こちらにいるといいね。それに生活し易いよ」

「どのように？」

「ここでは、いくつもの選択肢があるね。たとえば、高齢者や障がいのある人たちが、施設か自宅かの選択をすることのできるような介護保険制度があるからね。それに、女性が職業あるいは家事、またはその両方を選択できる社会となりつつあるね。もちろん、自分のように、ハウスマンを選ぶコースもあるからね」

「一人ひとりの個の実現を目指している社会ということか」

「民主主義のよいところは、この個の選択と決定にあるのだろうな。そのなかで、よろこびを見つけることができるからね。それを支えている社会制度、その制度をつくり出している政治に市民は関心をもち、何よりも政治を監視している人が日本よりも多いだろうね」

「そうか」

「こちらに長く住んでいると、少しずつわかるのだが、市民は地域問題に強い関心を向けているね。自分もそうなってきたよ。とくに、この国には州及び地方自治体の整った法があるので、それが日常生活のなかで果たしている役割は大きいものがあるね」

「そのようなことで、市民は地域行政に強い関心を向けているわけか」

「それに影響を与えている一つに、新聞があると思うね。ドイツには小さな新聞を含めると約千三百種あるが、そのなかの地方新聞を自分は読んでいる。この新聞の読み方が日本にいたときと違ってきたよ」

「どのように?」

「ドイツに住むようになってからは、まずテュービンゲンおよび周辺地域の記事十数ページを最初に読むようになったね。身近に起きている出来事に強い関心を抱くようになったのだ。とくに、読者の声欄一頁は、なるべく目を通すようにしているよ」

「そうか。でも、日本は中央に集中しているので、地域に関する新聞記事が半分となると、読者が満足するかどうか」

「でも、民主主義を推進するには、地方分権と地方自治体の自立がどうしても必要なのではないか。そうでないと、日本では依然として、官僚・政界・財界の人的癒着と、談合構造はなくならないだろう」

「そう言われているが」

「中央の官僚制に集中している様々な権限を、地方に分権することが、どうしても必要だよ。地方分権、地方自治体の自立が徹底してくれれば、身近に起こる行政や財政に市民は関心を持ち、政治を監視するようになっていくし」

「そうかな」

「自分の場合だと、新聞を読み、何かとものを考える時間があるから、地域問題にも自然と関心が高まってきたね。これがもし時間に追われているような毎日の生活だったら、生活上の必要性があるとはいえ、地域問題から遠ざかってしまうだろうな」

「地域の問題を考え、行動するだけの生活のゆとりと、とくに、時間のゆとりだな」

「こちらでは、年間三十日間休暇を取らないと、バカだともいわれているよ」

「そうか」

「最近、地域政治に関して、驚いたことがあったよ」

「どんなこと？」

「ある女性の市会議員と知り合って、彼女から話を聞いたのだが、テュービンゲンの市会議員は六四名で女性は三分の一。それに、ほとんどの議員は何らかの職業を持っているのだよ。彼らには、議員としての給料が無いのだ」

「給料がない？」

「そうなのだ。でも、週に一回開かれる市議会と、各種専門委員会に出ると、わずかに手当を得るようだが。それでも一回の議会に、四千円もいかないようだけど」

「それは驚きだな。まさに市民による政治だな」

「市財政も助かるだろう」

「そういうのを聞くと、健全な社会のように見えるが」

「とにかく、この社会のなかで暮らしていて感謝するのは、社会保障が充実していることだね。たとえば、医療費は無料、学校教育も無料、ただ最近は大学に一年間十二万円ほど払わなければならなくなったが。もちろん、市民たちは高い税と保険料を納めているから、それが可能なのだが」

「日本では、それが心配で、懸命に働き、貯蓄をしなければならない」

「この地に暮らしていると、お金は常に動いて循環していることがわかるね。そのように思うのも、社会保障が充実しているので生活そのものに不安がともなわないからだよ。貯金などをする必要がないともいえるだろう。その社会保障の歴史は、ビスマルクの時代から百二十年以上も続き、市民たちは様々な困難を経て、それを勝ち得たのだろう」

「そうか。消費税も高いのだろうな？」

「少子化もあって、その財源の獲得として、来年から二パーセントアップして十九パーセントになるね。それに反対の声をあまり聞かないね。社会が地域が子供を育てていくとの考えがあるからだろうね。だから、二十七歳まで支払われる子供手当ても、所得制限がないのだろう。障がいのある人の場合は、一生もらえるよ。とにかく、これから男性も容易に育児休暇が取れるようになるとのことだ」

「市民が政治を信頼しているから、そのようなことができるのかな」

「今は二大政党が協力して政府をつくっている。失業率が高くなったから、そうせざるを得なくなったのだろうが。でも、いずれまた意見を戦わせるよ。民主主義の国だから」

「廃村とか格差の問題は、どうなっている？」

「廃村については、ほとんど耳にしないね。家族と一緒に暮らしているからわかるのだが、この国は家族、とくに、パートナーシップを大切にするね。市民の生活の基は、これだろうな」

「でも、三組に一組は離婚すると聞くぞ」

「そうだね。たしかに、自分のまわりにも何人か離婚した人がいるよ。でも、彼らを見ていると、徹底的に話し合って別れ、休みになると、子供を片方の親のところで過ごさせたりしているよ」

「離婚は、子供がかわいそうだよ」

「でも、子は親の姿を見ながら育つところもあるよね。その親同士が口もきかなくなって、いつも嫌な雰囲気が家中に漂っていたら、子供への心理的影響はマイナスになってしまうのではないか」

「日本でも離婚の数が増えてきていることは確かだ。女性が働いてやっていけるようになったし、経済的基盤が整えば、もっと離婚は多くなるだろうな」

「とにかくこの国では、何か問題が生じたら、とことんまで話し合えといわれている。コミュニケーションの大切さを身をもって知るよ。自分自身、とくに、毎日の暮らしのなかでパートナーシップを大切にするようになったね。村が廃村にならないのも、家族の、パートナーシップのおもしろみがあれば、どんな片田舎でもいいのではないだろうか。小さなよろこびが、大きな幸せを運んでくれるからね」

「若者が働く場がなかったり、病院がなかったりしたら、どうする?」

「最も身近である家族とパートナーシップを軸に動いているこの国では、そのためにも市民一人ひとりを守る社会保障が整っているね」

「そうなのか」

「格差の問題でも、正規社員とパートタイマーとの社会保障の違いはない。現に、妻は八十パーセントの仕事をしているが、百パーセント働いている人と変わりはない。いや、むしろ社会保障の恩恵を多く受けているくらいだ」

「それはいいな」

「ドイツにはドイツの、日本には日本の長い歴史があって、今があるよね。最近、その歴史をよく考えることがあるね」

「歴史?」

「うん、こちらは近代の歴史のなかで、何が起こったのかを徹底的に市民に知らせているね」

「ヒットラー政府のことか。あれだけの惨いことをしたのだからな」

「今のドイツがあるのは、それが基になっているように思えるね。市民は、歴史から学んでいるよ。ここで暮らしていると、それを肌で感じるね」

「そうか」

「それと、宗教が何かと社会のなかで影響を与えているように見えるね」

「どのように?」

「学校では宗教の授業もあるし、祭日の多くはキリスト教に関するものだし。それを背景にしたものかどうかわからないが、こちらの人は思っていることは、正直に口に出して言うね」

「日本では、宗教や哲学の存在感が薄くなってきていることは確かだが」

「日本での仏教も神道も、こちらのキリスト教も、本《もと》となるところは同じだと思うのだ」

「もと?」

「その本が何かをことばで十分に言い表せないが、まごころというか、より純粋な正直な心とでもいえるのではないか。それを意識して毎日暮らしていけば、生活に潤いができるよ。それは、日本でも同じだろうが」

「そうだな」

「あと言えることは、こちらは自分から何かをつくり出そうと仕向けられている社会だね」

「それは、どういうことだ?」

「たとえば、週日は夕方の六時半で店は閉まり、日曜・祭日はレストラン以外は開いていない。そうすると、自分から何かをつくり出さないと退屈になるね。長い年休もそうだ。またパートナーや家族や人との関係も、自分から絆をつくりあげていかないと、つまらなくなるし……」

「きみが言いたいのは、ものやお金を生活の質の基準としていない社会ということか」

「そうだね。日本は高度成長期にものやお金を求め、消費する社会をつくったからな。むかしの日本人は、一人ひとり自分から何かをつくることに意味を見つけていたと思うのだ」

「それは言えるかもしれないな」

「自分が消費者となるよりも、生産者となったほうがおもしろいよ」

「そうだな。自分から何かをつくり出そうとする社会か」

（一九九四年一月、二〇〇九年訂）

いつの日か

エイズに感染した人たち二十二人が描いた、絵の展示会が開かれているとの記事が新聞に載った。それを読み、隣の町ロッテンブルクの市庁舎へ向かった。

相当混雑しているだろうと想像しながら、支庁舎内の小ホールに入ったのだが、係りの人も見学者もだれ一人としていない。会場は静まり返っているだけであった。

一枚一枚ゆっくりと見て廻っていると、どの絵も孤独、不安、絶望、隔離、差別などが表現されていて、胸に迫ってくるものばかりである。それら三十七点は三か月前から場所を移動して展示され、買うこともできるようになっていて、半分近くの絵はすでに売却済みの印がついていた。

自然風景を描写した一枚の絵に、私の足がピタッと止まった。そして、それをじっと眺め続けた。

次の日、その絵を再び観たくなったので、また展示場に行った。と、昨日と同様にだれもいない。私の足はまた昨日と同様に、ある一枚の絵の前で止まった。しばらく考えた末、まだ買い手のついてないその絵に印をつけた。一か月したら、家に届くだろう。

翌日もまた展示場へ出かけた。と、ネクタイ姿の身なりの整った人がソファーに一人で腰かけていた。もしかして、この催し物の関係者かと思って声をかけた。しばらく話をしているうちにわかったのは、この人はこの町の市長だったのである。彼に訊ねた。

「この展示会の係りの人に会いたいのですが、可能でしょうか」

「すこし待っていて下さい」

市長は小ホールから出ていった。そして、一分もしないうちに戻って来た。

「展示会を催した牧師に電話をしましたので、すこししたら彼が来るでしょう」

にっこりとした顔で言った。十分ほどすると、黒いズボンに白いワイシャツ姿の人が現われた。その方から絵についての説明を聴くことになった。

牧師はテュービンゲンのエイズ患者についても触れた。人口八万人のテュービンゲンには、現在エイズ患者とその感染者は十五名いて、彼らは市内の家二軒を借りて共同で暮らしていたり、病院で過ごしたりしていると語った。また市内には、エイズ関係者のカフェ店もあるとも話してくれた。

別れ際、牧師から小冊子をいただく。そこには、次のようなインタビュー記事が載っていた。

（男性のカスティンは、二年前にエイズ感染者と判明し、現在は学生の恋人レギーナと一緒に市内で暮らしている）

カスティン　毎日新鮮な空気を吸って、散歩や体力トレーニングもしているし、一般の人とまったく同じような生活をしているよ。

レギーナ　彼がエイズ感染者だと、最初から知っていたわ。もしそうでなかったら、私たちの関係は続いていなかったでしょう。もちろん、最初からかなりの不安はあったわ。彼はそれを理解していたし、そのことについて語り合ったりもしたわ。彼と初めて寝るまでには、コンドームをしたにもかかわらず、かなりの時間が必要だったわ。彼はセックスを決して強制しなかったし、わたしに感染させないようにとの配慮は、わたしよりもはるかに持っていたわ。

カスティン　友人や親しい知人や親戚の人たちには、僕がエイズ感染者であることを知らせている。今、住んでいるところの隣人たちにも、僕がエイズ感染者であることを知らせているね。そのことによって、近所の人が心構えを持って、僕に近づいてくれることを望んでいるからなのだ。最近は、隣の子供ともしばしば遊ぶし、その子を抱いても親たちは反対はしない。とにかく、ボクに最初に近づく人には、自分がエイズ感染者であると知らせている。そうすると、ほとんどの人は驚き、不安を抱くが、僕は直接、伝えるようにしている。

レギーナ　わたしの母は、彼がエイズ感染者と知ったときは愕いたわ。彼の涙から、エイズウイルスが体内に入って感染すると思っていたみたい。とにかく彼との関係を止めるように、長い間試みていたわ。母は、わたしの生命を心配していたのね。もちろん、その危険はあったわ。たとえコンドームをしていても、それが一度でも漏れたりすれば……。でも、私たちは明日、車の事故に遭って死ぬかも知れないし、それもまた生命の危険でしょ。わたしは、自分が車を安全運転するように、エイズについても十分な責任を持ちながら関わり合っているわ。

カスティン　僕たちは真実を語り合うことによって、平易に暮らしているよ。病気を隠したり、秘密にしたりしている人は、そのことによって、より困難な生活を引き込んでしまうからね。絶えず自分の前にある死との生活で、もうそれだけで十分だよ。知人が先週亡くなってしまった。彼は、自分がエイズ患者であることが人に知られて差別されることを恐れていたね。たしかに、すべての人に寛容があるわけではない。しかし、僕は人には事実を事実として、言うことにしているのだ。もし自分に子供がいて、その子がある年齢に達したら、父親の病気について知るだろう。その子は毎日の生活のなかで、何か変だと感じているものだよ。かりにその子が偶然に他の人から、父親の病気を聞き知ったら、私への信頼は消えてしまうだろう。なぜ、嘘や偽りを言わなければならないのだ。死に至るまで、秘密によって自分自身を苦しめたくはないのだ。

二人のインタビュー文はさらに続き、そのなかでカスティンは語っていた。

「唇を切ったので医者のところに行くと、『ここでは、その唇の傷の治療はしない』と言われ、追い返された。エイズが死に至る隔離的な病気ではなく、一般的な治療ができる病気になる日が、一日も早く来てほしいと切に願うのだ」と。

この絵画展から三週間が過ぎたある日、絵を描いた人の妹さんから手紙が家に届いた。そこには、

「姉は逝ってしまいました。姉の描いた絵を自分の部屋にかけておきたいのです。よろしいでしょうか」

と、綴られていた。

「もちろん、そうしてください」

と、返事を書いた。それから二週間して、その絵を撮った一枚の写真が私の手元に届いた。

（一九九五年七月）

夜の老人ホーム

以前から、高齢者たちが住んでいるホームで夜を過ごしたいと願っていた。それというのも、日中の暮しについては、いくつかの老人ホームを訪れていたので知っていたが、夜間にお年寄りたちがどのように過ごしているかを知らなかったからである。

先日、その機会に恵まれ、一晩をホームで過ごすことができた。それらのことを、「テュービンゲン便り」に書こうかどうか迷った。それを記すことによっ

て、お世話になった夜勤者に、失礼になりはしないかと思ったからだった。考えた末、その夜勤者に電話をかけた。

「わたしが体験したこと、そして、いくらか不審に思ったことなどを書いてもいいですか」

「関係者以外の目で見たホームについて知るのも面白いわね。どうぞ自由に書いていいですよ」

そう答えてくれたので、その体験をここに書いてみることにする。

テュービンゲンから車で三十分走り、或る老人ホームに行き、建物の一室に入った。と、知り合いの夜勤者がベッドの上で横たわっていたお年寄りの上半身を起こしているところだった。彼女は私のほうに顔を向け、「今から、体を洗うところよ」と言ってから、タオルで一人のお年寄りの身体を拭きはじめた。部屋には、もう一人のお年寄りがベッドの上でテレビを観ていた。その人に、私は声をかけた。

「何をみているのですか」

「なにをみているのかわからない」

その人は、うつろな目でテレビの画面を追っていた。

「サッカーの試合をしていますね。その放映ですよ」

「サッカーって、なんなの？」

部屋内を見渡すと、大きなテレビと簡素な椅子があるだけである。他の老人ホームのように、家具らしきものがない。脳の働きが衰えている人だからこそ、今まで親しんできた自分の家具などを必要とするのに、それを置く場所がないのである。室内があまりに狭いのだ。住居を大切にするドイツ人らしくない広さだ。

約二十年前に建てられた七階建てのこのホーム、当時は皆一人部屋で、介護を必要としないお年寄りたちが住んでいたが、今は介護を要する人たちが半数以上である。以前の一人部屋が、今は二人部屋となっていた。三人部屋もあったが、室内はベッドだけで家具を置くところはない。廊下も狭く、機能的ではない。それに、最近のドイツの老人ホームのように、木とガラスを多く使った明るい雰囲気の空間ではない。

驚いたことに、夕方の七時以降は、老人介護士の資格を持つ彼女と、まだ資格のない人との二人だけで、八十四名のお年寄りを朝の六時半まで看るのである。

七時半には、皆パジャマに着替えて、ベッドに就かねばならない。薬は八時ごろ配られ、それも睡眠薬及び精神を鎮める薬などが多い。それ以降は、廊下に人の姿はない。お年寄りとはいえ、七時半からベッドに就き、朝の六時半まで眠っていられるのだろうか。薬の副作用はどうなのだろうか。薬に頼って、受け身的になりはしないだろうか。

介護を要するお年寄りたちは、ほとんどがオムツをしている。夜勤専門の彼女は午後十時、午前一時、そして五時にオムツの交換をする。その場面を見ていたが、彼女のてきぱきと動く姿を目にして、これはパワーを必要とする仕事だと思った。腰痛のない彼女が不思議なほどだ。

まめにオムツ交換をしているせいか、床ずれをしている人はいない。しかし、交換のたびに明かりがつく下で、同室の人は眠っていられるのだろうか。

彼女は夕方七時から朝の六時半まで働き、明日の昼間に配る薬の準備もその勤務時間内にする。日勤介護職員の人手不足のためである。夜三回のオムツ交換以外にも、時々見回って、お年寄りに変化がないかを肌に触って確認する。一週間夜勤をして、次の一週間は休みとなる。日勤の介護職員が夜勤をすることはない。

三十分の休憩時間に紅茶を飲みながら、二人の話を聴いていた。その内容は、三か月前に脳発作を起こし意識のない人のことや、七十歳なのに脈が弱く顔色も悪いのでここ二、三日は気をつけねばならないとのことなど。

しばらくすると、ある部屋の呼出し灯がついた。彼女がすぐに出かけた。そして、戻って来て、

「呼び出した人が自分のサンダルはどこにあるのか、夜中にアスピリンを飲んだかどうかを忘れたのでベルを押した」

と、語った。

オムツに常時手を入れる人もいて、その人のパジャマを見ると、オムツに手が入らないようにボタンがしっかりとついてある。それでも、それを引きちぎって手を入れてしまうようだ。

二人の夜勤者がオムツ交換をしている間、廊下の椅子にポツンと座っている一人のお年寄りを目にしたので、近寄った。と、九十歳くらいのその人が、「つかれた、つかれた」と何度もしわがれ声を出し、「わたしの部屋はどこなの。どこへいけばよいのかわからない」とため息をつきながら言った。

私は彼女の話すことに耳を傾け続けた。子どもは三人ともアメリカに行ってしまい、夫は戦争中に亡くなり、自分は裁縫士の仕事をしながら生活してきたと語った。

彼女はさかんに、「つかれた。つかれた」と、声を出した。十分ほど話を聴いてから、その人の手を引いて、ベッドが置いてある彼女の部屋に行った。

三回目のオムツ交換が終わると、外は明るくなっていた。彼女は一階に降り、玄関の鍵を開け、新聞を取って引継ぎの時間となった。そこで、彼女にお礼をのべ、六時過ぎにこの高齢者ホームを出た。

テュービンゲンへ向けて車を走らせていると、先ほど目にしてきたことが浮かんでくる。

だれも好んであのホームに入る人はいないだろう。様々な事情で入居せざるを得ないのだろうが、自分があのホームにいたら、早くボケていくだろうな。やはり大きなホームでは、人とのコミュニケーションはそうできず、よくない。今まで自分の住んだ地域のなかでの家庭的な小規模のグループホーム的なものがいいだろう。

あのお年寄りたちの昼間の生活様式がどのようなものかを知らないが、私はそう思った。

（一九九六年九月）

このような有料老人ホームなら

日本から、問い合わせの電話が入った。

「近い将来、有料老人ホームを建てようと計画しているので、ドイツのそれがどのような経営をしているのかを知りたいのです。そこで、どこか、それなりのホームを案内していただけないでしょうか」

そのような務めが私にできるかどうか自信がなかっ

たので、すぐに返事をすることができないでいた。が、話をしているうちに、自分の勉強にもなるだろうと思い、引き受けることにした。

これから訪問するホームは、テュービンゲンから車で三十分走ったところにあるアウグスティヌーム老人ホームである。五万五千平方メートルの敷地に、約三十八年前に造られ十二階と十五階建ての三つの大きな建物が並び、そこに六十二歳から百三歳までの高齢者七百十名が住んでいる。皆、中流以上の所得があった人たちで、職員は三百五十名いて、そのうち約百名が介護士たちである。

私たち二人は四十代くらいのバイタリティー溢れる女性職員に連れられて、敷地内を見学することになった。

大きな建物内には、スーパー、銀行、理容室、図書館、工作室、教会、室内プール、体育館、三百席の小劇場などが設けられてある。それに二名の医師が常勤している診療室もある。一般の老人ホームよりも、高級な香りがするところだ。

各室には、シャワー、トイレ、台所、それにバルコニーが付いていて、一人、二人部屋の広さは二十七〜八十五平方メートルである。どの部屋も、窓からの眺めがとてもよく、ホーム前のバス停から三十分ほどで、大きな街シュツットガルトの中心地へ行ける。

案内の女性がいろいろな説明をしてくれるが、私たちはこのホームの経営に関心があったので、話はその方向へ進んでいった。

このホームの建築費、土地代、毎月の経費などは、国及び市からの補助金を全く受けていない民間の活動なので、実態からすると、日本でいうところの有料老人ホームにあたるだろう。そうすると、入居する際に払う入居金は相当な額になるのではないかと想像してしまうが、驚くことに入居金が無いのである。

ただ、入居金にかわるものとして、貸付金というものがあって、入居する際、部屋の大きさによって、百五十万円から四百五十万円払うことになる。でも、その貸付金は、本人が退去または死亡した場合には、本人もしくは遺族に全額戻ってくる仕組みとなっている。

日本のように入居金として二、三千万円支払い、そのお金が戻ってこないのとは違う。ただし、日本の場合でも、入居して十年十五年以内に死亡した際は、その額の一部は戻ってくることもあると聞くが、全額は返還されないだろう。

では、なぜドイツでは貸付金を全額戻すことが可能なのだろうか。一方、日本では、なぜ多額の入居金を収めなければならないのだろうか。

日本では、ホームの建物と土地にかかる費用は入居金で賄われる。しかし、ドイツでは銀行が、その土地及び建築物を抵当に入れ、二十年から三十年契約で貸してくれるのである。

たとえば、このホームでも土地と建築物にかなりのお金がかかっているが、八割近くは銀行で貸し付けてくれる。もちろん、日本でいう管理費、こちらでは代償金と呼ばれているものから、銀行に少しずつ返済していくことになる。そのようなことで、この有料老人ホームでは、日本のように多額な入居金を払う必要がないのである。

それでは、どうして銀行はそのような大金をよく貸し出すのかだが、これは恐らくドイツの住文化とも関係があるように思う。

このホームは耐用年数が百年も続きそうな建物になっている。私が住んでいる家も、四百年以上も前に建てられたものである。ドイツでは、一代で壊れるような建物は造らないという住文化がある。その方が長い目でみると、経済的に有利になると考えているからだろう。また銀行にとっても、耐用年数が長い建物は確実性のある貸し出しと捉えているようだ。

それと同時に、このホームは、現在ドイツ国内に二十一か所それにウィーンに一か所あって、一九五四年以来、一つの大きな組織の傘の下にあるために信用もある。まして、この事業は社会福祉的なものでもあるので、銀行は貸し出しをしたのである。

入居金について、さらに考えさせられた。日本の有料老人ホームでは、今まで暮らしていた人が退所または死亡すると、次の入居者も前の人と同じように高額の入居金を徴収され、その高額なお金はホームの収益金として経営者側に渡る。

これが意味するのはは、経営側にとっては、入居している高齢者がそのホームに長くいればいるほど、自分の懐に入るものが少なくなるということである。短い期間に死亡するほど、経営者側の懐は膨む。意識しないまでも、早い回転率を願う経営者がいないとはかぎらない。

そうなると、十分な介護を必要とする段階で、何か悪い結果をもたらすようなことにもなりかねない。経営のあり方が、介護にまでも影響を与えることになる。そうは考えたくないが、可能性がまったくないとは言い切れないだろう。

その点、このホームでは、新たに入居する人も、前の人と同様に貸付金を払うが、それは退去または死亡した場合は、全額返還される。まして、老人ホームを建てて、そこから儲けようとする経営者はいないだろうし、できないだろう。

それというのも、ドイツの老人ホームの制度は長い歴史のなかでよく築きあげられたもので、現在各種の老人ホームの八割は、社会福祉法人で営まれているが、その多くはキリスト教会組織のもとで運営され、ホーム長は雇われて働いている。日本のように経営者個人で経営できるのとは違う。

さらによいことに、ドイツのどの老人ホームも、かならず諮問委員会なるものがある。その委員会はホームの住民の代表で組織され、法律によってホーム住民の人数に応じて、メンバー数が決められている。

ここのホームでも九名の委員がいて、何かを決める際は、この委員がかならず参加して大きな決定権を持っている。とても重要な委員会で、どんな老人ホームにも法律で設けることが定められている。

ホームに入ってきた人にとって、介護が必要となった場合、どうなるのかを知ることは大切なことだ。とくに、有料老人ホームでは、それが深刻な問題となる。その点、このホームでは、入居者がどんなに高齢になっても、自立と独立を保ち、たとえ病気や介護が必要となった場合でも、最期まで今まで住んでいた自分の部屋で、介護を受けることができるようになっている。これはとても大切なことだ。

では、介護にかかる費用をどこから調達するのだろうか。もちろん、ドイツの介護保険もあるが、その他にこのホームでは、介護が必要になった場合のために、自分の意志で月々二千三百円納める特別の保険制度がある。保険ということだから、

「一人は全体のために、全体は一人のために」

という連帯的な考えにもとづき、その特別保険が導入される。たとえどんなに介護費用がかかろうと、自己負担は最高額で月三万円でいいのである。もし八年以上このホームに住んでいる人ならば、その半額だけで、自分の住み慣れた部屋で専門の介護を最期まで受けられるようになっている。長く住めばすむほど、有利になるということだ。

私たちを案内してくれた女性が、最後に、

「ここ四年間で、ほかのホームへ移った人はだれ一人いませんよ」

と、誇らしげに語った。その顔は、明るく輝いていた。

（一九九八年十月）

女性を守るシェルター

男性から暴力をうけた女性たちが保護されるシェルターが、テュービンゲン市内には二か所ある。もちろん、その場所は秘密で一般には公開されていない。また電話帳にも載っていない。暴力を振るった男性が、追いかけてくるのを避けるためである。

先日、日本から来た二人のジャーナリストが、そのシェルターの家を見学したいと望んだのだが、それは無理なので、そこを仲介している相談所を訪れることにした。

約束した時間に行くと、二人の女性ソーシャルワーカーが待っていてくれた。まず、一般的な説明を聴くことになった。

世界で初めてシェルターが作られたのは、イギリスで一九七一年のこと。それ以後、アメリカやオランダに伝わり、ドイツでは一九七八年に第一号が誕生した。

なぜ、シェルターが必要になったかというと、家庭内で身体的及び心理的に虐待された女性が、今まで住んでいた家を出て、すぐに子供と一緒に住むところが必要だったからだ。

以上のようなことを、ソーシャルワーカーが話してくれた。そして、こんどはテュービンゲンのシェルターについて語り出した。

「一九八二年に二つのシェルターが設けられました。現在五十あるベッドは、いつも満床となっているために、さらに増やす予定でいます。運営は民間団体がして、市民から年に約七十五万円の募金が一つのシェルターに贈られてきます。しかし、これは全収入の二十分の一に過ぎません。スタート時点では、公的補助金はゼロだったのですが、今は公的機関からほぼ全額を得て、営まれています」

彼女は、さらに続けた。

「一九九七年に、オーストリアとイギリスでは、家庭内暴力を振るった男性は、今まで住んでいた家を出て行かねばならない法律が制定されました。それによって、暴力をう（受）けた女性は、自分の住んでいた家を出る必要はなくなったのです。その結果、ウィーンでは八か月間だけでも、その法を適用した例は一三六五件ともなったのです」

私たちは、肯きながら聴いていた。

「シェルターでは、暴力を受けた女性とその子供を保護するだけではなく、離婚の手続きや就職先などのアフターケアもします。女性が一人で、子供と共に生きていけるように働きかけているのです。しかし、それが十分にできない場合が多いです」

そう言ってから、彼女は小さなため息をついた。

「また最近目立つことは、ドイツ人女性よりも外国人女性が多くなったことです。彼女たちは滞在許可の問題があります。それにドイツ語を十分に話すことができませんし、ここの社会制度も知りません。また親戚や友人もいないので、より厳しいものがあるのです」

こんどはもう一人のソーシャルワーカーが、暴力を加える男性について語り出した。

「男たちはセラピーなどを受けても、短い期間は変化が見られるのですが、再び暴力を振るう確率が高いのです。それゆえ、暴力を受けた女性は、自分で独立して、自分の尊厳を身につけることがより大切となってくるのです」

彼女は、最後のところを力説した。

「私たちとコンタクトをもつには、直接本人が電話してくるか、または病院か警察、それに牧師を通して、話がすすめられていきます」

二人のソーシャルワーカーは、さらに次のようなことも語った。

それはテュービンゲン市が二千部発行している赤い表紙の本のことだった。その本には、市内の女性に関する民間活動団体約百グループの住所、電話番号、それに活動目的が書かれてあって、キオスクでもどこでも一冊三百円で手に入れることができる。

それを聴いて、女性活動団体のネットワークの力強さを感じた。

このシェルター相談所を訪問した翌日、私たちはこんどはテュービンゲン駅から百メートル離れた女性専門の喫茶店に行った。ここも、シェルターと同様に一九八二年に設けられ、同性の悩みを語り合い、女性に関する情報交換や集会の場としても利用されているところである。

女性だけしか入ることはできないのだが、今回は私ともう一人の男性は例外として許され、建物内に入った。

いくつもの部屋には、女性文学の本、ビリヤード、卓球台、ビデオ付きのテレビなどが置いてあって、週日の夜八時から深夜の0時まで女性たちに開放されている。ここも民間で活動しているが、建物の家賃と光熱費は市側が払っている。

シェルター事務所と女性専門の喫茶店を訪れて、それらの活動が、ドイツでは社会的事象として扱われ、公的なお金で運営されているのにハッとさせられた。

（一九九九年四月）

ロマの子供たち

私がスーパーマーケットから出ようとすると、すれ違いに黒髪の茶色の肌をした十四歳くらいの少年二人が入って来た。と、どこからか、「チゴイナー」の声が飛んだ。その方に目線を向けると、明るい髪をした同年齢ぐらいの少年三人と少女一人が立っていた。

チゴイナーと呼ばれた二人が、ツカツカとその四人の前に歩み寄った。そして、一人の少年の胸元を摑んで何かを言い放った。

六、七メートル離れたところにいたので、そのことばを聞き取ることはできなかった。が、怒っていることは、その素振りで察することができた。これはと思い、殴り合いの喧嘩になるかと一瞬、息を飲んだ。

現在ドイツには、チゴイナーと呼ばれるシンチ・ロマ民族の人たち約十万人が住んでいる。彼らはチゴイナー（ジプシー）と呼ばれることを極端に嫌がる。なぜなら、その語はドイツ語で詐欺師、盗っ人を意味しているからだ。

彼らロマ民族（ロマはサンスクリット語で人間の意味）の悲しい歴史を知れば知るほど、胸が詰まってくる。インド北西地域に住んでいた彼らは、九〜十世紀のころ、イスラム教の征服者によって、ルーマニアや旧ユーゴスラビア、それにトルコなどのバルカン地域へ大量に連れて行かれ、奴隷として売られるようになった。彼らは、贈与品として扱われ、国王や教会や地主などに分配されていったのである。

奴隷の身となった彼らは、職業も住居も自由に選ぶことはできなかった。また結婚も主人の許可が必要だった。くわえて、些細な理由でムチに打たれ、殺害されたりもした。そのようなことが一八六四年まで続いていたのである。

彼らが奴隷制度から解放される唯一の道は、逃亡だった。森のなかに隠れ、最低の暮らしをしながらの流浪生活だ。その彼らにとって、真に意味のある逃亡は、奴隷制度がなくなっていたドイツやフランス、スペインなどの西ヨーロッパへ行くことだった。だが、そこでも彼らは抑圧と迫害に遭っていた。

その例として、ドイツでは、一四一六年ロマに関する特別法が制定され、また一五〇〇年には、マクシミリアン皇帝の命令で、ドイツに住んでいるロマの人たちは、国外退去となってしまったのである。

法の前でも、彼らはドイツ市民と対等ではなく、差別された法を適用されていたのだった。さらに一八九九年には、彼らを把握、監視するための特別警察部門が設けられ、それが撤廃されたのは一九八二年のことだった。

ナチの時代も、彼らは酷い迫害に遭った。ロマの親たちは子を教育する能力がないものとされ、子供は施設に預けられ、家族はバラバラになってしまった。また子孫を残さないように、数千人が不妊手術を強制され、多くの人たちが家畜小屋に押し込まれ、アウシュビッツなどで殺害された数は五〇万にも及んだ。

戦後もその歴史は続き、彼らと一緒に暮らすのを嫌うドイツ人は多い。理由は、社会の片隅で暮らす彼らには、いつも犯罪がついてまわるからというものだった。とにかく、ロマ民族はヨーロッパでは少数者として見られ、一つの国から他の国へと追放されていた。

しかし、一九八一年ヨーロッパ会議のなかで、国も故郷もないロマ千二百万人が今住んでいる国々（主に東欧に多いが、スペインでも五十万人）で、保障されながら暮らしていけるようにとの声明を出した。

その翌年、ドイツ政府はナチ時代にロマ人を大量殺戮したと公式に言明し、一九九七年からは、彼らを少数民族として正式に認めるようになった。が、それでも多くのドイツ人は、今でも彼らと同じ屋根の下に住みたくないと語る。

これは今までの偏見と先入観が、そのような数字をもたらしたともいえるだろう。その偏見を無くそうと、最近は市民大学などでロマの歴史を広く知らせる活動が始まった。また子供たちには、学校以外でも、お互いが出会える場を設けることが推進されるようになった。が、それでも、先のような光景が生じるのだった。

さいわい、「チゴイナー」と発した四人の少年少女たちは、すぐに謝ったから暴力沙汰に至らないで済んだが。もしその四人がロマの子供たちがドイツ人に請願した、次の内容を知っていたら、「チゴイナー」などとは呼ばなかっただろう。

・ぼくたちもほかの子供のように、読み書きができる権利を持ちたい。
・すきま風が入らない、寒さもない、雨漏りもしない家に住みたい。
・ぬかるみやゴミ捨て場ではない、自由に遊べる場が欲しい。
・人がぼくたちを見て、「あれがロマだ！」とうしろ指をさされたくない。
・ほかの子供たちと、友達になりたい。
・警察官や政治家などによって、今の地から他のところへ追い立てられたくない。
・ドイツ人の子どものように、一度でいいから、「消防士になるのだ」「女医や警察官や看護師やエンジニアになるのだ」と言いたい。
・ドイツで生まれているので、ここを故郷としたい。

（一九九一年プロテスタント教会の大会から）

このロマの人たちの問題は他人事ではなく、差別とは、区別とは何かを考えさせられる。

十五年以上もこの地に住んでいる私だが、ドイツ人とは違う自分を見出すことが多い。それを誇りにしているところもある。その私を、だれかが、もし軽蔑を含んだ差別した目で「へい、日本人！」と呼んだら、悲しくなる。

私たちは社会のなかで暮らしているので、区別はどうしても残るだろう。でも、相手の身になって考える必要性はある。そのためにも、相手の歴史を知ることの大切さを痛感した。

（二〇〇四年四月）

このようなグループホームなら

ミヒャエルが住んでいるグループホームは、知的障がいのある人たちを自立させようとする目的で作られた、ドイツ国内に最近増えつつある住まいの一つだ。

以前、日本で障がいのある人たちが住む施設で働いていた経験から、このホームのあり方を褒めるし、障がいの子を持つ親の立場からも称賛することができる。とくに、重い知的障がいのあるミヒャエルが、このようなところで暮らしていけるとは想像さえもしなかった。

このグループホームは市内の人通りの多いところにあり、ミヒャエルの他に八名（二十～五十六歳）の知的障がいの人たちが住んでいる。彼らは三階建ての新築アパート（四十世帯）の一角に、三人ずつ三グループに別れて暮らし、皆自分の部屋（十五平方メートル）を持ち、広い居間とキッチンとバスルーム、それにどのグループにも二つのトイレが設けられている。

男性六名、女性三名が一、二、三階に住み、彼らを世話している人たちは、市内にある知的障がい者センター（レーベンスヒルフェ）で働いている介護職員二人と、テューービンゲン大学の学生たちと地域の若者たちである。

ミヒャエルたちは、月曜から金曜まで近くの作業所やパン屋などに通い、夜はホームの自分の部屋で寝て、土曜と日曜は市内に住む親や兄弟の家で過ごすことになっている。

彼らは、作業所などから四時半にホームに戻って来て、自分で選んだスポーツや趣味のクラブ活動に参加する。夜の九時までは、世話をする人たちはいるが、それ以後はいない。が、同アパートの三室に住んでいる学生たちが時間を決めて、夜の見回りをしているので心配はない。

介護職員たちもそうだが、アルバイトの学生たちも、障がいのある人たちの家に時々訪れては、食事を共にする。私の家にも彼らは何回も来て、日本食をよろこんで食べていく。

このホームの通りに住む人たちには、年二回のお祭りがあって、そのときは通りにノミの市が立ち、多くの子供や大人たちで賑わう。ミヒャエルたちも通りに出て、手作りのケーキやパンなどを出して売ったりする。そのほか、ホームでは近所の人たちを招き、パーティーなども催したりする。とにかく、地域に溶け込んだグループホームと言えるだろう。

彼らが病気になれば、ホームの自分の部屋で療養してもいいし、親と本人が望むなら、親の家で治るまで過ごしていいことになっている。ミヒャエルの場合は、風邪など引くと家に戻ってくる。ほかの人たちもそのようだ。また夏と冬などの長期休暇は、家に戻ってきてもいいし、ホームで過ごしてもいい。そのへんのところは自由である。

このグループホーム、親と世話をする人とが密にコンタクトをとっていて、そのような中で彼らは少しずつ自立の道を歩んでいる。

ミヒャエルがホームに移り住むようになって一年が過ぎ、家に帰ってきた際に浮かべる彼の笑顔、またホームに行くときに示す笑顔、その二つの笑顔を目にすると、私の顔も自然とほころんでくるのだった。

今まで一、二語続きで意志を伝えていたミヒャエルが、ここのところ三語続きになる場合もある。まわりから、何かと学んでいるのを感じるのだった。

このグループホームがしっかり運営されていくには、財源の確保が十分にされてないと難しいだろう。そのことに関して、先日、次のような話し合いがあった。

「ヨコイさん、『ヤァー（イエス）』と返事をするときは気をつけてください」

このホームの責任者であるフェーシングさんが、私の顔を見ながら言った。

私と妻とミヒャエルの三人はフェーシングさんに連れられて、テュービンゲン市郊外に立っている州政府の大きな建物内に入った。ドアをノックすると、二人の女性担当官が待っていた。

私たちが椅子に腰かけると、五十歳くらいの優しそうな目をした女性が、

「グループホームが運営されて、一年が経ちますね。フェーシングさんの報告では、ミヒャエルさんもホームでの暮らしに大分慣れてきたようですね」

と言ってから、ミヒャエルのほうに顔を向けながら、

「そうなのでしょう?」

と、訊いた。ミヒャエルは、質問の意味がわからなかったようで黙っていた。と、もう一度、担当官が

ゆっくりと、「ホームでの暮らし、たのしいですか」と、訊いた。彼は即座に、「ヤァー」と返事をした。それを聞いてから、彼女が向きを変えてフェーシングさんに言った。

「フェーシングさんが希望した二百ユーロですけれど、今後一年半は難しいです。今の月々二千八百ユーロに、二百ユーロの加算は一年半経ったときに、再び話し合いで決めてはどうですか」

フェーシングさんは、それに応じて言った。

「ミヒェエルさんの世話は、私たちが想像していたよりも、より労力と時間を必要とするのです」

「ええ、こちらに提出された報告で、それは判断できます」

女性担当官は、机の上に置かれた書類をパラパラとめくった。彼女に、私が言った。

「息子のミヒャエルがグループホームで暮らすようになってから、少しずつ彼が自立しているのを感じます。それにこのようなホームが家の近くにあると、安心していられます」

妻がつけ加えた。

「私たち親は、歩いてひんぱんに子のところへ行けるし、このホームの充実をさらに願うのです」

「そうですか」

この州の社会福祉担当官はそう肯いてから、

「それでは、何らかの新たな目的をつけて、加算できるように検討してみます」

と、応えた。そして、一時間の話し合いが終わった。

行政側の人とホームの介護職員と親、それに本人とによる、このような話し合いはミヒャエルの場合に限ったことではなく、ほかの八名一人ひとりについても行われ、そこで必要な額がそれぞれ決まっていくのである。すべて一律に額が決まるわけではない。またそれらの金額は本人の銀行口座に振り込まれ、預金通帳は親が管理する。

このグループホームは収容施設ではなく、広い意味での通所ホームとも言えるだろう。それも地域に根付いたグループホームだ。

そのような中で、知的障がいのある九名が自立を

目指して暮らしているのである。（二〇〇八年一月）

人とのつながり

この人に魅せられて

夕食を摂っていると、妻が兄嫁のことを話し出した。

「一週間したら、クリスタの六十歳の誕生日ね。何を贈ろうかしら?」

「例年のように、本にしたらどうだろう」

「そうね。でも、二週間したら、手術でしょ。読む気力があるかしら?」

彼女は思案顔で、隣にいたミヒャエルにも訊いた。

「ハナ、ハナ」

「そうね。あなたの好きなおばさんに花もいいけど、難しいわね」

そう言った妻に、私は言った。

「三日前の電話では、腎臓機能が五%近くになってしまったと話してくれたね。気分もすぐれないようだし、果たして自分の誕生日会をすることができるのだろうか」

「彼女は、あなたも知ってのとおりエネルギッシュな人だし、ごく身近な人たちを招いて、誕生日を祝いたいのでしょ」

「そうとは思うけど……」

私もプレゼントを何にしようかと考え続けた。が、よい案がなかなか浮かんでこなかった。しばらくすると、妻が言った。

「クリスタに直接連絡して、彼女の希望を訊こうかしら。それが一番いいわ。夕食の後片付けをしてから、あなたから電話をしてくれる？」

「ああ、いいよ」

片付けが終わり、クリスタに電話をかけると、いつものバイタリティーのある声が聞こえてくる。一か月半前に会ったときは、顔と手がむくんで、病に罹っていると一目でわかったが、声だけを聞いていると、健康な人のように思えてしまう。その彼女に希望を訊いた。

「プレゼントはいらないわ。でも、ぜひというなら、飢餓で苦しんでいる子供たちに寄付して」

思いも寄らないことばだったので、すぐに返事ができずにいた。が、すこしして、「そうするよ」と言って受話器を置いた。そのことを妻に伝えると、「クリスタらしいわね」と肯いた。

ソファーに腰を下ろしてから、クリスタのことを想った。

ウィーン生まれの彼女と初めて会ったのは、私が妻とテュービンゲン市庁舎で結婚式を挙げる三日前だった。背丈が高く、気品の溢れた顔立ちをして、ブロンドの髪に薄ブルーの瞳で握手されたときは、目の置きどころに戸惑ったものだった。その日、彼女の三人の子供たちと森のなかを歩いていたら、クリスタが何かに躓いて転んでしまった。と、右足が長いスカートの中から、飛び出してきたのである。

義姉は幼児のとき、戦車に撥ねられて、右足は付け根からないと妻に聞いてはいたが、驚いた。しかも、その義足で夏休みになると、三人の男の子を連れて、オーストリアのチロルの山に行き、一日平均五キロのワンデリングをすると聞いたときは、感嘆したものだった。

その彼女と親密に交流をはじめたのは、テュービンゲンに住み出してからだった。私たち家族は、義母と一緒に車で三十分離れた義兄宅へよく行くようになった。そして、皆とテーブルを囲んでの食事になると、クリスタはかならず私にライスをつけてくれた。専業主婦の彼女の料理はいつも美味しく、それを口にするたびに、彼女の温かい心を感じたものだった。

かなり前のことだった。クリスタと子供の育て方について話し合ったことがあった。

「男の子三人を育てるのは、大変でしょうね」

「そうね。彼らが思春期だったころは、何かと考えさせられたわね。でも、それも過ぎ、今長男は兵役義務に服し、下の二人は高校生でしょ。まだ子育ては済んでいないけれど、すこしは楽になったわ」

「彼ら三人とものびのびと育っているように見えるのだけれど、何か特別な教育方針でもあるの？」

「とくに、これといったものはないわ。でも、私たち親が願っていることは、彼らが自分は何を欲し、何をしたいかを知ることができる人になってほしいということね。そうすれば、自分の幸せを見つけ出せるのだから」

彼女は、そう言ってから、

「私たち親の考え方は、彼らに少しずつ伝わっていると思うわ。あとは彼らが、自分でどのように展開するかだわね」

と語り、私のほうに青い瞳を向けて微笑んだ。主婦としての自信に満ちた顔だった。家庭での育て方がより大切なのよ、といっているように思えた。

その青年たちは、今は建築技師、写真家、作業療法士として自立した生活をしている。時々三人に会うと、若い彼らのエネルギーをもらったようになって、ついつい話し込んでしまう。

三人とも親の教育のせいか、住まいにはテレビがない。それに今でも、「おじさん、おじさん」と親しみを込めて呼び、私の誕生日には、かならず祝いの連絡をしてくる。

その三人を育てたクリスタは、こちらの人にしては珍しく、人の話をよく聴いてくれる人でもあった。そのようなこともあって、義母と住みはじめたころ、三世代同居の暮らしに難しさを覚え、自分の胸の内を彼女に打ち開けたことがあった。この人なら、こちらの身になって共に悩みを考えてくれると思ったからだった。

クリスタは耳を傾けながら聴いてくれた。このとき、自分の悩みと苦しみをことばで表現することが、いかに難しいかを知った。しかし、だからこそ、悩みを話すことによって、自分の悩みが何であるのかをはっきりと知ることができた。またその悩みを外側から眺めることによって、苦悩の深さが軽くなった。なまじその人の意見をのべたり、安易な同情的ことばで言ってくれたりするよりも、じっくりと何も語らずに、悩みを聴いてくれる人の方が、よっぽどありがたかった。

クリスタは、何かを忠告したかったに違いない。しかし、それをしないで、ひたすら耳を傾けてくれたのである。うれしかった。心の対話ともいえるようなものだった。聴くことは受動的なことではなく、能動的なことだと知った。

それ以来、私と義母の関係が少しずつよくなっていった。おそらく、クリスタは仲の良い義母と、このことについて話し合ったに違いない。そのようなことを通して、私はクリスタに近づいていったのだ。そして、彼女に支えられていることに、よろこびを抱くようにもなった。

その彼女が目下、腎臓病に罹り、それも腎臓機能があとわずかとなってしまった。二週間後には、透析療法のための手術を受けなければならない身である。

それから一週間が過ぎて、クリスタの六十歳の誕生日となった。私たち家族は車で三十分ほどの義兄宅へ向かった。

玄関でベルを鳴らすと、笑顔を浮かべながらクリスタが出てくる。いつものように頬を合わせての挨拶した。最初にこうされたときは、戸惑いを感じたが、今では頬を合わす際に彼女の唇からチュと発する音を、戸惑いもなく聞けるようになった。その音が、今日はいやに耳に響く。

広い居間に入ると、すでに義兄と三人の息子たち、それに彼らの恋人たちとクリスタの母親と兄、それと妻のもう一人の兄の家族が椅子に座っていた。これから、彼女が焼いたケーキを皆で食べるところだった。

私の隣には、クリスタが座っている。十六名もいると、なんと賑やかなことか。訛りのある方言が飛び交い、私が理解できなくなると、クリスタはテーブルの上に置いた私の手の甲に、自分の手を重ね、「ヒデ、こういうことなのよ」と、わかり易く説明してくれる。このようなときは、妻よりも彼女のほうがよく気を配ってくれる。

ウィーン風ののリンゴパイと苺ケーキを食べながら歓談した。それも終わり、こんどは皆で、家から車で二十分のところで開かれているクリスタの絵の個展会場へ行くことになった。

彼女は三人の子を育てながら、趣味で水彩画を描いていた。子育てを終えたあとは、それが本格的になって、コンテストに応募して賞を得たり、フランスのある市から客員画家として招かれ、義兄と一緒に三か月間フランスに滞在したこともあった。そのほかにも、五年前から彼女のアトリエで、先生として大人に絵の指導をするようにもなった。

彼女は展示会を年に二回ほど催し、今回の個展も地方紙に大きく載り、会場は多くの人たちで溢れていた。

あるとき、クリスタが私に語ったことがあった。

「子供と夫がおいしく食べてくれるように、毎日料理を作り、彼らと一緒にテーブルを囲んで過ごすことが、わたしのよろこびだったたわ。その子供たちが大きくなり、家を離れて自分たちで暮らすようになったでしょ。それ以来、以前から興味があった絵の活動に、熱に浮かされたようにのめり込んでいったわ。五十を過ぎてからの新たなチャレンジね。自分なりのスタイルで描くには勉強が必要だったし、とても根気がいったわ。でも、その過程のなかで、よろこびを味わっていたわ」

彼女は青い瞳を輝かしながら、生き生きと語った。自分のよろこびを自覚している顔のように映った。いい生き方をしているなと思いながら、彼女の言うことに耳を傾け続けた。

その彼女の個展。今回は腎臓の病気が判明し、医者の許可を得て一か月半ポルトガルに滞在した折に描いた二十一点であった。古い館を借りた展示場は広々とはいえないが、所々に花がきれいに生けてある。訪問者に対する彼女の気配りだ。

私たち十六名は壁にかかった一つひとつの絵を眺めながら歩いていた。どの絵も心あたたかいものを感じさせるものだった。私の足がある一つの絵の前で止まった。そして、それをずっと眺めていた。と、クリスタが寄って来た。

「ヒデ、気に入った？」

「うん、自分が引き込まれるような絵だ。この絵には、買い手がついたのではない？」

「ええ、でもこの一点は、半年したらウィーンで小さな個展を開くので、それまでとっておくことにしたわ」

なおも眺めていると、彼女はにこやかな顔で、

「ヒデには、山の風景をまた描くわよ」

と、言った。それを聴いて、ハッとした。彼女は、料理を作る際は食べてくれる人を思い浮かべ、絵を描くときは眺めてくれる人を想像して描くのではないだろうか。だから、彼女の絵は、そして、料理は心の温もりがあるのだと思った。

一時間半が過ぎていった。こんどは皆でホテルへ向かった。いつもはクリスタが家で料理を作るのだが、今は疲れ易くなっているので、夕食はホテルで摂ることになった。

会食をしながら、私たちは隣の人と話をしたり、誕生日の祝いのことばをのべたりしていた。私も何かを話そうとしたが、ドイツ語のスピーチを考えていなかったので、好きな歌を心を込めて唄うことにした。北海道の山を歩いていたときに、よく口ずさんだ知床旅情だ。

日本語なので皆には意味がわからなかったが、静かで穏やかなメロディーであったからだろう、シーンとしたなかに響いた。唄い終わると、皆から拍手をもらった。クリスタはすぐにこちらに寄って来て、微笑みながら肩を抱いてくれた。私も抱き返した。

それから一週間が過ぎた。これから職場へ行こおとしている妻に、声をかけた。

「今日は、クリスタの手術の日だね」

「ええ、うまくいくといいわね。手術自体は難しくないと、兄は話していたわ」

そう言ってから、妻は家を出た。

翌日義兄から、手術は成功したとの知らせが入った。

それを聴いて、私たちはよろこんだ。

それから三日して、私と妻はクリスタの病室を訪れた。と、クリスタがちょうどドアを開けて、一人の女性と一緒に出て来るところだった。その人と、私はクリスタの家で二回ほど話したことがあった。

クリスタと彼女は、教会が主催しているボランティアの会で、長年に亘ってある活動をしていた。その活動とは、去り逝くお年寄りや、ガンまたは重い病気の人たちの自宅で、最期までお世話をするものだった。

活動するクリスタの姿を見て、私もテューービンゲンでそれと同じような会に参加して活動したことを想い出した。しかし、夜中も介護の手伝いをすることもあって、長く続けることができなかった。この会で実践することは、生半可な態度では決してできるものではないことを知った。

クリスタはその女性をエレベータまで送ってから、私たちのいる訪問室に入って来て、ソファーに腰かけた。

「よく、来てくれたわね」

目元が腫れ、血の気がない青白い顔で言った。その顔を見ながら、私が、

「あらかじめ来ることを伝えておけばよかったけど、突然の訪問で驚いたのではない？」

と、言った。妻も、

「ヒデジが、クリスタはどうしている？　連絡はないのと毎日訊くので、電話も入れずに来てしまったわ」

と、声を出した。

「見舞いに来てくれて、うれしいわ」

そう言って、クリスタは微笑んだ。その目はいつもの彼女の澄んだ瞳だった。それを見て、人間の瞳はどんな状態になろうとも、疲れを表さないのではないかと思った。その瞳で、クリスタが私に言った。

「夫、息子たちは毎日来てくれるし、手術後の経過はいいわ。気分もまあまあだし」

それを聞き、積極的に話しかけた。

高台に建つここからは、暮れゆく街に灯が点り出したのがよく見える。その夕景を眺めながら、クリスタが、「なかなかの景色でしょう」とつぶやくように

言った。私は彼女の艶のない横顔を見ながら、訊いた。

「この光景を描きたいのではない？」

「ええ、よくわかるわね。あと一週間で退院できるし、そうしたら、また描くわ」

絵のことに話題を向けると、彼女の瞳は輝いてくるのだった。それにつれて、彼女の頬がわずかだが、赤みを帯びてきた。

「家に戻って五週間は、外出しないようにと医者に言われたわ。でも、それが過ぎたら、再び絵を描き、授業を開始するわ。二か月後の二コースには、前コースに参加した大人の生徒三十人が申し込んでいるし。皆、とても愉快な人たちよ。いつも笑いが絶えないわ」

私と妻を交互に見ながら、彼女はゆっくりと語った。そのクリスタに、妻が言った。

「若いころ、あなたは学校の先生になりたいと希望していたわよね。それが五年前から、叶ったわけね」

「そうね。それが今、できてうれしいわ」

それを聞き、私も言った。

「その大人の生徒たちは、クリスタが早く教室に現われるのを待っているだろうね」

「ええ、今日も、数人から手紙をもらったわ」

「絵を描かない生活なんて、今のクリスタには考えられないだろうね」

「そうね。これが、わたしのよろこびかしら。子育てを終えてからの生き甲斐ともいえるわね。絵を描くことにチャレンジし、チャレンジするには目標もあり、それにともない希望も湧いてくるわ。そして、何よりも今の自分を大切にしたい、という気持ちが強くはたらくのよ」

薄黄色のガウン姿で、ソファーに背をもたれながらクリスタは語った。その横顔を見ながら、思った。三歳で片足を失い、それ以来、なにかにつけハンディを感じたことだろう。その彼女がこれから人工透析療法を続けなければならないのだ。そんな身になっても、二か月後には、再び絵の先生として、活動することによろこびを見出しているのだ。何と積極的に生きている人なのだろう。

私たちの会話は次第に熱を帯びていった。それにつれて、クリスタはいつものエネルギッシュな話し振りになった。

訪れてから、もう一時間半が過ぎている。これ以上話を続けていると、体に悪いと思い、帰ることにした。

「来てくれて、ありがとう」

クリスタはそう言ってから、頬を重ねてきた。いつもの淡いクリームの匂いでなく、薬の香りが漂う別れとなった。

テュービンゲンへの帰路、子育てしたあとも素晴らしい生き方をしている人だと思いながら、車のハンドルを握り続けた。

（二〇〇二年三月）

ベラおばさん

「ベラおばさんと長い間、会っていないわね。亡くなった母の誕生日に、彼女を招待しようかしら？」

妻が、私のほうに顔を向けながら言った。

「ベラおばさん、もう何歳になったのだろう？」

「母と同じ年生まれで、母が亡くなったのが八七歳でしょ、それから六年が過ぎたから、九三歳になるかしら」

義母の誕生日の五月二二日になった。ベラおばさんが住んでいる街へ車を走らせた。妻は昼食を用意するため家に残った。

三十分ほど走ってから門を潜ると、庭に咲いているる花の手入れをしているベラおばさんの姿があった。挨拶を交わしてから、彼女を車に乗せ、テュービンゲンへ向かった。

ベラおばさんは、義母の女学校時代からの友人だった。義母の誕生日には、かならず訪れて、自分の庭に咲く花をいつも持ってきてくれた。

助手席に座っている彼女の膝の上には、今日も彼女の庭から採った野生の黄色いチューリップと、紫色の小さな花が顔をのぞかせている。

「さあ、着きましたよ」

「ありがとう」

ベラおばさんはドアを開けて外に出ようとしたが、

なかなか座席から立ち上がれないでいた。それを見て、私が手をさし出すと、

「ひとりでできるので、いいわ」

と声を上げて、体をゆっくりと動かしながら車から降りた。そして、杖をつきながら、玄関先まで歩いて行った。背が低くなって、覚束無い足取りである。でも、三十分ほどの車中での会話では、頭の衰えをまったく感じさせないほどに生き生きと語り続けたベラおばさんだった。以前のままだ。

妻が玄関の戸を開けて、にっこりと笑顔で彼女を迎えた。ベラおばさんは妻に支えられ、木の階段を一段一段と上り、三階の私たちの住まいに入った。そして、居間のソファーに腰かけると、ベラおばさんが、

「ヒデジにはこれを持ってきたわよ」

と言いながら、手提げ袋から厚みのある古い一つの冊子を取り出した。表紙には、「いろは引紋帳」と書かれ、裏には明治十四年一月六日御届と記されてある。

「わたしの父が骨董屋で見つけたものよ。もしヒデジが関心をもたないなら、ほかのだれかに渡してもいいわよ」

「ありがとうございます」

私は、いろいろな模様がぎっしりと描かれている冊子をパラパラとめくった。和紙の感触がとてもいい。

昼食の時間となった。テーブルには、ベラおばさんの庭で咲いていたチューリップの花が置いてある。食べ出すと、妻がベラおばさんに言った。

「肉をやわらかく煮すぎてしまいました。もうすこし固めにしたかったのですが」

「やわらかくて、食べ易いですよ」

ベラおばさんはそう声を出し（答え）てから、

「何ごとも、利点を探すことですよ。それが一番ですよ」

と、言った。長生きしている人のことばだと思った。九十三歳のベラおばさんは、食べながらもユーモアをよく言う。それに彼女の声には艶があって、声だけを聞いていると、若い女性のようにも思えてしまう。椅子の上にクッションを三つ重ね、その上に座っているベラおばさん。ふと義母のことが浮かんでくるの

だった。

　昼食を終え、私たちはソファーで寛いでから、義母の墓へ向かった。

　墓の前に立つと、ベラおばさんが、

「まあ、リンドウの花がきれい。エルフリーデが好きな花だったわね」

と、声を上げて見つめた。

　ベラおばさんと妻はいくつかの枯れた花や草を抜き取り、ベラおばさんが持ってきた紫色の小さな花を植えた。腰を屈めているベラおばさんの姿は、義母の晩年（の頃）とよく似ている。そして花に水をかけて、私たちはお祈りをしてから墓を出た。

　車が駐車してあるところへ向かう途中、ベラおばさんが一年前に大腿骨折をしたことを語り出した。

　庭の手入れの最中に、土の塊に足をとられて転んでしまい、起き上がることができずに這うようにして家に戻り、電話をして救急車を呼び、病院に七週間入院していたと語った。そして、退院した翌日から庭に出ていたとも付け加えた。

　それを聴き、気丈なベラおばさんだからこそ、今も一人住まいが可能なのだろうと思った。

　家に戻ると、もう四時を回っていた。ミヒャエルがそろそろ作業所から戻って来る時間である。マイクロバスで帰宅した彼は、ベラおばさんと握手を交わし、テーブルに置かれたケーキに目を向けながら椅子に腰かけた。

　ミヒャエルの前には、ベラおばさんが座っている。そのベラおばさんを見ながら、

「おばあさん、おばあさん」

と、彼は声を上げた。義母がよく着ていた紺色の服と姿形が義母とよく似ていたので、そう呼んだのだろう。

「ミヒャエル、あなたのことは、エルフリーデからよく聞いていましたよ」

　ベラおばさんがにっこりした顔をミヒャエルに向けて言った。彼はさかんに、「おばあさん、おばあさん」と繰り返した。

　私は義母がよく見ていた写真集を持ち出して、義母

の結婚式が当時どのように行われたのかをベラおばさんに訊ねた。

彼女は妻が作ったリンゴパイを食べながら、語り出した。時々ユーモアも言うので、私たちは笑いながら聴いていた。ベラおばさんはもっと話をしたい様子だったが、家に帰らなければならない時刻である。私たちは腰を上げた。

ベラおばさんを助手席に乗せて走り出すと、彼女が後部座席の妻に聞こえるような大きな声を上げた。

「今日はたのしかったわ。次はわたしがあなたたちを招くわ」

それを聴いた妻が、返事をした。

「ベラおばさんは一人で暮らしているし、私たちを呼ぶのは大変でしょう。次も、私たちの家に来てください」

私も、言った。

「ぜひ、また来てください。家までの道もわかりました。車で一時間もかからないので、また迎えにきますから」

「ありがとう。そう言ってくれるとうれしいわ」

ミヒャエルが、再び「おばあさん、おばあさん」と声を出すと、子供のいない彼女はにっこりした。

ベラおばさんの家の門を潜ると、大きな庭にいくつもの花が色鮮やかに咲いているのが目に入った。家の壁には、藤の花が房ふさと垂れ下がっている。ベラおばさんは、それを杖でさしながら、私に
「香りもいいわよ」

と、声を出して、鼻でかぐ仕草をした。

色とりどりに咲く花の一つひとつの名前を、ベラおばさんは言い、その声と姿は生き生きとしていた。花を心から愛し、花から愛され、花の変化、成長をたのしんでいる顔だった。

そこには、何かをつくり出すという心の働きがあるようにも映った。自分の内面の変化が伴ってこそ、外のものがより新しく生き生きとして捉えられ、そこによろこびを見出しているに違いない。

一世紀近くを生きてきたベラおばさんは、様々なことに出合っただろう。うれしいとき、苦しく悲しいと

きも多くあっただろう。そのような中で、高齢になっても真のよろこびを見出すには、愛し愛される心を持っているかどうかではないだろうかと思った。

別れの握手をすると、毎日庭の世話をしているせいか、ベラおばさんの掌は硬い。

「また迎えに来ます」

そう言ってから、私たちはベラおばさんの家を出た。次に会うのがたのしみになった。


（二〇〇四年五月）

学ぶこころ

エンジンをかけると、座席が上下に震動して変な音がする。何回試みても同じである。民宿の玄関口から、義兄が目をこすりながら出て来た。

「一体、どうした？」

「朝早く目が覚めたので、久しぶりに日の出を見ようとして、向こうの高い丘まで車で行こうとしたのです。でも、車が動かないのです」

そう言ったあと、再びモーターを始動させるのだが、ガクガクと異常音がするだけである。それを見ていた義兄が、ボンネットを開けてなかをのぞいた。と、「これだ」との声を上げて、点火装置の配電線を指差した。ズタズタになっている。

「いたちが噛み切ったのだ。ここらは、野生のいたちが多くいるからな」

「いたちが！」

驚きの声を上げた私に、義兄が腕組みをしながら思案顔で言った。

「今日は日曜日だな。自動車修理所はどこも休みだろう。さてと……」

その義兄に、私は言った。

「ＡＤＡＣの自動車クラブ会員になっているので、緊急のときは来てもらえます。これから電話をかけてみます」

それから一時間ほど待っていると、ＡＤＡＣの黄色い車が来て、新しいコードに取り替えてくれる。

遅くなった朝食を摂るために、私たち五人はテーブルに着いた。その五名とは、義兄夫妻と私と妻そしてミヒャエルである。義兄が私たち家族三人を三日間、黒い森地方のミッテル谷村に招待してくれたのである。ここは、妻と義兄が子供だったころに過ごしたところだった。

義兄は半年前にガンに罹って、腸管を二十センチほど切除された身。また義姉のクリスタは、一年前にやっと念願の腎移植を受けた体。その二人と、時を一緒に過ごすことを、私は心待ちにしていた。とくに、七歳年上の義姉とは、会うたびに話が弾み、いつか老いへ向けての話をしたいと願っていたところだった。

朝食を摂ったあと、義父が以前牧師として勤めていた教会へ向かった。小さな会堂に入ると、数名の村人が私たちのところにやって来て、妻や義兄と懐かしそうに握手を交わし始めた。五十年経っても、お互いだれだかわかるようだ。

正面には、義母の兄が作ったステンドグラスが光を浴びて色鮮やかに輝いている。木造建築内は木の匂いが漂い、日本の家屋がふと浮かんでくる。

バッハの前奏曲からはじまり、説教の時間となった。イースターの時期なので、イエスの死とよみがえりについてであった。それを聴き、「ガリラヤへ行け」とのことばが私の耳に深く残った。イエスがガリラヤで何をしたのかを、再び読んでみようと思った。それが、よみがえりのように映ったからだった。

妻も義兄も、子供時代を過ごした地での礼拝である。二人とも感慨深そうに座っていた。賛美歌を歌う妻の声が、いつもより澄んで聞こえるのも不思議ではない。

一時間半ほどの式が終わり、私たちは村で一番大きな老舗のレストランへ向かった。

五人とも鱒と鮭料理を注文する。三十分ほどすると、お皿に盛った魚が出てくる。その味は油が強く染みこみ、美味しいとは言えなかったが、会話に支えられて、二時間近くテーブルを囲んでの昼食となっていった。

それも済み、近くの森のなかを散歩することになった。

四月の陽を浴びながら、樅の木の葉が黒く輝いている。私たちは時々聞こえてくる小鳥たちの声を耳にしながら、ゆっくりと歩いていた。私の隣にはクリスタがいる。彼女の義足の軋む音がわずかだが聞こえてくる。その彼女に訊いた。

「足の痛みは、ここのところどう?」

「腎移植をしてから、毎朝、再び家近くの林のなかを一時間以上歩いているけれど、痛みを感じなくなってきたわ」

「クリスタはすごいね。五年前に人口腎臓となって、それ以後、日に三回は自分で透析をしていたよね。そのあと、腎移植をしてからも、市民大学での絵画教室の先生をずっと続けているし。そのような力がどこから湧き出てくるのだろうと思ってしまう」

「絵の先生になって、十数年が経ったけど、教えることは、学ぶ姿勢がないとできないわ。わたしのエネルギーは、学ぶことにあるわ」

そう言ってから、彼女は立ち止まって、薄いブルー色の瞳を私に向けた。

「絵画教室の生徒のなかに、七十歳の日本女性がいるわ。その人がこんど、東京の銀行で自分の描いた絵を展示するらしいの。六年間わたしの授業に出ていた人で、絵を描くことがライフワークになったとも話したわ。それを聴いたときは、本当にうれしかったわ」

そう言ったあと、彼女はにっこりした。そして、目を輝かしながら、

「学ぶことは時間も忘れ、未来へ向かっているのよ」

と、エネルギッシュに語った。私たちはまた歩き出し、再び彼女に訊いた。

「エアハルト（義兄の名前）も学校を退職したあと、市民学校で好きな言語の勉強をしていると聞いたけど?」

「ええ、フランス語とイタリア語、それに今はヒデも知ってのとおり、日本語会話にも挑戦しているわ。たのしそうに学んでいるわ」

「二人をみていると、老いの退屈といったところを感じませんね」

「ゲルトルートの退職は近いし、ヒデも、二人での定年後の生活も間もなくね」

「今から、そのときをどのようにして過ごそうかと

考えているところです」

「わたしの経験から言えることは、自分のやりたいことを持ち、それに熱中できる自分を見出すことよ。それと大切なことは、二人で何かを共にする時間を持つことを忘れないようにすることね」

「クリスタは、来月は二人でイタリア南部へ行き、そこで三週間過ごすと言ってたよね」

「ええ、わたしもエアハルトも異国の文化と歴史にとても興味があるのよ。好奇心が強いから」

私とクリスタは肩を並べ、しばらく歩いていた。と、前で歩いていた義兄が振り向き、目の前に立つひときわ大きい樅の木を指差した。

「十歳のときだった。学校の先生から、この木は樹齢二百五十年、高さ四十五メートル、周囲四メートルと教わったことがあった」

そう言って、彼は誇らしそうに立っている木を見上げた。たしかに、大老樹だ。私たちは再び歩き出した。隣にいるクリスタにまた話しかけた。

「あの樅の木、立派でしたね」

「そうね。歴史のある木ね」

「その歴史ということを、このところよく考えるのです。自分が辿ってきた人生の軌跡ですけど。そうすると、謙虚になっていく自分を見出したりするのです。と同時に、それがわたしの未来へと導いてくれるようにも思えるのです」

「もうすこし、具体的に話をして」

「ミヒャエルがグループホームに移り住んだあと、ハウスマンをしてきたわたしの生活が、今後どのようになっていくのだろうかとしばしば考えたりもしました。そのときに思ったのです。自分はここで二十一年間ハウスマンとしてなすべきことはしてきたし、今後も、それを胸に秘めて暮らしていけば、自然と自分なりの道が見えてくるだろうと。そして、クリスタが先ほど言った、学ぶこころを忘れないようにしながら、さらにテュービンゲン便りなどを書いていこうと」

「そうなの」

彼女はそう言ってから、青い瞳を私に向けてにっこりした。

私たちは前を歩いている義兄と妻、それにミヒャエルのところに近づいた。こんどは五人での会話となった。

（二〇〇七年五月）

まごころ

妻には七歳年上の姉がいた。その姉（アンネ）は、私たちが結婚する一年前に三十七歳の生涯を閉じてしまった。

彼女を写真で初めて見たとき、こんなに痩せている女性がドイツにもいるのかと思ったほどだった。そのアンネは十歳まで普通通どおり成長していたが、急に発育が止まり、それ以来、肢体が不自由の身となってしまったのである。

「当時、父は黒い森地方で牧師をしていたが、給料は低く、母は教会の手伝いで忙しく、子供たちに栄養のある食物を十分に与えることができなかった」と妻が語ったことがあった。現代の医学だったら、姉の病は治っていたかもしれないともつけ加えた。

アンネは、体の発達には支障があったが、頭の働きは正常だった。本を読むことが好きだった彼女は、学校を卒業してから出版社で働くようになった。しかし、体の痛みと車椅子に乗っていたことで、長く（仕事を）続けることができなかったようだ。

妻が話すには、姉はユーモアに長じていて、スピネット（チェンバロのような楽器）を弾き、きょうだいの仲はとても良かったと。義母は時間のあるかぎり、アンネをよく看ていたようだ。

そのアンネの友人に、ヘルガという女性がいて、しばしばアンネのところに来て、家族同様のつき合いをしていた。アンネが亡くなったあとも、そのつき合いは変わらなかった。独身のヘルガは今も妻たちのきょうだいの誕生日にはかならず招かれ、私たちの家に今でも一か月に一回は来て、食事を共にする。

先日も彼女が訪れてきた。挨拶の握手を交わしてから、夕食作りのためにキッチンに立った。ヘルガと妻の笑い声が、居間から聞こえてくる。しばらくすると、ヘルガがキッチンに入って来た。

「いい匂いがしてきたわ。ヒデジの作ったものは、何でもおいしいわ」

そう言いながら、彼女は私の手の動きを見ていた。醤油と酒に浸けた豚肉を、フライパンで炒めたピーマン、にんじん、椎茸、たまねぎ、竹の子などに加えると、ヘルガは何の料理かわかっているようで、

「このお肉の味がいいのよ」

と、声を上げた。そして、最近過ごした日々のことを話し出した。同様に私も家族と一緒に過ごしたことを語った。酢の香りが漂うなかでの歓談である。

キッチンでの会話は、より一段とたのしいものがある。とくに、ヘルガは何でも思っていることを素直に口に出し、相手を思いやる人でもあった。そのようなこともあってか、体型が妻と似ている彼女は、自分の靴や衣類をよく妻に渡していた。またミヒャエルの誕生日には、かならずケーキを作って持ってくるのだった。

夕餉となった。私と妻とヘルガは目の前に置かれた酢豚を食べながら、途切れることがない会話をたのしんでいた。

その夕食も終わり、またいつものようにゲームを始めた。マージャンに似たゲームが好きな三人は、時を忘れて遊びに興じた。気がつくと十時過ぎである。バスに乗り遅れないように、ヘルガは帰り支度をして、妻と一緒にバス停へ向かった。

私は居間で一人、ソファーに腰かけていた。と、二日前に日本から届いた手紙に書かれていたことばが、ふと浮かんできた。

そこには、「本立而道生」（論語学而第一より）と書かれてあった。この本《もと》という語に、私は「まごころ」ということを見出したのだった。

それは、あらゆる人が日常生活のなかで具現していこうとするものだろう。先ほどまで話をしていたヘルガから「まごころ」を感じたし、それが私たち家族と溶け合う交流の基ともいえるのだ。

「本《もと》立ちて道生ず」

胸に深く沁みる言葉だ。なお、この本は私の勝手な解釈。

（二〇一〇年三月）

カーリンとチャック

アメリカから、一通の封書が届いた。早速、妻が封を切ると、英語で書かれた四枚の便箋と地元の新聞紙が入っていた。差出人は四か月前に亡くなった、妻のいとこであるカーリンの夫チャックからだった。

彼女に続いて、私も読んだ。そして、「これこそ、永遠だ」と声を上げげた。

カーリンは二十三歳でアメリカ人と結婚して、二人の子を育て、サンフランシスコに住んでいた。二年に一度、夫と一緒に彼女のふるさとドイツを訪れる際に、妻はかならず会っていた。私も二度ほど会ったことがある。三年前には、カーリンが生まれ育った黒い森地方を一緒に歩いたこともあった。そのとき、彼女の父（義母の兄）が眠っている墓に皆で行ったのだ。

カーリンの父は、名の知れたステンドグラス作りの芸術家。多くの教会で彼の作品を見ることができる。今までに妻と一緒に、その伯父の作ったステンドグラスを観賞するために、五十か所以上の教会を訪れているだろう。それでも、全部見終わったわけではない。ベルリンの教会堂内でも、目にすることができるのだから。

妻が伯父の作ったステンドグラスを観に行くときは、うれしそうな顔で、「今日はおじさんに会えるわ」と口に出しながら出かけるのだった。彼女は、この伯父とその娘であるカーリンとの関係をとても大切にしていた。伯父はとうに亡くなっていたが、妻はカーリンとは年に数回は電話をかけあったり、手紙でお互いの近況を伝え合ったりしていた。彼女の誕生日に、招かれたこともあった。

そのカーリンが逝って以来、妻は時々カーリンの顔写真を見ていた。そのようなときに届いたチャックからの手紙だった。

そこには心からカーリンを思い、今も彼女への愛が綴られてあった。そして、カーリンの顔写真入りの新聞記事には、彼女がアメリカに五十年住み、養護学校の先生を二十五年間勤め、地域のなかで社会的貢献をしたとも記されてあった。彼女の生きた証を知る内容だった。

その二つを読み終え、妻に言った。

「これこそ、永遠なのだ。永遠は未来のことをさすのではない。チャックが今も亡き妻を、まごころを込めて想い続けている姿こそが、永遠なのだ。二人の絆は続いているのだ」と。

（二〇一〇年九月）

百歳の秘訣

背中が弓状に曲がり、背丈一メートルとなったベラおばさんの掌を握りながら、濡れた歩道を歩き出した。路面がとても滑りやすい。慎重に足を運んだ。そして、玄関から百メートル先の駐車場まで行き、彼女を車に乗せ、テュービンゲンへ走った。

助手席に座っているベラおばさんの横顔を見ながら、訊ねた。

「半年ぶりですね。ごきげんはいかがですか」

「これ以上は、望めないほどいいわよ」

ベラおばさんは、愛らしい笑顔を浮かべながら答えた。そのあと、ベラおばさんは二週間前に百歳になった知人の誕生日パーティーの様子について、生き生きとした声で語り出した。それを聴き、ベラおばさんに訊ねた。

「あと二か月でベラおばさんも百歳になりますね。どこかで誕生日会を祝うのですか」

「わたしには子供も孫もいないので、皆を招くようなことはしないわ」

ベラおばさんは、手を横に振りながら、答えた。

四十分ほど走って家に着くと、妻が門戸から出て来て、ベラおばさんを抱いた。そして、二人は並ぶようにして、二階の居間へ向かった。

ベラおばさんは、かなり急な木の階段を妻の手をかりずにひとりで上って行く。この歳でたいしたものだと思いながら、その姿を見ていた。

居間に入ると、ちょうど十一時である。早速昼食を作るために、私はキッチンに立ち、食事の仕度に取りかかった。

妻とベラおばさんが会話している声が、居間から聞こえてくる。酒と醬油のなかに浸けた肉に片栗粉をまんべんなくまぶしたあと、それを揚げ、炒めた野菜に入れた。一時間ほどで料理ができ上がった。

テーブルについたベラおばさんが、お皿に盛った料理を好奇心に満ちた目で見た。

「これは、義母が最も好んでいた料理なのです。どうぞ食べてください」

「そうなの」

ベラおばさんはお祈りをしてから食べはじめた。

「肉がとてもいい味よ。何の肉？」

「ブタです。日本ではこの料理を酢豚と呼んでいます」

食べながらの歓談となった。ベラおばさんは、「おいしい、おいしい」と言いながら、ご飯と酢豚をお代わりする。

その食事も一時間ほどでおわり、妻とベラおばさんは居間のソファーに腰かけて話をはじめた。私は隣の部屋で本を読み出した。時々ベラおばさんの「ホホホ」と笑う高い声が聞こえてくる。たのしそうな二人の会話だ。しばらくすると、妻がやって来た。

「ゲームをしましょうよ。ベラおばさんの好きなクロスワードを」

私たち三人はテーブルを囲んでゲームをすることになった。義母もそうだったが、ベラおばさんもゲームが好きだ。

三十分かけて一回戦がすむと、ベラおばさんが、「またしましょうよ」と誘ってくる。彼女は毎日、スドクをしているせいか、頭の働きに衰えはない。驚くほどに、ゲームが上手だ。

それが終わると、妻が午前中に作ったりんごパイのおやつでコーヒーの時間となった。

コーヒーは三杯、パイは四切れを食べるベラおばさん。半年前にベラおばさんと一緒に中国料理店で食事をした際も、私と妻よりも多くの量を口に入れていたベラおばさんだった。とにかく、よく食べる。長生きの秘訣は食べることにあるのだろう、と思ってしまう。それによく話をする。自分のことばかりでなく、こちらが話すことに耳を立てるのである。好奇心の強いベラおばさんだ。

　まもなく百歳になるベラおばさんは、今でも近くのスーパーに、自分の好きなものを食べたいために、一人で買い物に出かける。補聴器をしていない。メガネなしで新聞の活字を読む。私たちに、「最高の気分よ」と言うベラおばさんである。

　夕方の六時過ぎ、ベラおばさんを車に乗せ、彼女の家へ向かった。助手席のベラおばさんは、まったく疲れを知らないかのようによく話をする。今を生きている人だ。


（二〇一〇年十一月）

何が大切か

　ドイツに住むようになって、二十四年が過ぎようとしている。その間に、様々な体験をしてきた。そのなかでも誕生日会に出るたびに、この地で暮らしている人たちの生きる姿勢を感じとったりする。先日も、それを味わった。

　テュービンゲンから車で三十分走って、義兄宅にちょうど十二時に到着する。私たち家族は、玄関先まで出てきたクリスタと、頬と頬を合わせて挨拶してから家のなかに入った。

　居間のソファーには、すでにもう一人の義兄夫妻とクリスタの友人が座って話をしていた。その輪に、私たちも加わった。三十分近く雑談をしてから、長方形のテーブルに全員八名が座って昼食となった。

　六十九歳になったばかりのクリスタが、

「今日はわたしの誕生日、まず歌から始まってほしいわ」

　と、言ったのを聞き、私たちは四グループにわかれて感謝の祈りの歌を唄い出した。

　皆音楽好きな人たちなので、美しいコーラスとなった。一回では物足りなく、三回ほど続けることになった。血色がなかったクリスタの頬が赤みを帯び、よろこびに満ちた顔となった。

　彼女は三年前に腎臓移植手術をうけ、今でも毎食後に六種類の薬を服さないといけない身。彼女が作った料理が目の前に出され、私たちは食べはじめた。毎回そうなのだが、クリスタの作ったものは実に優しい味がする。私のために、ライスがかならずつき、それにミヒャエルも私と同様にミルクアレルギーなのを知っているので、バターやミルクを決してつかわない料理である。

お皿に盛ったものを食べつつ、それぞれが身近に起こった出来事などをしゃべりながらの昼食となった。会話は途切れることなく、一時間半が過ぎ、食後はコーヒー、紅茶を飲んでの歓談だ。

それが終わると、皆でゲームをすることになった。もちろん、ミヒャエルも参加してニコニコ顔である。熱が入る私たち。ミヒャエルを除いて、六十代から七十代前半の人たちが真剣に遊ぶのである。ゲームをし、冗談を言いあいながらの会話もたのしいものだ。

そのゲームが終わると、もう五時過ぎ。こんどは、クリスタが作ったりんごパイを食べることになった。私たちは再びテーブルを囲んだ。ふと、クリスタが市民大学の絵画コースで教えていた高齢者二人が、立て続けに亡くなったことを話し出した。それを、私たちは静かに聴いていた。

話の最後にクリスタが、「じゅんばんね」と言ったことが私の心に響いた。それは皆も同じようで、すこしの間、静まり返った。でも、それは明日へ続く明るい声のように、私には思えた。というのも、このように病気の身でも彼女は私たちを接待し、年に一度しかないかけがえのない自分の誕生日を祝い、そこに未来を感じたからだった。

今を主体的に生きるクリスタはすばらしい。自分の存在をかけている姿だ。どんなときでも、自分をすべて出して生きていけば、明日は明るいのだ。その彼女が数か月前に電話で私に、

「何が大切かを、よく考えることよ」

と、言ったことがあった。

彼女の誕生日会に出て、再び学ばされた思いになった。つねに自分のすべてを出して、今を生きていかなければ。

（二〇一〇年十一月）

命こそ

出生前診断は？

日本人のある女性から、次のような手紙が届いた。

「先日ＮＨＫで、出生前診断を特集していました。イギリスではずいぶん普及していて、スコットランドでこの検査が行われるようになってから、二分脊椎の子どもの出生が五百人から二人に激減したと、伝えていました。ダウン症もリスクが確率で示され、迷っている妊婦が画面に登場しました。日本では、まだここまで検査が普及していないということでしたけれど。これは優生学だと言い切っている人もいました。これを推し進めていくと、体格も知能もいい人しか生まれてこない社会がそのうちできるかも知れない。ドイツでは、このあたりはどのようなものなのでしょうか」

これを読んで、すぐに浮かんだのは、約三十年以上も前に、生命倫理という名で世界に登場してきた新しい人間像をつくり出そうとする考えである。それに、恐ろしさを感じる。

何が恐ろしいかと言うと、健康で美しい人間と、欠陥をもった人間とに分けて、欠陥をもった人間には、安楽死をもたらしてよいような隠れた影が、その生命倫理に漂っているように思えたからだった。

出生前診断は見方を変えると、欠陥を有している胎児（生命体）に安楽死をもたらすこともでき、それは優生学へと結びつく可能性もある。生命体の価値、無価値を、一体だれが決めることができようか。

たしかに、今日では生まれてくる子どもと妊婦のために、いろいろな検査プログラムが用意されている。その結果、障がいのある子が発見される場合もある。その際、その子を産むか、産まないかの判断になる。

この判断について、出生前診断でダウン症と診断された妊婦二人と話をしたことがあった。そのとき、自分の体験談だけを語り、判断の助言などはとても言えなかった。ただ、そのなかで次のように話したことを憶えている。

「ミヒャエルが生まれ、初めて彼の顔を見たときのよろこびは大きかった。またダウン症であると数か月後に知らされた際も、それまでと同様気持ちに変化はなかった。そのとき、妻と私は手を強く握りあった。ミヒャエルと私たち親は、今までも、そして、今も多くの人たちに支えられて暮らしている」

ドイツの統計では、お腹の生命体がダウン症とわかった妊婦の場合、九十五パーセントが堕胎するという数字が出ている。そのような中で、先日ある集会で、見るからに妊婦とわかる人と知り合いになった。三十代半ばの彼女は、出生前検査をしていませんと語った。今日、出生前診断は障がいのない子を保証していると言われているなかで、珍しいのではないかと思った。

「健康な子どもを持つことだけが、親の権利だとは思わない」

と、話す彼女の目は輝いていた。

最近の医学では、まだ生まれてこない子どもに、障がいがあるかないかを確認すること、そのこと自体には意味があるだろう。しかし、健康な子どもを持つことだけを、絶対的とする方向へ進んでいることに怖さも感じる。それはだれが人間で、だれが人間であることを許されるかという考え方へと導いていくからだ。

どんな生命体でも、目に見える、あるいは見えない形で、お互いに関係を持ちながら生きていると思うのだ。もしそのつながりが壊れると、人間も自然も病気になってしまうだろう。生命体を優劣のあるものと捉えると、とんでもないことになってしまう。障がいがあろうがなかろうが、一つひとつの生命体を尊ぶ心を持ちたいものだ。

なお、私と妻の場合、検査をしてもらおうとは思わなかった。

（一九九六年九月）

もし話すならば

独り暮らしの高齢者、または重い病気にかかって自分では動けない人の家を訪れて話をしたり、買い物を手伝ったり、ときには死んでいく人を看取ることなどをしているグループが、テュービンゲンにはいくつもある。そのなかの一つである訪問奉仕会に、私は参加するようになった。

この会では実践のほかに、月に一回メンバー約二十名が集まり、テーブルを囲んで、現在直面している問題点などを話し合うこともしている。その内容は、孤独・自殺・苦痛・死などである。私たちはまだ安楽死について討論をしたことがないが、いずれそのうち話し合うことになるだろう。

もしこの会の人たちが安楽死について論じるとしたら、いつもの彼らの考えと発言からして、次のようなことを語るだろうと想像した。

メンバーである一人の女性が話し出すだろう。

「私がお世話している人は五十歳で、姉と二人で暮らしています。彼女は癌にかかって、一年が経ちました。そして、今は確実にやってくる死と闘っています。痛みは強く、それを耐え忍んできましたが、もう辛過ぎて残りわずかな生から解放されたいと望んでいます。彼女の姉は、もしモルヒネの量をさらに多く投与していけば、苦痛は緩和されるが、妹の命は短くなることを知っています。姉は妹の死への哀願を理解し、妹の人間としての尊厳を重んじています。でも、姉はモルヒネを増やしてとは、医師に言えないと語るのです。私はこの悲しい場面に直面して、この姉にどのような言葉かけをしたらいいのかわからないのです」

それを聴いた六十代後半の女性が、胸の内を明かすだろう。

「わたしの夫は、病院で癌で亡くなりました。モルヒネを多量に使ったせいで、疼痛はさほどなく死んでいきました。あのときは、わたしの夫を思う心がそうさせて、苦しい葛藤の末、勇気のいったことでした。しかし、夫の死後、自分の行為を許せないときがあるのです。でも、もしあの場合、夫が苦しみながら死んだら、自分はそのことでも責められ、いっそう重いものを背負って生きて行かねばならなかったでしょう」

こんどは、この会で大きな役割を果たしている五十代半ばの訪問看護婦が語り出すだろう。

「自分は今まで、そのような場面に何回も立ち会いました。そして、医師の指示によってモルヒネを投与しました。しかし、そのときはもう確実に死が迫って、苦痛を耐え忍ぶことができない状態なのです。医者のなかには、『生があるかぎり、希望がある』と言い、死期が確実に近づき、耐えがたい苦痛のある患者に、『何とか最新の技術器具で、延命の努力をすべきだ』と主張する人もいます。しかし、自分の経験からして、人道的な医者とは、希望がなくなり、苦痛が忍びがたくなったとき、安楽死を自ら引き受けてくれる人のことをいいます」

次は、この会で年齢が一番若い女子学生が言うだろう。

「末期癌の人の苦痛を取りさるには、鎮痛剤の使用もよいのでは。確実に死期が近づいた人に、延命治療をすることが必要なのかは疑問だわ。むしろ、残された時間を安らかに過ごさせるべきだと思います」

以上、あの人だったらこのような発言をするだろうと想像しながら書いてみた。

私も言うだろう。

「安楽死は、是か非かの問題ではないでしょう。なぜなら、死に方に一般的な処方箋はないと思うからです。だからといって、これを当事者が密室で話をして、個人の問題として片付けてよいものでもないでしょう。なぜなら、私たちは人と人との関係のなかで生きているからです。討論はされるべきでしょう。今の自分に言えることは、最期のときがきたら、体はどうあれ、意識がどうあれ、『こんにちは』と先に亡くなった人の名前を呼びかけ、傍にだれかがいてくれたらと願うのです。そうさせてくれるように今を大切に生き、またそのような社会であることを望むのです」

（一九九六年九月）

「もっと、生きたいよ」

テュービンゲンから車で四十分走ったところに、マリアベルグという施設がある。日本から、障がい福祉に携わっている人たちが訪れてくると、私はまずそこへ案内することにしている。そして、最初に行くところがある。ナチ政権下で、六十一名の障がいのある人たちが殺害されたことが刻まれた石碑の前である。

当時多くの障がいのある人たちが、「生きるに値せぬ生命」という名のもとに、殺されてしまった歴史がドイツにはある。その史実を知れば知るほど、これから問題となってくる生命倫理について、真剣に考えざるを得ないのである。

一九三九年に、第二次世界大戦が勃発した。と同時に、ヒットラーは、ある秘密命令を出して、精神病患者を中心とした心身障がいの人たちを抹殺する計画（安楽死作戦）を企てた。それによって、戦争中に十〜二十万人が殺害されてしまった。

この作戦は、綿密かつ組織的に実行されていった。それを可能にさせた社会的背景には、戦争という非常事態があったとはいえ、ヒットラーが政権を取ってからこの作戦を思いついたわけではない。ヒットラーの青年期、もっと遡れば、十九世紀の後半から社会のなかで少しずつそれは芽生えていたのだった。

それは、ダーウィンによる進化論の考えからはじまり、生存競争から自然淘汰が起こり、優生学への考えと進んで行き、有用性と業績能力による人間の価値序列化の考えに浸透していたからだった。

そのようになったのも、第一次世界大戦に敗れたドイツでは、経済的困窮も加わり、多額の費用と労力がかかる障がいのある人たちを、経済的な視点から捉えようとしたからだった。その一つの例として、一九二〇年の秋、ある障害者ホームの施設長がホームに住んでいる知的障がいのある子供たちの親たち二百名に、アンケートの手紙を送った。その内容は、次のようなものだった。

「あなたの子供に学ぶ能力がなく、治る見込みがないとわかった場合、その子の生命に痛みのない死（生命短縮）をもたらすことに同意しますか。親のあなたが、もし自分の子供の世話ができなくなった場合、たとえば、あなたが死んだときなど、子供の生命短縮に同意しますか。あなたの子供がかなりの身体的苦痛を伴ったとき、その子どもの生命短縮に同意しますか」

百六十二通の返答のうち、七十三パーセントが生命短縮に同意すると書き記したのだった。この施設長は、まさに反対の数字を期待していたのだったが、結果は生命短縮に同意する親が多かったのである。

当時の社会では、障がいのある人は、親からの遺伝が主な理由として挙げられていた。ヒットラーが政権を握った一九三三年、すぐに遺伝病子孫予防法が制定され、翌年から施行された。それによって、三十万人以上の障がいのある人たちが断種（男女の不妊手術）されてしまったのである。

このような、ヒットラーによる、障がいのある人への安楽死作戦、別名、「慈悲殺作戦」は第二次大戦から始まったのではなく、すでに十九世紀後半から、その動きはあったのだ。ヒットラーにとっては、有用性と業績能力のある人のみが健康な人間で、それ以外の人は抹殺されるべきものであった。

では、ここでマリアベルグ施設に住む障がいのある人たちが、どのようにして殺害されるに至ったのかを書いてみることにする。

一九三四年一月に施行された断種法によって、マリアベルグに住む約二百名の人たちの多くが、強制的に不妊手術を受けさせられた。とにかく、遺伝的要素が強いとみなされた精神的障がいのある人の生殖機能を絶つことが重要だと、ヒットラーは考えたからだった。これを契機に、人工妊娠中絶の法および精神病のある人の結婚を禁止する法へと進んでいった。

一九三九年に戦争がはじまるや、不治の病者には慈悲殺をもたらしてもよいとする安楽死作戦（T４計画）が秘密のうちにはじまり、その年の十月、早速ベルリンからマリアベルグ施設に、調査用紙が送られてきた。そこには、障がいのある人の一人ひとりの名前と病状と労働能力達成が、どの程度なのかを詳しく書いて、ベルリンへ返送する旨が記されていた。計画経済上の理由でと付け加えられてあった。

それを受け取ったマリアベルグでは、計画経済上の理由で、その調査は必要なのだろうと思った。そこで、労働業績などを、その本人の能力よりも低く記入した。というのも、彼らが戦場、または軍事工場に送られてしまい、その結果、今まで彼らがしてきた施設内の掃除や洗濯や料理などを十分にできなくなってしまうと案じたからだった。これはマリアベルグだけではなく、多くの施設でも同様だった。

その調査用紙を記入し、ベルリンへ返送してから少し経った一九四〇年九月二十一日、障がいのある人たちの名前が連記されたリストが、ベルリンからマリアベルグに送られてきた。そのリストには、九十七名を他の収容所へ移動すると書かれていた。が、どこへ移動するかは告げられてはいなかった。くわえて、今着ている服だけでよく、他の衣類は保管するようにとも書いてあった。親や家族には、一切知らせてはならないとも。しかし、このときにはすでに、障がいのある人たちが抹殺されているという事実は、各障害者施設の責任者などには伝わっていた。

マリアベルグの施設長も、リストに載った九十七人が、抹殺収容所へ行く候補者だと知っていた。そこで、彼は数名の人と一緒に、そのリストに連記された障がいのある人たちを救おうと、シュツットガルトの内務省に駆けつけて抗議をした。が、国の態度は硬いことがわかった。それでも、粘り強い交渉により、わずか三時間のうちに新しいリストが作成され、施設で労働できる者は死のリストから外されることになった。それによって、死の候補者九十七名が五十六名になった。

そして、死の抹殺収容所へ連行される十月一日、施設側の粘り強い交渉で、さらに十五名の人がリストから外されることになった。しかし、四十一名はナチ当局の用意した灰色のバスで、抹殺収容所グラーフネックへと連行されてしまったのである。

このときのマリアベルグで働いていた職員たちや同

居していた人たちは、どのような心境に陥ったことだろう。想像を絶する。

私自身も、重度の知的障害者施設で働いていたこともあり、ダウン症の息子ミヒャエルと一緒に暮らすなかで、このときの場面を想像しただけで、怒りともいえぬ、深いむなしさと悲しさで、地に立っていることはできなかった。

それから二か月経った十二月三日、こんどは一人の医者がマリアベルグを訪れた。死のリストから外された障がいのある人たちを、再度調べに来たのである。

その結果、十二月十二日に再び三十名が連記された死のリストが送られてきた。そこには、明日移送バスが来るとも書かれてあった。今度は、シュツットガルトの内務省に行って交渉する時間がなかった。

翌日、灰色のバスがマリアベルグに来た。ここでも職員たちは何とか交渉して、三十名のうち、十名を死のリストから外してもらうことに漕ぎつけた。

彼らが連行された特別（抹殺）収容所グラーフネックは、マリアベルグから車で一時間行ったところにあって、以前はお城であった。そこで毎日数十名の人が殺され、煙突からは絶えず煙が出ていた。

殺された人は、名簿でわかっただけでも一万五百六十四名にも及んでいる。彼らのほとんどが、南ドイツ地方の障害者施設と病院から、灰色に塗られたバスに乗せられ、グラーフネックに運ばれたのだった。

二十五人乗りのそのバスは、窓ガラスがペンキで塗られ、タオルなどで覆われていて、外からは内の様子をうかがうことはできないようになっていた。車内には、大抵運転手二名と二人の介護人、それに女性を移送する場合は看護師が付き添い、介護人たちは反抗をする人を押さえるための手錠を持っていた。

収容所に着くと、彼らはまず長さ六十八メートルの簡単に造られたバラック小屋に入れさせられた。もし騒いだり落ち着きがなかったりしたら、すぐに注射が打たれ、裸にされ、そこで数時間待ったあと、自分の名前が呼ばれたら、バラック小屋内の小さな室に入るのだった。

その室には一人の医師と三、四名の人がいて、一つの机の上には一人ひとりに関する書類が置いてあって、検査されていった。が、検査されたといっても、書類に記されたことを確認する程度だった。

それが済むと、すぐに他の小屋に移され、騒ぐ人にはモルヒネが投入され、真っ裸にされてから、

「シャワーを浴びるように」

と、介護人から告げられて、毒ガス室に入るのだった。ガスをひねる人は医者に限られ、二十分間密閉される。ガス室の隣は解剖室で、脳解剖の場ともなっていた。

死体はすぐに焼却炉に運ばれ、何体も一緒に焼かれた。わずか数時間で灰になってしまったのである。たしかに、バラック小屋には百のベッドがあったが、それらはほとんど使用されなかった。また食事を摂る時間もなかった。

そのようにして、マリアベルグに住む人の二百十名のうち、六十一名が生きるに値せぬ生命の名のもとに殺されてしまったのである。

彼らが連行されてから数日して、着用していた衣類がマリアベルグに送り返されてきた。と同時に、家族には通知が届き、そこには適当に書かれた病名、たとえば、肺炎とか脳炎とか風邪、ひどいのになると盲腸などで死んだと書かれてあった。しかし、盲腸を以前手術した者が再び盲腸で死んだという例もあって、まったくでたらめに死んだ病名をつけていたのだった。本当は、毒ガス、モルヒネ、ルミナール、餓死で殺害されていたのだが。

このときの親の気持ちは、いかなるものか。自分の息子や娘がこの世に生存していなかったように扱われ、死亡通知が突然届き、狂うばかりだっただろう。ある親が、マリアベルグ宛に次のような手紙を書いた。

「愛する神様、一体このようなことが、なぜ可能なのですか。いつもにこやかで我慢強い我が子が、たちまちのうちにどこか知らないところへ連れ去られてしまい、私たち親さえも知ることができないなんて。世界が荒れ果ててしまったのでしょうか。わたしは病気になってしまいました」

親の一部には、彼らが抹殺収容所へ連れ去られたと知っていた人もいた。

この安楽死作戦が一時中止になる一九四一年八月までに、判明している人だけでも、幼児や子供を除いて、ドイツ国内で七万二七三名が殺されてしまったのである。

一時中止になったとはいえ、この作戦はそのあとも継続した。犠牲者は、少なくとも十万人以上と推定されている。障がいのある人へのこの安楽死作戦は、六百万人とも言われるユダヤ人大量殺害への前段階だったのである。

このナチ政権下による、健康的ではなく、価値も有用性もないと見られた障がいのある人の抹殺は、一九八〇年代になってようやく明らかにされはじめた。それ以前は、タブー視され公にされなかった。

一九八五年、ヴァイツゼッカー大統領が演説のなかで、第二次世界大戦中に殺害された精神病者および非人間的不妊手術について触れ、それがきっかけで、翌年の一九八六年に初めて、ナチ当時に断種を受けた人たちに、一時金五千マルクが支払われるようになった。

安楽死作戦から五十年経った一九九〇年には、多くの施設で、記念碑が建てられて、今まで公にされなかった当時の記録が公表されるようになった。そして、人々へ語り継がれるようになったのである。

それによって、市民は、ナチ政権下の障がいのある人たちへの抹殺が、戦争中にだけ起こったことではなく、十九世紀後半からその芽生えがあったことを知ったのだ。

歴史が語っている意味は大きい。

ヒットラーによる安楽死作戦を、戦争を経験していない世代が知ることは重要だ。なぜなら、現代のようにバイオテクノロジー（生命工学）と遺伝子工学が発展するなかで、優生学的な考えである、美しく有用的な新しい人間がつくりだされるようになったら、社会が混乱するからだ。それは、ナチ時代の安楽死作戦が示したように、社会が精神的混乱を迎えることになってしまう。

そもそも、いろいろな苦しみ、悩みを各自が持っているからこそ、私たちは他の人への思いやりが生じてくるし、そこに真のよろこびと生きる意味を見出すことができるのだ。

　一九八〇年代後半からドイツにも広がってきたペーター・シンガー氏の生命倫理の思想に危険を感じる。そこには、自己決定意識や他の人へ働きかけるコミュニケーション能力、および理性的能力を持つという「人格（パーソン）」の人だけが、「生きるに値する価値」を持っているとするような考えがあるからだ。これこそ、ヒットラーのもとで行われた安楽死作戦に共通するように思うのだ。

　それは、障がいのある人たちへの敵対行為ともいえるだろう。彼らだけではなく、これは認知症の人や意識がなくなった人間や胎児にも適用されてしまうだろう。

　以前、重度の知的障がいの人たちが住んでいた施設で働いていた経験からして、どんなに重い障がいのある人でも、他の人に働きかける能力を持っていると思っている。それを感じないということは、その人が他の人に働きかける力が足りないからだ。人格ではなく、人間の生命自体に、そうした働きかけがどんな人にも潜んでいると思うのだ。　（一九九六年十一月）

三人一緒のアピール

ミヒャエルを連れて買い物に出かけた妻が、一人で家に戻ってきた。

「彼は、どこに？」

「私たち二人がマルクト広場を横切っていたら、障がいのある人たちを支援しているグループがビラを配っていたわ。そしたら、彼もそのグループの人たちと一緒にビラを配りはじめたわ。今、ミヒャエルはマルクト広場にいるわよ」

　彼がそのようなことができるのかと疑うような思いで、私は広場に行った。と、何人かの顔見知りの人たちと一緒に、ニコニコしながら通行人にチラシを手渡しているではないか。それも生命倫理という堅く重たい内容文を。そこには、次のようなことが書かれていた。

「重度の障がいのある人や精神病患者やアルツハイマー症の人、それに昏睡状態の患者および植物人間などのように意識がない人には、本人の同意なしに、医学的試み（臓器移植など）をしても許される。胎児研究も許される」

これは、重大なことを意味していた。なぜかというと、だれでも病気や大事故で意識を失い高齢（アルツハイマー病など）によって、自分で自分がだれだかわからなくなる事態が生じる可能性もある。そのようなとき、ヨーロッパ評議会で作成された生命倫理協定のように、「その本人の同意なし」に自分の体が医学的実験に利用されたりしたら、人間の尊厳を侵すことになる。これは、民主主義の基本的な考えを根本的に覆すことになるからだ。

私たちはどのような状態になっても、たとえ自分で判断できない場合でも、一人ひとりの人間の尊厳はあるものだ。意識がなくてもだ。健康で意識がある人間だけが、この社会に残り続けるものではない。

胎児の研究でも、お腹に入っている生命体が障がいのある場合、堕胎させてその臓器を使ってよいのかどうか。何をもって堕胎させてよいのか。人の幸、不幸は、外から決めることはできないだろう。

生命倫理協定は、医学及び生物学を背景としただけの片寄った人間の権利と尊厳を保護しているように思える。そこには、有用性と業績能力に価値を置き、生命の質が選別され、人間としての幸福は、健康で理性が大切だとする考え方が目にちらつく。あたかも人間には、二つの階級があるかのように。

現に、最近の生物学と医学の進歩、それに遺伝子工学やバイオテクノロジー（生命工学）などの科学技術に対応するために、二、三十年以上前から登場してきた生命倫理の名のもとに、新たな人間像をつくり出そうとする気配がある。

科学が何よりも先行して、倫理は科学の研究に従うように追いかけている。このまま放っておくと、科学の猛スピードでの発展にともない、人間が倫理を自由に規定できるという考えになってしまうだろう。

そもそも、いのちは倫理以前に先行するものだ。まして生命が、科学によって左右されるようになると、これは恐ろしいことになる。そうなると、「人権だ」「一人ひとりの尊厳だ」などと主張していられず、人間という一つのわく（類）で、倫理が規定されてしまう。それも、完全な人間と、欠陥を有する人間とに区別されてしまい、美しく健康で有用な完全な人間をつくり出す研究が、自由に進められてしまう。

そうなると、一人ひとりの「生命とは何か」についての考えがストップさせられてしまうことにもなりかねない。

生命倫理協定を読めばよむほど、そのことを思ってしまうのだ。そこでは、生命の価値、無価値などがあたかも計れるかのように。経済的に価値のある生命体と価値のない生命体の区別が存在するかのように。これは、まさに民主主義に背反するものだ。

生命のことを思うと、ここにある自分の命は、親とその祖先から受け継ぎ、過去の数知れぬ様々な原因、および多くの人からの影響の下に存在していると考えられるのだ。

一つのいのちには、宇宙すべてが含まれている。生命そのものは、もう運命そのもので、最期まで自分に課せられた運命をまっとうすることができればよいと思う。それは、理性があるとかないとか、判断ができるとかできないとかの以前の問題だ。

そう考えている私なので、生命倫理協定の内容には納得できない。

一人ひとりの命の尊さは、どうしたのだろう。どのような命の価値も計れない、個々に応じた意味があるはずだ。この一人ひとりの命にこそ、生命倫理は目を向けるべきだ。さもないと、自分のよろこび悲しみを味わえなくなってしまい、他の人のよろこびや悲しみを共有できなくなってしまう。その結果、命の尊さと重さを実感できない、味気ない社会になってしまうだろう。一人ひとりが生きていることを実感でき、命のリアリティーを感じとれることが大切だ。

ヨーロッパ評議会で作成された生命倫理協定が、政治および市民のなかで少しずつ討論されるようになったことはいいことだ。とくに、ナチ時代の暗く深い歴史をもつドイツの市民は、敏感に反応している。

障がいのある子を持つ親として、以上のような理由からも、またこの地に住む一人の住民としても、生命倫理協定に反対するビラをマルクト広場で通行人に手渡すことにした。より多くの人が読んでくれることを願って。

しばらくすると、妻も来て、ミヒャエルの傍で配り出した。三人一緒のアピールだ。

（一九九七年一月）

死んで、自由をえる

「だれかが、最後にそれを言わなければならなかったのよ。私たちが訴えたことは、多くの人がそう思っているわ。ただ、それを口に出すことができなかったわ」

これは、ソフィー・ショル（二十二歳）が一九四三年二月二二日、裁判官の前で語ったことばである。どのような判決が下るかを知ったうえでの供述だった。

それからわずか数時間後、ソフィーは兄ハンスと友人のプロプストと共に、ギロチンにかけられてしまったのである。

ショル兄妹の名前を初めて知ったのは、テュービンゲンの街のなかを散歩しているときだった。ある学校の前を通ると、その学校名がショル兄妹となっていたので、隣にいた妻に訊いた。

「ショル兄妹は、何をした人なの？」

「第二次大戦中、ナチに反対してビラなどを配った学生グループがいて、ショル兄妹はそのグループに所属し、最後は、死刑となってしまったのよ。当時、そのような活動をするには勇気が要ったわ。わたしが若いころ、その人たちについて書かれた本を何冊か読み、感動したわ。多くのドイツ人はそのグループ「白バラ」を知っているでしょう。通りの名前や学校名に、その兄妹の名前はよく付けられているわ」それを聴き、その白バラについて詳しく知りたくなり、街の図書館に行き、彼らについて書かれた本を幾冊か借りて家に戻った。

　読み終え、ソフィーたちの勇気と行動力に心打たれ、数日間、彼らの精神と哲学と宗教について考え続けた。

　兄ハンスと妹ソフィーは南部ドイツで生まれ、五人の兄弟と一緒に育った。父は平和主義者で、第一次大戦中は衛生隊員として国に仕え、そのあとはある町の市長になった。母は教会活動に熱心なキリスト教徒で、子供たちには自分で何事も判断させるように育て、自由な教育を重んじていた。

　温かい家庭のなかで育ったハンスとソフィーは、自分の意思でよろこんでナチの青少年団に入って、毎日を送るようになった。しかし、父は最初からヒットラーを嫌っていたので、二人の活動に不満を抱いていた。

　ハンスは十八歳のとき、ニュールンベルクで開かれたナチ青少年団の全国大会で、自分の出身地の旗を持つ栄誉が与えられて行進することになった。しかし、その大会で意味のない行進訓練を受け、くだらない話などを耳にしているうちに、ナチ青少年団に幻滅を感じ、ナチの政治体制に反発するようになって、当時禁止されていた一つの青少年団に所属するようになった。そのために、彼は五週間監禁されることになった。

　そのあと、ハンスはミュンヘン大学の医学部で学ぶようになり、半年は大学で、半年は戦争へ行くという日々を繰り返していた。

　妹のソフィーは幼稚園教員の勉強を終え、兄と同じミュンヘン大学で生物学と哲学を学ぶことになった。そして、兄と同じ下宿で暮らしているうちに、兄が他の学生仲間とナチに反対する活動をしていることを知り、自分も、そのグループ白バラに入り、一緒に行動するようになった。このころから、二人はキリスト教に惹かれるようになって、ハンスは平和主義の司祭が書いた、当時読むことが禁止されていた本を読み、その司祭とも直接会ったりもした。また司祭宛てに、次のようなことを書き送ったりもした。

「わたしは今までの生活のなかで、初めてクリスマスをキリスト者として、確信に溢れて祝うよろこびを見出しました。たしかな背景を感じ、揺らぎのない目的を持てるようになりました。今年は、イエス・キリストが新しく自分のなかに生まれたのです」

一方、ソフィーはアウグスチヌスの《告白》を読み、妥協のない、かつ自分を省みることへの確信に触れていった。

白バラが発足したのは、ハンスが大学に入学した一九四一年だった。彼を中心に、学生たちが一つのサークルを結成した。結成したといっても、最初から政治運動を目的としたものではなく、スポーツや音楽や文学、それに芸術などを自分の生活のなかに、よろこびとして取り入れる活動だった。

その活動をしているうちに、メンバーたちは、ヒットラーの率いるナチ政府がドイツ国民に大きな不安と憂いをもたらしてきているという考えを持ちはじめるようになり、ナチへのはっきりした反対思想を広めようとした。

そこで、ナチの政治体制の犯罪的行為を市民に直接知らせる目的で、自分たちの手作りビラを発行して、市民に武力でない抵抗をするようにと呼びかけた。これは当時のヒットラー体制のなかで、勇気がいったことだった。

そのビラは八か月間に亘って六回も発行された。もちろん、ソフィーも大学に入るや、その活動に参加した。一回目のビラには、次のようなことを載せた。

「武力でない抵抗をせよ。この無神論的な戦争機械がさらに進んで行くのを、阻止しなければならない。最後の町がケルンのように、瓦礫の山々となってしまう前に。ドイツ市民の最後の若者が、死んでしまう前に。ドイツ人が傲慢にユダヤ人にしているようなことを、こんどはユダヤ人がドイツ人にする前に！」

ビラは回を重ねるたびに、強い調子の内容になっていった。とりわけ、ハンスと仲間の友人たちがロシアとの戦争に投入され、数か月間、そこで恐ろしい戦争犯罪を目にして帰ってからというものは、いっそう鋭い調子となっていった。

それに並行して、白バラに賛同する人たちが増えていった。もちろん、そのことが国家秘密警察に発覚したら、重い刑は免れないことを知ったうえでのことだった。その同胞のなかには哲学の大学教授フーバーもいて、ビラの文章作りに参加していた。

六回目のビラは、ショル兄妹が逮捕された二月十八日に、ミュンヘン大学の講堂で配られた。そこには、独裁者ナポレオンがヨーロッパ全体を戦争に導き挫折したことを引き合いに出して、ドイツも同じ状態になっていると書き記されていた。

ナチ政府にとって、この若い学生たちの抵抗運動は非常な痛手であった。というのも、これらの若者たちは少年のころ、ナチの青少年団に入ってナチの教育を受けたにもかかわらず、反対運動を起こしたからだった。まして、国全体が戦争状態で、スターリングラードで約十五万の兵士たちが死亡するという悲惨な出来事の直後でもあった。

ハンスと彼の友人プロプスト、それにソフィーは逮捕され、四日後、裁判官の前で、ソフィーは先のことばを言い、その日にギロチンにかけられてしまった。他の二人も自分たちの意志を曲げなかったため、同様に処刑された。

それから数か月後、白バラのメンバーはほとんど逮捕されてしまったのである。この年に処刑となったのは、ショル兄妹やフーバー教授など六名であった。逮捕者は八十名。彼らは自分の死までも覚悟して、ナチに抵抗したのだった。

ソフィーは死刑執行の前日、夢を見た。それは次のようなものだった。

「太陽が明るく輝くある日、わたしは白い服を着た一人の子供を抱えて、雪の積もった道を登ったわ。山頂に建つ教会で、その子に洗礼を受けさせるために、険しい雪道を一歩一歩踏んで行くと、突然目の前に大きな雪の裂け目があらわれたわ。でも、その子を安全な場所に置く時間が十分にあったので、その子を横たえてから、わたしは裂け目のなかへ深く落ちてしまったわ」

彼女はこの夢について、同室の付き添い人に語った。

「その子というのは、私たちの思想なのよ。どんな困難があっても、それは根を張っていくわ。私たちは先駆者よ。しかし、そのためには、前もって死ななければならないのよ」

彼女は刑務所内で、一枚の紙に大きく、

自　由

と書いて旅立った。

死という行為で貫いた彼らの思想「自由」は、今も多くの人たちに語り継がれている。

（一九九九年八月）

ある牧師の生

私が住んでいる通りの百メートル先に、あのボンヘェファーが住んでいたのを知ったのは、つい最近のことだった。

ボンヘェファーの名は、ドイツの通りや学校や教会によくつけられていて、ドイツ人で彼の名前を知らない人はいないだろう。

牧師であった彼は、ナチ政権に反対する抵抗活動をして、一九四五年、戦争終結の数日前に、収容所でヒットラーの直接命令によって殺されてしまった。三十九歳だった。

日曜日には、妻とミヒャエルとともに教会に行くようになった私は、しだいに彼に興味を抱くようになった。とくに、一九四三年からベルリンの刑務所監房で書いた彼の詩、それに婚約者や親戚や友人たちへ宛てた手紙などを読んだときは、私の胸はいつ鎮まるともしれぬ昂まりを覚え、彼の生について考えを巡らし続けた。

今からちょうど百年前に生まれた彼は、十三歳のときに神学を学ぼうと心に決めた。そして十七歳のとき、ベルリンからここテュービンゲンに移って来て、当時彼の祖母が暮らしていたネッカーハルデ通り（私が住んでいるところ）に住み、神学を学ぶようになった。でも、テュービンゲンでは、大学での神学の授業よりも、哲学の講義に多く出席していた。

キリスト者であり、世界人でもあったボンヘェファー。彼は平和と正義を胸に抱き、毎日の暮らしのなかで、自分の生を忠実に生きようとしていた。その

彼の姿は、

「教会は他者のために在ってこそ教会である」

と、言っているように思えるのだった。

他者がキリスト者であろうとなかろうと、他者との関係のなかでこそ人間の生の意味があり、また社会への責任を放棄してはならないと彼は警告しているようにも、思えるのだった。それは、彼の書いた文の端々から読み取ることができる。

またボンヘェファーは戦争当初から、勇気をもってユダヤ人の迫害に反対していた人でもあった。そのことは祖母の葬儀の際、彼が次のようなことを語ったことからもうかがえるのだった。

「祖母は今のこのときとは異なった精神世界を持っていて、墓石の下に葬られようとも、彼女の世界を継いで行かねばならない」

その世界とは差別のないことを指していた。まさに、ヒットラーがユダヤ人を迫害していたときでもあった。

祖母もそうだったが、ユダヤ人迫害に抵抗する彼の確固たる考えは、精神医学の教授だった父親、それに七人の兄弟姉妹から色濃い影響を受けていた。その兄弟のうち、一人の実兄と二人の義兄は、ボンヘェファーと同様にナチ政府によって殺されてしまったのである。

ボンヘェファーのことを思うと、いつも聖書の次の箇所が浮かぶ。

「自分を愛するようにあなたの隣り人を愛せよ。これより大事ないましめは、ほかにない」(「マルコによる福音書」十二章三一節)

そして、その前の節に、

「心をつくし、精神をつくし、思いをつくし、力をつくし、主なるあなたの神を愛せよ」

とある。ここでいう神を愛せよとは、隣人を自分の身に引き当てて考え、実践することが神を愛することでもあるだろう。

それは仏教でも、

「目の覚めるような自分を見出し、自らも立つと同時に他をも立たせる『共生《ともい》きの道』」

という教えがある。これに尽きるだろう。

身近にいる隣り人を愛していけば、背後に万人との連帯となる世界平和があることをボンヘェファーは見ていたのではないだろうか。なぜなら、「共に」のなかでこそ、希望も湧き、他者（相手）を信じる気持ちが生じ、隣り人を思いやり、愛する行為が生まれるからだ。

ボンヘェファーが平和と正義を、彼の祖母や両親や兄弟たちから学んだように、こんどは私たちが他者と社会をつねに見つめながら、「共に」の考えと行為で自分の生を歩んで行かねばと思うのだ。

（二〇〇六年三月）

かれを想い出しながら

日本から訪れてきた人たちが、よく口に出して言うことがある。

「日本は、自殺者が非常に多い。毎年、三万人以上が自殺している。それも働き盛りの人に多い」と。

学生時代の山の仲間だったかれも、一年前自ら命を絶ってしまった。そのことは、今も私の心のなかで渦を巻いて整理されないでいる。

自殺については、ドイツでは新聞やニュースなどで、あまり報道されてはいない。街の図書館でいくつかの月刊誌を開いても、記されてはいない。ただ、ある一つの雑誌に、自殺者の年齢層の表がわずかに載っていただけであった。それによると、年間約一万一千人が自殺をしているとの数字が出ていた。これは、日本よりはるかに少ない数である（ドイツの人口は日本の約三分の二）。自殺率は年齢が上がるにつれて高くなり、高齢者が最も多く、日本のように働き盛りが多いわけではない。

これは自殺者が現代の社会現象によって、影響を受けていないことを示しているといえるだろう。男性は各年齢層とも、女性の三倍強であった。

自殺してしまった、独身だったかれは、今まで勤めていた職場から去って、社会的に孤立してしまい、独りぼっちになって、自ら命を絶ってしまったように思えてならない。

ドイツから、電話で三か月に一回はかれと話をしていたのだが。四か月近く電話をしなかったので、そろそろかけようと思っていた矢先、命を絶ったとの訃報が入った。

それ以来、もっと話をして、かれの心をもっと知らなければならなかったのにと、何度ため息をついたことか。信頼関係が浅かったことを悔やんだ。かれの存在を、ひたすら思った。

そのかれを偲びながら、山を歩く計画を企てた。

九月下旬の早朝、ひとり車に乗って、テュービンゲンを出発した。

三時間して、チロルのガシュルンに到着。まず、村のヒュッテ風レストランでスパゲティを食べてから、すぐにリフトに乗り、二千百メートルの高さで降りた。と、今まで晴れていた青空に灰色の雲が張り出して、今にも雨が降りそうな空模様である。

歩き出してしばらくすると、案の定暗くなった空からポツリポツリと降り出してくる。腕時計の針は午後一時を指している。これから五時間かけて、二千五百メートル以上の稜線上を歩かねばならない。この天候ではと一瞬迷ったが、予定通り、目的の山小屋まで行くことにした。装備は十分だし、ピッケルも持っている。覚悟して登り出した。

このように昼を過ぎてから目的地へ向かうのは、珍しいことだ。それだけ、この登山がいつもと違うことを意味していた。

雨の山行は久しぶりだ。ここ十五年以来、家族と一緒のワンデリングのために、濡れながらの山歩きは避けてきたが、今は雨のなか。水溜りになった土道を踏みながら登った。足元には、半分枯れてしまった紫色のリンドウやクロッカスの花が、夏の終わりを告げるかのように、花びらを下に向けている。

雨に打たれながら、急な登り道を進んだ。

しばらくすると、今まで暗澹としていた雨雲が急に割れて、雲間から光が射し込み始めてくる。それとともに、雲が飛び散っていった。アッという間の天候の激変に、心が躍った。と、そのとき、あのことが浮かんできた。

学生時代、所属していたワンゲルの夏合宿で北海道の大雪山系を縦走していたときのことだった。今まで降っていた雨が、岩山のトムラウシ山頂の下までくると急に止み、雲が裂けて一筋の光が差し込んできた。と、またたく間に青空になった。即カッパを脱いだ。湯気が体から一気に立ち昇った。その心地良かったこと。心が躍るようだった。一年後輩のかれも一緒だった。

そのかれの顔が浮かんでくる。四か月前には、かれからの小包が家に届いた。そこには、古本屋で見つけたと思われる三冊の本が入っていた。その一冊は今、リュックのなかにある。山をテーマにした、著名な人たちが書いた随筆集だ。

「横井さんの書くものに、何かの参考になればと思い、送ります」

と、書かれた手紙が同封してあった。背負っているリュックを揺すると、その本が動く。

雨具を脱ぎ、こんどは岩場を歩くことになった。稜線上を進んでいると、これから二泊するテュービングゲン小屋が氷河の下に見え出した。まだかなりあるなと思いながら、濡れた山靴を運んだ。

一時間もすると、再び黒い雨雲が張り出してくる。と同時に、地が急に暗くなり、大粒の雨が降り出してくる。急いで再びカッパを身につけた。

雪混じりの雨になった。風も吹きはじめてくる。このような天候に山歩きをする人は、まわりにはだれ一人いない。雨足はさらに強くなり、登山道に水が走り出した。稜線の道は岩石が多く、滑りやすい。気をつけながら一歩一歩慎重に進んだ。

もう到着してもよいのに、依然として小屋の灯りが見えてこない。雪渓を何回も渡った。まわりは暗い。道を間違えたのではないだろうかと思うようになった。足が棒のようになって、山靴がとても重い。

「どこにあるテュービンゲン小屋よ。五十六歳のわたしを早く迎えてくれ」

空腹になり、体力がなくなってきているのは踏み出す足の弱さでわかる。

歩き出して、もう七時間が過ぎている。と、「テュービンゲン小屋まで五分」と記された標識板を目にした。うれしさよりも、力が抜けたような気持ちで、「ああ、もうすぐだ」とつぶやいた。

　若いころだったら、標識に五時間と記されていたら、四時間で行けたのが、今は七時間以上も要するようになってしまった。小屋までの五分が長く感じるのも、年のせいだろうか。

　やっと小屋に辿り着き、濡れた服を着替えて、遅くなった夕食を摂るために食堂に行くと、二十名ほどの人たちがストーブを囲んで、ワインを飲みながら談話していた。そのなかの一人が席をつくってくれる。

　注文した熱いスープが冷え切った体を少しずつ暖めてくれる。薪がボウボウと燃えている音を聞きながら、大きなソーセージとジャガイモのサラダを食べ続けた。

　翌朝、目が覚め、四人部屋の小さな窓から外をのぞくと、澄んだ青空である。同室のフランス人三名は朝食を済ませ、出発するところであった。

　ゆっくりと朝食を摂ったあと、昨日の疲れが残っていた足で小屋を出て、氷河の先端から、ゆっくりと登りはじめた。

　太陽の光は、歩いているこちら側にはまだ射し込んではこない。昨日の雨で雪面が固く凍っている。先に行った人の足跡を、サクサクと踏みながらひとり登った。山小屋に寝袋などを置いてきたので、リュックは軽い。それに、ピッケルを携えての緩やかな氷河登りなので危険はない。が、一人での山行のため、慎重に歩を進めた。

　一時間半で乗越しに出ると、三千メートルの山々が雪を覆って連なっているのが、目の前に迫ってくる。そのなかの一つの頂きを目指した。

　しばらく登っていると、昨夜降った雪のために踏跡が消えている。それに頂上へ導いていく矢印が、積もった雪で見えない。昨日の疲れも残っている。ここは無理をしないことだと思い、しばし立ち止まって前に聳え立つ山頂を眺め続けたあと、登ってきた道を引き返すことにした。

　陽光が雪面にサンサンと降り注ぎ出したので、シャツ一枚になった。三十分も下って行くと、すこし平らなところに出た。

雪面上にリュックを置き、その上に座った。照り返す光を浴びて、氷河の下にユラユラと揺れているテューービンゲン小屋が見える。と、越後の山奥に建つ山小舎で過ごした日々のことが浮かんでくる。

五月の連休に、五メートルほど積もったその小舎前で、体格のよいかれと上半身裸で相撲をとったり、地酒の八海山を飲みながら語ったりもした。当時のことが止めどなく浮かんでくる。そのかれは、もういないのだ。

翌日、山小屋のベッドで目を覚まし、外をのぞくと、昨日に続いて思い切り晴れた青空である。

朝食を摂ってから、小屋を発った。氷河から流れ出る水に沿っての下りである。急な傾斜道なので、用心しながらゆっくりと進んだ。一時間しただろうか、比較的平坦な道に出た。しばらく歩いていると、あのときのことが浮かんできた。

十四年前のことだった。かれがテューービンゲンに十か月間滞在したことがあった。私たち家族は、かれと黒い森やシュベービィシュ・アルプなどへ、よく行くようになった。またかれはミヒャエルとも仲良くなって、自分の車にミヒャエルを乗せ、二人でよく近くの丘へ出かけるようにもなった。妻が、「今日は、かれが来るわ」と言い、仕事を早く終わらせ、郷土料理を作っていたことも何度かあった。

そのかれが日本に戻ってからは、毎年クリスマスには、私たち家族一人ひとりに贈り物が届くようにもなった。それ以外にも、カセットテープがよく送られてきた。加藤登紀子や森進一や美空ひばり、それに日本の民謡などだった。それらは、今でも私の車のなかにある。

かれと共に過ごした日々のことを想い出しながら、三時間近く歩いていた。と、マーガレットの花が、いくつも固まって咲いているのが目に入った。のぞくように顔を近づけると、一つの根から二十もの鮮やかな白と黄の色をした花が、仲良く共に咲いているではないか。まるで花束のようだ。しばらく立ち尽くしながら、眺め続けた。

「君よ、この花が見えるか。君にこの花を捧げたい」

そうつぶやいたとき、一瞬こころが通ったようになった。そして、私の心のなかに、彼が棲んだと思った。

再び歩き出した。口から自然と一つのメロディーが出た。♪うるわしき桜貝一つ、去りゆける君に捧げん……♪　山のなかで一緒に唄ったこともある歌だ。足の動きが軽やかになった。


（二〇〇四年十一月）

未来へ向けて

平和を願うところ

ミュンヘンから車で三十分走ったところに、ナチ政府が最初につくったダッハウ強制収容所がある。そこへ、日本から来た知人と向かった。

駐車場に車を置いてから、鉄柵のある門を潜り、収容所の十二年間の歴史が納めてある館内に入ると、当時の様子が写真と文章で詳しく展示されていた。それらのパネルの一つひとつを見て廻っていると、胸が次第に塞がってくる。まわりにいる人たちも、同じ心境に陥っていることだろう。

館内には映写室もあったので、足を踏み入れると、当時ここでどのようなことが行われていたかを説明するフィルムが三十分毎に、ドイツ語と英語で放映されていた。私たちはそのフィルムを観てから館内を出て、こんどは当時の捕虜の人たちが暮らしていた簡素なバラック小屋に行った。

二百名の人が一つの狭いバラック小屋内で暮らし、戦争後半には、ここが千六百人にもなったと記されていた。信じられない気持ちになった。約二十のバラック小屋に、五千名定員とした収容所が、戦争後半にはその数倍の人たちで膨れ上がっていたとも書かれている。

ここで登録された人たちは十二年間で、ユダヤ人、戦争犯、捕虜、ロマの人たちなど二十万人以上だった。

そのうちの三万人以上は、人体実験や毒ガスや絞殺や病気、その他いろいろな方法で抹殺されてしまったのだった。

私たちが小屋のなかを歩き廻っていると、中学生のグループが先生を囲みながら討論しているのに出合った。それを目にしていると、収容所の跡を残して、若い人たちに当時ここで何が行われていたかを隠すことなく知らせ、このようなことを二度と繰り返してはいけないと警告を発しているドイツの学校教育に賛辞をおくりたくなった。

過去を見つめてこそ、戦争のない世界が創られて行くのだ。輪になって話し合っている生徒たちの姿が、眩しく映った。

（一九九〇年十月）

沈黙をやぶる

日本からの訪問者を含む私たち五名は施設長に案内されながら、大きな高齢者ホーム内を歩いていた。と、施設長が急に立ち止まって、壁にかかっているカレンダーを指差した。

「今日は四月二十日ですが、何の日だか知っていますか」

日本から来た六十代の二組の夫妻は、黙っていた。

「ヒットラーが生まれた日なのです。このホームで暮らしている人たちの多くは、戦争を体験してきた世代です。彼らは、その当時のことをほとんど話しません。この世代の人たちは当時のことを語ろうとはしません。それは、私には理解できます。しかし、それを黙認していることが恐くなることがあるのです」

戦争を体験していない五十歳前後の男性の施設長は、さらにやわらかい口調で続けた。

「このホームの責任者となる前は、警察官として働いていました。しかし、自分には向いてなかったので、人を介護する仕事に移ったのです。そして、今自分なりの考えを持ってこの施設で働いています。忙しい時もありますが、まあ満足していますね。皆さんをこれから案内したあと、このホームに住んでいる二百人を代表している七人との会議があります。その会議は非常に大切なもので、施設のあらゆる行事や問題点について、月に一回ほど開かれるのです。民主主義に即しての運営ですね。そのとき、私はヒットラーの誕生日についても触れます」

　施設長は、過去の戦争の歴史が現代に至るまで、どのような影響を及ぼしたかを語った。

　ホームを見学中に、戦争と平和についての話になるとは、想像さえもしなかっただけに、施設長が話した内容が私たちの心に深く残った。

　この施設を見学したあと、私たちは家に戻り、妻が作った料理を食べ出した。

　隣に座っている妻に訊いた。

「今日は四月二十日だが、何の日か知っている?」

「ヒットラーの誕生日でしょ。彼の場合は、誕生日よりも死んだ日のほうが、どれほどよろこばしいことか」

　即座にそう答えた。その彼女に、今日のホーム見学で施設長が語ったことを話すと、

「ドイツでもごく小数だけれど、高齢者の人が集まり、自分たちの戦争体験を語るグループがあるわ。彼らは学校へ行ったりして話をしているわね。しかし、それはごくまれで、多くの高齢者は戦争体験を話さないわ。むしろ、まわりの国々の人たちが、当時のことを声を大きくしてのべ伝えるようになってから、当時のことがあからさまになっていったわ」

　と、言った。こんどは、日本でのことが話題になった。昨年まで中学校で社会科の先生をしていた人が、話し出した。

「中学の社会科の教科書には、戦争と平和についての十分な内容が記されてなく、いかにも日本には戦争が無かったかのような書きかたになっている。そして、悲惨な戦争の写真ものせなくなってきている。それに中国大陸で、何が行なわれたのかには触れてはいない」

　それを隣で聴いていたその人の奥さんが、

「わたしも今年まで、高等学校の教師をしていました。以前、二回ほどアウシュビッツ強制収容所へ訪れたこともあります。今も平和運動にも参加していま

す。学校の教員会議で、平和運動のことを口に出すと、『あの人は……』といわれ、変な目でみられます」

と言い、日本での平和運動について熱い口調で語り出した。それを私たちは聴いていた。そのあと、昨年新聞社を定年退職した人が、「今日見学した施設のホーム長の話は、感慨深かった」と言った。

私たちが共通して思ったことは、歴史は繰り返すので、繰り返さないためにも、過去の戦争のことを、次の世代にしっかりと語り伝えることが大切だということだった。

（二〇〇二年六月）

どうしても伝えたいのだ

新聞の地域版に、ナチ時代にテュービンゲンで暮らしていたユダヤ人がどのような生活をしていたかを知らせるドキュメンタリーフィルムを、市内の映画館で観ることができるという記事が載った。午前は学校の歴史授業のために、午後は一般の人を対象にと書かれており、しかも、午前の上映後はフィルムに登場するユダヤ人八名と、その場で討論するとも書き加えられていた。

それを読んだ私は、当時のユダヤ人がどのように虐げられ、それを観て現代の若者が何を思うかに興味を覚え、映画館に行くことにした。

映画館の前で立っていた先生にお願いしたら、「いいですよ」との返事をもらい、私も生徒たちと一緒に観ることになった。

スクリーンに、八十二歳の男性の姿がクローズアップで映し出された。その人が話し出した。

「ヒットラーが一九三三年に政権を取ってから、私たちはプールや川で泳ぐことができなくなってしまった。それよりも、もっと身に応えたのはクラスメートの一人が、私の髪の毛をハサミで切り、平手打ちをしてから、『お前がきたないユダヤ人だからだ』と見下した顔で罵ったことだった。それを傍で見ていた先生は、何も言わずに立ったままでいた」

少年のころに通っていたテュービンゲンの学校前で、彼はさらに語り続けた。

「私の両親は食料品店を経営していたが、ユダヤ人の店で物を買うなというボイコット運動が起こり、店は倒産してしまった。父は、ナチ政府がドイツ国内のユダヤ教の会堂やユダヤ人商店、それに墓地や事務所などを燃やす指令を出した一九三八年一一月九日の夜、逮捕されてしまい、どこかへ連れ去られてしまった。しばらくしてから、父が肺炎で死んだとの通知が家に届いた。しかし、それはウソで、強制収容所で殺されてしまったのだ。さいわい、私は残った家族とポルトガルへ逃れることができたが、知り合いの多くは収容所へ送られてしまった」

ここで、彼の顔が画面に大きくアップされて、一つひとつの語を区切りながら、「ドイツの地に、再び、足を踏み入れないと決心したのだが」と言った。

こんどは、七十九歳の女性がフィルムのなかで語り出した。

「わたしが小学校のころ、プールの入口前に、ユダヤ人は入ることを禁ずると書かれた札が立てられていたわ。でも、ドイツ人の友だちが、『何も起こらないわよ』と言って、わたしの手を引いてなかに入ったわ。また雪が降ったある日、近所の子供たちから、雪のボールを投げられ、家に帰って、母に『いったいユダヤ人て、何を意味しているの？』と訊いたこともあったわ。わたしの家族は早くからイスラエルへ行ったので、強制収容所へ送られずに済んだけれど……」

館内にいた約百五十名の観客は、物音を立てずにスクリーンを観ていた。そのほとんどが中学校の生徒たち。数名の大人たちがいたが、彼らは学校の先生たちである。

フィルムに出てきた八名は、現在ドイツに住んではおらず、アメリカやイスラエルやポルトガルで暮らしているユダヤ人たちである。テューービンゲン市が、彼らを招待したのだった。

市では一九八一年以来、四回ほどユダヤ人を招いている。とくに今回は、当時のことを語るユダヤ人が少なくなりつつあるので、次の世代を担う若者たちに、なるべく正確に当時の出来事を知らせようとしたのだった。テューービンゲン市内に住んでいる千名以上の中学校と高校の生徒たちが、このフィルムを観ることになるだろう。

インタビュー形式でフィルムは進行し、当時の写真も映し出された。本や講演での内容よりもきわめて生々しく、リアリティーがあるものだった。そのなかで、テュービンゲンに住んだユダヤ人の歴史にも触れた。

ヒットラーが政権を握った年は、市内にユダヤ人が約百名住んでいたが、それ以後、年々外国へ移り住むようになって、二十二名が強制収容所へ。そして、そのうちの三名がアウシュビッツに送られたとの数字も出た。

約七十分のフィルムが上映されたあと、登場したユダヤ人たちが舞台の上に立って、生徒たちと討論した。百四十名の生徒から、質問がいくつか飛び出した。それに、八十歳前後のユダヤ人たちが真剣に答えていた。

二十分が過ぎたころ、こんどはユダヤ人の一人が、

「このフィルムを観て、あなたがたはどう思ったか」

と、生徒たちに訊いた。

ドイツの若者なので、いろいろな感想を聞けると想像したのだが、一分過ぎても生徒たちは何も言わないでいた。二分が過ぎた。と、ある一人の女子生徒が立ち上がった。

「このようなことが、本当にあったなんて信じられません。今は、それしか言えません」

自分の意見を言うことに慣れているこちらの若者たちだが、このあとも皆黙っていた。しばらくしてから、一人の先生が八名のユダヤ人たちにお礼をのべてから、言った。

「この過去の暗い出来事を、皆さんと今後も共有し続けていこうと思っています。なお学校に戻り、このフィルムについて討論する予定です」と。

映画館を出て家に戻る途中、思った。ナチ時代のことは、学校授業のなかで徹底的に話し合われているのだ。今回の企画で、八名の人を招き、またインタビューを撮影するためにアメリカとイスラエル、それにポルトガルに行くのは大変な苦労だったに違いない。

これはテュービンゲン市だけのことではなく、ドイ

ツの至るところの街で、当時のことを様々な企画をたてて市民に伝えているのである。

ドイツに再び足を踏み入れたくないと語ったユダヤ人もいた。まして、高齢の身でここまで来て、ドイツの若者と対話をしたのだ。どうしても伝えたかったのだろう。未来を見つめるその姿に、頭が深く下がった。と同時に、当時のようなことを、二度と起こさないようにしているドイツの学校教育にも敬意を表した。

（二〇〇五年十一月）

広島からのメッセージ

テュービンゲンの平和運動グループで活動している人から、私のところに電話がかかってきた。

「昨年の八月六日は、日本の人たちが鶴を折ってくれて、道行く人にそれらを手渡してくれましたね。今年は何をしようかと考えているところなのです。いい案がありますか」

それを聴き、ある一つの考えが浮かんだ。それを実行するために、広島へ行って、あることをお願いしてみようと思った。

広島駅から市電に乗って、原爆ドーム前で降り、すこし歩いて行くと、無残な姿になったドームが見え出した。その前で立ち止まってから、平和記念資料館に行き、地下一階の啓発担当室に入り、そこの職員に私の望みを伝えた。

「ええ、それはできますよ。ドイツ語に訳した大きなポスター三十枚がありますので、それを持っていってみてはどうですか。ドイツ語でのＤＶＤもありますし」

「本当ですか。それは、ありがたいです」

「毎年、それらを使用してもいいですよ。返還する必要はありません。それらのポスターがドイツの人たちの目に留まってくれれば、私たちはうれしいのですから」

対応してくれた女性は、にっこりした顔で言った。

「ポスターを包装するまでには一時間半はかかるので、もう一度ここに来てください」

「そうですか。それでは資料館内を歩いてきます」

今までに二回ほど広島に訪れているので、何がどこに展示されているのかを知っている。関心が強くあったところを再び見て廻ってから、外に出た。そして、原爆死没者慰霊碑の前に立った。

ハニワ型の屋根の下に置いてある石棺には「安らかに眠ってください　過ちは繰返しませぬから」と刻まれてある。その文字をじっと見つめ続けた。と、これは一体、だれが主語となっているかと考えた。主語がない文でも通用する巧みな日本語。先ほど、対応してくれた女性に訊ねてみようと思った。

一時間半が過ぎたので、資料館の啓発室に戻ると、ポスターは包装されていた。先ほどの女性に訊ねた。

「『過ちは繰り返しませぬから』との文の主格についてなのですが」

「あれは、全世界の人たちを指します。米国ではアメリカ人が、日本では日本人が、他の国ではその国の人が、未来を含めての声を出しているのです。英語で言うと、Ｗｅとなります」

「では、米国では、ここのような資料館みたいな建物がどこかに在るのでしょうか」

「アメリカに在住の日本人が、そのようなものを造る計画を企てようとしましたが、建てるまでには至っていません」

「そうですか」

そう言ってから、また訊いた。

「それでは日本人によって実行された真珠湾攻撃に関する詳しい資料館みたいなものが、米国には在るのでしょうか」

「ハワイに建っていると聞いています」

「日本にはないのですか?」

「さあ」

彼女は首を横に振った。

「そうですか」

そう言ってから、彼女にお礼をのべて、三キログラム以上はあるポスターを両手で抱えて外に出た。

平和記念公園を歩きながら思った。加害者は、その行為を忘れがちだが、被害者は、その行為を何かと憶えているものだ。その点、ドイツではどうかと考えた。

ドイツのように強制収容所を今も残して、ナチ政府が犯した残忍な行為を次の世代にしっかりと伝えている国もあるのだ。

日本も本当に国が、一人ひとりが謙虚になれば、中国大陸で日本軍がした行為を知らせる資料館、また真珠湾攻撃をなぜしたかとの深い反省をうながす展示館を国内に建て、次の世代に真実をしっかりと伝えることは大切だろう。戦争のない世界を創り出すためにも必要だ。

ドーム付近の近くから、妻に電話をかけた。

「ポスター三十枚とDVDを、手にすることができた」

「ほんと、よかったわね」

妻の弾んだ声である。ここまで足を運んだ甲斐があったと思った。八月六日教会前の広場で、これらのポスターをパネルに貼って、道行く人に見てもらおう。戦争のない、核爆弾のない世界を願うがゆえに。

一九六七年に日本政府が公表した非核三原則である、「核兵器をもたず、つくらず、もちこませず」を今も国是としている私たち日本人だ。戦争を避けるためにも、広島と長崎に落ちた原爆のことを、世界に伝えていかなければならない。と同時に、加害者体験をも伝えていかねばならない。　（二〇〇九年七月）

届け、この願い

「そとでは雨が降っているけれど、明日はぜひ晴れてほしいな」

「そうね。天気予報では、一日中曇りだといってたけれど」

夕食を済ませたあと、妻と明日の天気を心配しながら、長さ三メートル幅一メートルの日本の白い布地に、65 Jahre Hirosima（ヒロシマから六十五年）の文字を切り抜いて、縫い合わせることをはじめた。

それが終わったのが、真夜中の十二時過ぎだった。雨の音を耳にしながら眠りについた。

翌朝ベッドから起き出してカーテンを引くと、雨は止んでいたが、灰色の空である。今にも雨が降りそうだ。

八時半、私と妻はガスボンベ、風船、折り紙、それに印刷物などを手押しワゴンに積んで、教会前の広場へ向かった。

二〇一〇年八月六日の今日は、広島に原爆が投下されて、ちょうど六十五年目にあたる日である。毎年この日は、平和運動のためにドイツ人と日本人とが一緒になって、広場で鶴を折ることをしている。

今年はそれに加えて、妻の案で色とりどりの百の風船に、「広島・長崎を再び繰り返してはならない」、「戦争が終わって市民の苦しみがはじまる」、「核の無い世界を求めて」などの平和の願いを書いた小片を鶴と一緒に、空へ飛ばそうとした。

手伝いに来てくれた二組の日本人家族と、ドイツ人の元牧師と学校の先生、それと妻とで、机や椅子それにパネルなどを広場の中央に運ぶ作業にとりかかった。

ちょうど十時、警察官二人が近寄ってきて、催し物の許可書を見せてほしいと言われ、私と妻が一週間前に市役所に提出した集会の証明書を提示した。さあ、これから十二時半まで、道行く人に平和を訴えるのだ。

パネルには、昨年広島を訪れた際に手にした大きなポスター八枚が貼ってある。それに、昨晩妻と私とで作った横断幕が机から垂れ下がっている。その前で、私たちは椅子に座りながら、折り紙で鶴を折った。

前日の新聞に、私たちに関する記事が載ったのを読んで、話しかけてくる人もいる。またマルクト広場では朝市が立っていたので、前を横切る人も多い。それに、夏休みなので子供を連れた家族が、カラフルな風船を見て寄ってくる。

私たちはドイツ人に鶴の折り方を教えたりして、まわりは賑やかなものである。

十一時、十二時には、鐘を鳴らして平和を願い黙祷した。日本人とドイツ人、それにアメリカ人も一緒である。ちょうど教会の鐘が数分間鳴り響き続けたので、それに合わせての祈りである。

最後に、今日参加した人たち十名が手に風船を持って、一斉に風船を空へ向けて放した。響け、私たちの願い！

後片付けをしてから、私の家で、先ほど催しの活動をしてきた八名と一緒にテーブルを囲んで昼食を摂った。そのなかには、日本の中学生もいる。彼は机や椅子を運んだり、片づけをしたり、風船にガスを注入してもくれた。これが、私にはとてもうれしかった。若い世代に、このような活動をしながら、世界に平和への願いを伝えることができたからである。

次の世代に、この広島・長崎の原爆をどうしても語り継いでいきたいのだ。世界に核戦争を起こさせないためにも。

さいわい雨に降られずに済んだ。皆と共に、平和を願っての時間だった。

翌日、私たちの平和を願う活動が、カラー写真入りで地元の新聞に大きく載った。多くのテュービンゲン市民が読んでくれたことだろう。


（二〇一〇年十一月）

共に生きる

ドイツで暮らすようになってから、毎日出合う様々な体験をテュービンゲン便りに載せるようになった。書いている本人は、読んでくれる人に訴えたいことがあるので、筆を運ばせてはいた。が、若いときに読書もせず、ものを書くことをまったくしなかったので、当便りを書き出したころは、思いつくままに出ることばを羅列していた。それらを今読むと、目を被いたくなるような文章が多い。

それをすこしでも手直しできないものかと、以前から考えていた。それもドイツ語で毎日生活している日々から飛び出して、集中的に日本という空気のなかで作業ができないものかと思っていた。

そのような折、土浦にいる友人からマンスリーマンションを用意してくれるとの話しが出て、そこに滞在する代わりに、彼の運営している福祉施設で、ドイツの福祉事情を話すことが条件となって、日本行きが決まった。

土浦市郊外での三週間の暮らしがはじまった。今まで経験したことがなかったマンスリーマンションでの日々だった。毎朝七時には起き出し、ひとりで食パンにマーガリンと蜂蜜をぬっては食べ、八時に机に向かっていた。そして十二時前になると、近くのスーパーでお弁当を買い、マンションに戻って昼食。そのあと、再び机に向かう。

作業している一時間が一分ぐらいのように思え、自分にこびり付いた垢を取るようなものだった。

また、頭をすこし休めるために、しばしば近くを散歩に出かけたりもした。雪が降る日もあったが、足が地にしっかりつき、寒さをまったく感じないほどだった。

夕食は近くに知人たちが住んでいたので、時々そこでご馳走になったりしていた。毎夜、布団に潜り込む時間は十一時過ぎだった。

ここでの滞在中、知的障がいのある人たちをお世話している職員と二回ほど、それと、親の会の集いのなかで、親御さんたちと話し合う一回のトーキングがあった。

テーマは、「共生」ということで、ミヒャエルが暮らしているグループホームの様子をのべながら、共生とは、自立とは何かを探していくものだった。昨年もこの施設でそれと似たようなテーマで話をしたが、今回は私から一方的に語るのでなく、聴いている人との対話形式となった。

このテーマは六十歳を過ぎた今も、自分のテーマとなっているので、働きざかりの職員たち五十名と討論するのはたのしいものだった。若いときの自分を想い出し、まして日本語だと相手の言っている背景も読めるので、こちらも勉強になった。

その内容は、自己実現を目指して主体的に生きるという「自立」からはじまって、障がいのある人たちにとっての自立とは何かであった。

それは人とのつながりという、目に見えない関係にも自立がふくまれているということ。そして、自立とその対極である依存とが、共存していることがまさに

「共生」で、他のことばでおき換えれば、生き、生かされているという話に進んだ。

それらを、このトーキングを終えたあとも考え続けた。あのように討論することによって、私自身も生かされていることを感じたし、そこには共生き《ともい》という働きがあるのだと思った。

これは日本から戻って一週間後に起こった東日本大震災にもいえるだろう。自立と依存、生き生かされ、そこに共生があるのだ。困難が大きくなればなるほど、この共生きが当事者にも、また支援する人たちにとっても大切になるだろう。

人と人との間の絆があってこそ、人間なのだ。

（二〇一一年四月）

あとがきにかえて

ネッカー川のほとりに佇むテュービンゲン市に移り住んだのは、一九八六年の六月だった。その翌年から、日本にいる友人や知人たちに向けて、テュービンゲン便りという小さな冊子を定期的に送るようになった。

それから十数年して、その便りが一冊のドイツ版にまとめられ、それを読んだあるドイツ人の新聞記者が、「日本人の目で見た、ドイツの日常生活」という見出しではじまる記事を地方新聞に載せた。その内容は、次のようなものだった。

＊　＊

横井秀治氏は、日本に住む友人や知人にテュービンゲン便りなるものを、ここ十数年に亘って発行している。それは、おそらくテュービンゲン市の定期刊行物のなかで最も小さなものだろう。

日本の読者は、Ａ4版で十ページ前後に書かれた、その便りの何に魅せられているのだろうか。

それは編集者であり、唯一の著者でもある横井氏がテュービンゲン市に住み、彼の目に留まったこと、それが伝える価値があると思われることを分析しながら書いているからだろう。また彼は手紙の交換などによって、独自の方法で自分の考えをのべ伝えてもいる。

横井氏は東京の大学を卒業して、日本の知的障がいのある人たちが住む施設でしばらく働いていた。しかし、ドイツではその仕事に従事していない。それというのも、夫妻には障がいの重い息子がいて、その子の介護をしているからである。彼はハウスマンとなり、夫人は駅ミッショナーとしてテュービンゲン駅で働いている。

彼は絶えず自己を省みながら、便りを書いている。たとえば、ハウスマンは退屈かとの題の中で、「家のなかの仕事は、家族との社会的関係のなかで行われ、それが家族によって認められ、相手のパートナーからも支援されれば、ハウスマンの仕事は変化もあるし、よろこびもある」と綴っている。事実、横井氏は彼の人間的、感性的な経験を通じて、様々な盛りたくさんのテーマを扱っている。そして、それらが毎日の生活の中で、他の人と結ばれながら暮らしているのを証している。

大きな謙譲的表現で書かれた彼の文は、非凡な率直さ（開放性）と社会的関心とを含んだ内容とも言えるだろう。たとえば、街での息子と一緒の買い物や、その子が迷子になった出来事、そして息子が自立を目指して近くのパン屋へ行く話など。それにホームレスの人との路上での数回にもおよぶ会話や、難民のスリランカ人への滞在許可の心配など。それらすべてが生活の場を通して、一つの小宇宙を創り出している。それを愛情溢れるタッチで記述しているのである。

便りの記事のいくつかは、二年前にテュービンゲン大学のオットー・プッツ氏によって翻訳されて一九八頁の冊子にまとめられた。それというのも、横井氏と一緒に住んでいる義母が、その便りを読むことができるようにと彼が願ったからだった。その義母は、その冊子の中で寛容と精神に目覚めた豊かな生活体験者として登場する。

横井氏は、意識して主観的に捉えてものを書きたいと語る。しかし、同時に彼の文は部分的には入念な調査をした上で書いている。たとえば、ドイツの学校制度と日本の学校制度との比較や、教会の役割と教会から脱会している人が増えてきている現状、そしてナチ時代の障がいのある人への殺害とユダヤ教会堂を燃やした水晶の夜など。それらは、日本の読者に数字と事実でより真実味をもたらしている。

最近では、生命倫理についてよく書いている。障がいのある息子をもつ父親として、忍び寄る経済的視点から、この新しい生命価値に憂いと警告で訴えているのである。

彼の便りを読む人たちは、社会福祉の仕事に携わっている人たちが多く、ドイツの社会福祉問題に関心をもっている。そのようなこともあって、彼は介護保険についてもいろいろ調べたり、高齢者ホームで一泊したりして、その体験談も載せている。

ドイツにおける女性への暴力問題は、日本ではまだまだ私的なこととして扱われ、ドイツのように公に討論されたり、資金も公からは出てないとも語った。また女性のためのシェルターや女性性器切除の反対運動をしている女性グループをも彼は訪れ、その話なども載せている。

次に書きたいのは、「テュービンゲンで、初めて女性市長が誕生したので、そのことを読者に知らせたい」と語った。

横井氏は青年になった息子をできるだけ、普通の生活ができるようにと願い、二人でしばしば電車などに乗っての買い物や遠足などもしている。また数年前には父と子で、息子の生まれた日本に行き、友人の家やユースホステル、それに老人ホームで泊ったりしての旅行もした。

髪の毛をうしろで結んだ日本人の父親とその息子は、一般的なカップルには見えないし、テュービンゲン市及びその周辺の街ではよく知られている。

横井氏は年のわりには若い姿勢を保ち、仕事と生活の意味について、彼の活動的で予測もつかない把握力を通じて、多くの人とコンタクトを持っている。また社会的奉仕活動、たとえば重病人の訪問奉仕もしている。

横井氏の社会的生活は、他から絶えず学ぶことにあるようだ。彼の目立たぬ地味な日常生活から、感嘆に値するような発見をする。そして、そこから小さなよろこびを得て、想像さえもしないようなエネルギーを導き出す。たとえば、庭に咲く一輪の花、窓から見えるアカシアの木、新鮮な朝の空気などの記事から、それがうかがえる。

彼は、「自分の生活態度は恐らく仏教から強い影響を受け、最近ではキリスト教からも多くを教えられている」と語った。

ふるさと日本　こころの旅

はじめに

旅が好きだった私は、大学時代の一年間、ひとりでヨーロッパとアメリカの国々を歩き廻ったことがあった。その原動力となったのは、見知らぬ地への強い好奇心だった。

そして、時が経ってドイツで暮らすようになると、こんどは自分が生まれ育った日本を旅したくなり、とくに五十歳を過ぎてからは、いくらか望郷の念にかられて日本の各地を訪れるようになった。

「日本での旅は、たのしいですか」

だれかにそう訊かれたならば、次のように答えるだろう。

「その土地土地に内包している歴史と自然、それに地元の人の声が聴こえてくるし、旅路のなかで、今まで自分が経験したことなどを思い浮かべることもできるし、いいですね」

さらに、付け加えるだろう。

「若いころに持っていた外面へ向けての好奇心が、こんどは自分のこころの内面の動きに関心が移り、それが旅をより充実させてくれたように思うのです」と。

ここに載せた十七篇の日本での旅は、どれもそのような心情を描いたものばかりである。

萩父子旅（一九九五年五月二十日〜六月七日）

あと一年したら、養護学校を卒業して障がいのある人たちが働く作業所へ通うことになっているミヒャエル。そうなれば、学校のような長期の休みを取ることが難しくなるだろう。そう思った私は、彼を連れて日本に行くことにした。その日が来るのを待った。

機内の小さな窓から下をのぞくと、いくつもの川が濃い緑で覆われた山々の合間を縫うように走っているのが、くっきりと望める。あの山並みはどこだろう、越後の山だろうか、谷川岳付近だろうか。小さな模型のように広がっている山域を眺め続けた。

ミヒャエルはイヤホンを耳にあてて、好きなメロディーを聞いている。彼にとっては、九年ぶりの日本訪問である。これから、父と子のリュックを背負っての十八日間の旅がはじまるのだ。

成田に着くと、小雨が降っていて、止みそうにない。傘を差しながら、今夜宿泊する千葉の妹の家へ向かった。

浜松で生まれ、七歳まで日本に住んでいたミヒャエル。その彼が来るとのことで、叔母や叔父などが集まってくれる。その人たちとの夕餉となった。テーブルの真ん中には、にぎり寿司が置いてある。それを食べながらの歓談となった。

久しぶりに口にする酢の効いた米の味、舌と胃が悦びあっているのがわかる。ミヒャエルはまわりの人たちの顔と名前をまったく忘れていたが、「ウン、ウン」

と肯きながら、会話の輪に加わっていた。

ふと気がつくと、夜中の十二時過ぎである。明日は、ミヒャエルが一歳から七歳まで暮らした地へ行くことになっている。欠伸をはじめた彼と一緒に、隣の部屋に行き、畳に敷かれていた布団に潜り込んだ。昔を想い出すこの感触。隣のミヒャエルはもう寝入っている。柱時計の音を耳にしながら、私も眠りに就いた。

翌日、皆と一緒に朝食を摂ったのち、二人ともリュックを背負って妹の家を出て、電車を三回ほど乗り継ぎ土浦駅に到着する。改札口を出ると、友人が待っていてくれた。これから彼の家へ行き、ここで六年間お世話になった人たちとの再会だ。

大きくなったミヒャエルを見て、寄り集まってくれた二十名ぐらいの人たちは、皆驚きの声を上げた。当時のモヤシのようなひょろりとした体つきから、今はがっしりした体格となっていたからだろう。その彼は、日本語をまったく忘れてしまっていたが、終始笑顔を浮かべ、会う人と握手を交わし、たのしそうにしていた。その姿を目にして、ここまでよく育ったとの思いで、私の顔から自然と笑みが零れるのだった。

翌日、私たち二人は以前住んでいたところへ向かった。田圃が見え出して、トタン屋根の簡易木造貸住宅が今も六棟建っているのが目に入ってくる。あの左端の家で暮らしていたのだ。

玄関前に立つと、四歳でやっとひとり歩きができたミヒャエルの姿、それに七十一歳になる義母が、ドイツから一人で訪れて来て、ここで一か月間滞在していたことが浮かんでくる。もう十六年前のことだ。

周囲はほとんど変わっていない。家の裏にあったピーナッツ畑は今もある。あの周辺を、私たち家族はよく散歩をしていたのだ。立ち尽くして見続けた。

夜の九時過ぎ、静岡県の浜松駅に到着する。昔よく乗っていた三方原行きのバスに揺られながら、窓から暗くなった商店街の通りを眺めていた。車内に流れてくる放送は以前と同じだ。昔のような空気の匂いだ。懐かしさを覚えながら座り続けた。

バスを降りてから、これから二泊する高齢者ホームへ向かって歩き出した。数分もしないうちに、新築の高齢者ホームが目に入ってくる。

ホームの前に立つと、私たちの宿泊するところを探してくれた知り合いの女性が玄関口から出て来る。私たちは彼女に案内されて、ゲストルームに入った。と、二人とも疲れが出てきたので、すぐにベッドに入った。

翌朝、朝食を摂るためにミヒャエルと一緒に食堂に行った。お年寄りたちと一緒の食事である。

朝食はいつもパンを摂っていた彼だったので、ご飯が口に入るかどうかと気にはなった。が、そんな心配を吹き飛ばすほど何杯もお代わりをした。日本にいたときのことを想い出したようだ。

朝食を済ませてから、私たちはまず以前住んでいたところへ向かって歩き出した。

小川に沿った道をしばらく行くと、昔働いていた知的障がいのある子供たちが住んでいる施設が見え出してくる。さらに進むと、私たちが暮らした職員寮の赤い屋根が目に飛び込んできた。あたりを見回すと、濃い緑の葉をつけた木々が立ち並び、近くの牛舎からは、小鳥の囀りと一緒に牛の声が聞こえてくる。当時のままだ。

木々に囲まれた、簡易な木造作りの寮舎前に立った。

「ここで、きみは生まれたのだぞ」

と、隣にいるミヒャエルに言うと、彼は、

「モウ、モウ」

と真似をした。その彼を家の前に立たせて、スナップ写真を撮った。と、十八年前のあのシーンが浮かんでくる。

出産予定日の二週間前に、二千五百グラムで生まれたダウン症のミヒャエルは、母乳をほとんど飲まなかった。吸う力が弱かったからだ。妻は自分の乳をしぼって哺乳ビンに入れ、

「今日は、これだけ飲んだわ」

と、言いながらノートに書き記していた。すこしでも飲むと、よろこびの表情を浮かべながら息子を見つめていた彼女だった。異国の地に来て、言葉もわからず、見知らぬ文化のなかで行き詰まることもなく、彼女はよくやっていた。当時のことを思うと、今でも頭が下がってくる。あとで、電話でここにきたことを伝

えよう。

浜松で三日間を過ごしてから、こんどは京都府の山間の村に住んでいた友人宅に行き、そこで二泊して、今回の旅で、私が最も訪れたかった山口県の萩へ向かった。

三回ほど列車を乗り換えて、やっとのことで萩駅に到着する。あたりは薄暗い。まず、これから四泊する宿を捜さなければならない。駅前の観光案内所で、斡旋してもらおうとした。

「安い民宿を捜しているのですが、どこかにありませんか」

「民宿は一泊二食で、どこも六千五百円ですよ。今の時期は観光客が少ないので、直接行って訊くとよいでしょう」

係の人から街の地図をもらい、それを見ながらの宿捜しとなった。ミヒャエルは歩くことには慣れている。ドイツに住むようになってから、毎夏スイスの山々に登っていたので健脚でもあった。

「ミヒャエル、平気か」

「ヤーァ、パパ」

との明るい声が返ってくる。地図を広げ、どの宿にしようかと迷っていると、地元の人が話しかけてきた。

「どうなさいました」

「泊まるところを捜しているのです。それも安い宿を」

「それでは、近くにあるユースホステルがよいでしょう」

それを聞き、そのユースへ向かった。

六月上旬の今は、夏の観光シーズン前である。泊り客は、私たち二人以外にだれもいない。大きな部屋で、二人だけで眠ることになった。

翌朝、ガランとした食堂で、朝食を摂ってから外に出た。

江戸時代には城下町として栄え、明治維新には多くの志士を生んだ萩。ここには日本のふるさとが今も脈々と生き続けていると何かの本で読んだことがあった。ぜひ訪れたかったところだ。そこに、今息子と二人でいるのだ。信じられない気持ちであった。

武家屋敷を感じさせる佇まいの道を、彼と一緒に歩いていた。大きな石垣と白い土塀からは、夏みかんが顔をのぞかせている。それらを目にしていると、日本の昔ながらの風景のようにも思え、心が静かに満ちてくる。

しばらく行くと、緑の濃い静かな地になった。目の前には、吉田松蔭が弟子を教育した松下村塾の建物が建っている。数多くの志士たちが指導された塾だ。

志半ばにして、二十代後半で死んだ吉田松蔭や高杉晋作などの生き方は、どのようなものだったのだろうかと考えた。彼らは仲間と共に信頼し合いながら社会を変革しようとして、そのなかで自分の生きる意味を見出していたに違いない。木造の家を眺め続けた。

さらに歩いて行くと、伊藤博文旧宅が見えてくる。そこの前を通って、黄檗宗東光寺へ向かった。杉と檜の大樹が左右に並び、うっそうとした緑に包まれた道を、私たちはゆっくりと歩いていた。時々初夏の陽光が、緑の葉の隙間から漏れるように射し込んでくる。樹と土の織り成す湿った冷たい大気が、日本で暮らしていたときの自分を蘇らせてくれるのである。

「これが日本だよ」

と、ミヒャエルに言うと、彼は、

「パパ、パン、パン」

と、声を上げた。お腹が減ってきたようだ。朝食から何も口に入れていない。ちょうど二十メートル先に木のベンチがあったので、そこに腰かけ、途中で買った餡パンとオレンジジュースをリュックから取り出した。

食べ終えてベンチから腰を上げ、しばらく行くと、東光寺境内前に出た。と、整然と立ち並ぶ約五百基の石灯籠が目に入ってくる。それらを見ながら近くをぶらついていると、遠い歴史が偲ばれて、気持ちがゆったりとしてくる。のんびりと歩き続けた。

萩の町で三日間、足に任せて過ごしたあと、こんどは日本海の澄みきった青い海に浮かぶ青海島周辺へ向かった。

一車両の電車に乗って、長門市で降り、仙崎湾まで来ると、二十人乗りの小船が今出るところだった。私たちは、そのまま船に飛び乗った。

船からは、日本海の荒波によって少しずつ削られた断崖・石柱・洞門などが見える。波が壁を打ち砕いている様は、まるで長州の志士たちのような男性的躍動さだ。それを眺め続けていると、彼らのかならずやり遂げるという心意気が伝わってくる。

ミヒャエルは、小船が揺れながら白い飛沫を飛ばして走っているのが面白いようで、たえずニコニコ顔である。海を目にするのも、船に乗るのも初めての彼。目を丸くした新たな体験だ。

ユースに戻ると、毎日お風呂に入る私たち。日本の湯船は大きくていいものだ。

「今日も、パパの背中を流してくれるか」

「ヤーァ」

彼のぎこちない手が、背を走る。

「もっと力を入れて洗ってほしいな」

両手で力いっぱいゴリゴリ洗うミヒャエル。痛いぐらいだ。でも、快いものだ。父子でお風呂に入ることは、ドイツではないので、この肌と肌の触れ合いは二人の気持ちを一つにしてくれる。共同の湯はいいものだ。

湯に浸かったあと、夕食を摂り、下着などを洗い、九時過ぎに床に就く私たち。

ユースを発つ朝も、ウグイスの鳴く「ホー　ホケキョ」の声で目が覚めた。いにしえから続いている澄んだ音色の三語を聞きながら、私たち二人は、再びリュックに衣類などを詰めはじめた。あと一週間、父と子の旅を心ゆくまで満喫して行こう。

春の京都三人（一九九九年三月二十九日～四月四日）

秋は紅葉の美しさと同時に、物寂しさを誘う。まして、一緒に住んでいた義母が逝去して半年も経っていない。私たち家族は何かと彼女を想い出しては、ため息をついていた。とくに、妻のゲルトルートは心に穴が空いたようになっていた。そのようなある日、居間のソファーに座って日本の風景写真集を開いていると、ゲルトルートが寄って来た。

「きれいな桜の花ね」

そう感嘆の声を上げながら、彼女は私の横に座った。私たちは一緒に写真集を観続けていた。終わりの頁に近づいたころ、彼女に言った。

「こちらに移り住むようになってから、きみはまだ一度も日本に行ってないね」

「そうね。あなたは二年に一回は出かけているけど、わたしはここ十三年間訪れてないわ」

「どうだろう、来年の春、三人で京都へ行こうか」

「それは、いいわね。京都は、ぜひ訪問したかったところだわ」

彼女は、八年間の日本滞在中、障がいのある息子のミヒャエルを育てるのに明け暮れて、旅行をしたことがなかった。ミヒャエルが生まれた浜松、そのあとに住んだ土浦、それに私の両親が暮らしていた東京以外は知らなかった。

「よし、三人で旅をしよう」

いよいよ日本へ出発する日になった。二週間の旅に必要なものが入っているリュックを三人ともそれぞれ背負い、家を出た。フランクフルトから十一時間半ほど飛行機に揺られて、大阪空港に朝早く降り立ったあと、私たちはリムジンバスに乗り、これから一週間滞在する京都へ向かった。

妻は、車窓に映る大阪市内の風景を身を乗り出しながら見ている。ミヒャエルは、車内に取り付けられたテレビから流れる日本語を聞いては、口真似をしてたのしそう。私は二年ぶりに映る日本の街角風景に懐かしさを覚えながら、外を眺め続けていた。近代的な十六階建ての駅ビル前に着いたのは、ちょうど十二時だった。ゲルトルートがその高い建物を見ながら、「ここが京都なの?」と、驚いたような声を上げた。抱いていたイメージと違っていたのだろう。その彼女に言った。

「京都の表玄関であるここは近代的だが、これから街に入ると、古都の顔がのぞけるよ」

私たちは、予約した宿へ向かおうとしてバスに乗ろうとした。が、駅前には何台もの路線バスが並んでいる。どれに乗車してよいのかと迷ってしまうほどの数だ。外国に来たような錯覚に陥ってしまった。

やっとバスの席に腰を下ろして一息入れていると、間違った方向へ走っているように思えた。そこで、車掌さんに訊ねた。

「それは反対方向のバスですよ」

それを聞き、私たち三人は急いでリュックを担ぎ、運賃を払おうとした。

「要らないですよ」

車掌さんの返事である。私たちはお礼をのべて、バスから降りた。そして、反対側の停留所まで来ると、ゲルトルートが、

「お好み焼きがあるわよ」

と、まわりの人にも聞えるような声を上げた。バス停から三メートル離れたところに、屋台が立っているのが見えた。バスが来るまでにはまだ時間がある。そこに立ち寄り、おじさんに一つ四〇〇円のお好み焼きを三つに切ってもらうことにした。

それを食べ出すと、鰹節とソースの味が口のなかに

広がってくる。しばらくすると、向こうから私たちが乗るバスが近づいてきたが、彼女が、

「もう一つ、食べましょうよ」

と、言ったので、そのバスを見送った。

売っているおじさんは肌が色濃く焼け、いかにも屋台で商売をしている顔つきである。エプロンが汚く、それがよいのだ。高いお金を払う気取った料理よりも、この味だと思いながら、次のバスを待った。

しばらくするとバスが来たので、それに乗り、外国人たちがおもに宿泊する、市の中心地からすこし離れたところにある、宿泊代の安い簡易民宿へ向かった。

玄関で靴を脱いで、六畳一間の部屋に入ると、炬燵があったのでスイッチを入れた。しばらくすると、三人とも疲れと時差ボケのために瞼が重たくなってくる。そこで、押入れから蒲団を取り出して、仮眠することになった。

久しぶりの布団の感触である。隣のミヒャエルはもう寝入っていた。

一時間半ほどして、目が覚めて窓から外をのぞくと、日は傾きかけて薄暗くなっていた。お好み焼きを食べてから口のなかに何も入れていない。三人とも空腹である。そこで、夕食を摂るために外に出ることにした。

すこし歩いて行くと、どこからか香ばしい匂いが漂ってくる。妻の足が止まり、

「なつかしい匂いね」

と、声を出した。あたりを見回すと、古い木造建築造りの小さな食堂が目に入った。木戸前の暖簾には、藍色で染まったうなぎの文字が泳いでいる。迷わず、ここだと決めた。

木戸をガラガラと開けてなかに入り、お茶を飲みながら注文したものを待っていた。

十分ほどすると、目の前に湯気の立った焼きたてのうな丼が出てくる。それを舌の上にのせた。とろけるような味である。

「浜松に住んでいたころ、あなたの給料が出ると、うなぎ屋へしばしば行ったわね」

彼女がそう言って、ミヒャエルが生まれた浜松でのことを話し出した。

ミヒャエルは慣れぬ箸でご飯をすくうようにして口に入れ、私は妻の話を聴きながら、ひと箸ひと箸惜しむように食べていた。鰻の味が、当時の暮らしを想い起こさせてくれるのである。

翌朝、三人で宿の近くのコンビニに行き、食パンとジャムと牛乳を買い込み、自分たちの部屋に戻り、京都での朝食である。日本のパンはやわらかく、しっとりとしている。ドイツのように何度も噛むようにして食べる味とは違う。

それを済ませてから、玄関に出ると、朝脱いだ靴が前向きにきれいに並べてあった。それを見たゲルトルートが、

「おかみさんは、親切ね」

と、にっこりして言った。

「ここで女将さんと朝の挨拶を交わしているのだよ」

「挨拶?」

「お義母さんも私たちの靴が汚れていると、よくきれいにしてくれたね。朝、それをはくと、お義母さんと挨拶を交わしたような気持ちになっていたからね」

「そうだったの」

そう言いながら、彼女は靴を履いた。

京都見学の一日目である。まず、近くに建つ禅寺の大徳寺に行き、玄関で靴を脱いでから建物内に入った。私は庭と、石庭なる造形が目の前に飛び込んでくる。私は庭に面した板敷きに腰を下ろし、前面に広がる庭にこころを集中させた。

小さな石が波のごとく続いたように流れ、大きな岩が所々に置かれてある。相対的な世界が一つの画面に納まっているように思え、その模様をしばらく見つめていた。と、妻が寄って来て、私の肩に手を置き、先に行ったミヒャエルの方を指差した。

境内の整然とした落ちついた渋い配色の庭などを目にしていると、学生時代に通っていた鶴見の総持寺(禅寺)のことが浮かんでくる。松や竹、杉、石垣、瓦屋根など、心誘うものばかりだ。忘却していた日本へ回帰する気持ちがふつふつと溢れ出て、立ち止まっては眺めていた。日本の歴史に関心を持つ妻も、足を止めては見ていた。

次は、世界でも知られる金閣寺に行った。おびただしい人の波である。ここを早く出たくなった。金箔の金閣寺とまわりの自然とが調和しているように思えず、自分が縛られているようになったからだ。目に訴えるものがあっても、心にとんと響いてこない。さっと一廻りしてから、市バスに乗り、適当なところで降りた。

ちょうど昼食の時間である。小さな食堂を目にしたので、なかに入った。

妻とミヒャエルは牛丼、私は天とじ丼と小皿のお赤飯を食べ出すと、これがまたよい味なのだ。京都は、どうやら小さい飲食店が美味しいようだ。

三人とも満たされた気持ちで、再び歩き出して、東本願寺の境内に入った。と、広大に敷きしめた玉砂利の上で、無数の鳩が群れ遊んでいるのを目にする。それを見ていると、のびのびとした気持ちになってくる。市の中央にこのような広々したところがあるとは、思いも寄らなかった。車の騒音も聞こえず、静寂さがあたりを包んでいる。しばらくそこに身を預けた。

こんどは、朱色の楼門の八坂神社へ足を運んだ。門を潜ると、両側に露店が並び、無数の提灯が数珠のようにぶら下がっている。午後の今は、人の姿をそう見かけない。これから夕方になるにつれて人が出て、さぞ賑やかになることだろう。子供時代にしたことのある金魚すくいやヨーヨーすくいなどの夜店風景が、頭のなかに浮かんでくる。

周囲には、三分咲きの桜の木々が立ち並んでいる。目の前のひときわ大きな枝垂れ桜を仰ぎ見ながら、ゲルトルートが

「満開になったら、さぞきれいでしょうね」

と、声を出した。

「でも、これから咲こうとする蕾もいいよ。淡さと同時に、無限の力強さを感じるからね」

そう言って、私は梢に付いている小さな蕾を仰いだ。その下で、家族一緒のスナップ写真を撮ったあと、近くで綿飴を目にしたので、一本買って、三人でそれを突き合いながら境内から出た。

交差点を渡ると、もう祇園通りである。さすが花街、人も多く賑やかだ。しかし、本通りからすこし脇道に

入ると、格子のついた木造りのお茶屋や料亭、それに割烹などが軒を並べ、そこはかとない趣が漂っている。意外と静かなのに驚く。私たちの歩く靴の音が、コツコツと聞こえるだけなのである。身なりのよい二人連れが、木戸前にかかっている紺の暖簾を潜って奥へ消えて行った。私たちは向きを変え、店舗の灯りで溢れた本通りに戻った。

夕食を摂ろうとして寿司屋に入り、注文した千円のちらし寿司を待っていると、白髪の柔和な顔をした店主らしき年配の方が奥から現われて、一人ひとりのお客に挨拶をしながら回りはじめ、私たちのテーブルにも挨拶に来た。ゲルトルートが、「おいしいです」と、声をかけると、店主はにっこりした。それを見て、この店は客を大切にしているのだろうと思った。このような人が、伝統的な京都の歴史と味を伝え続けているのだ。

食事を終えてから人影の疎らな通りを歩いていると、着飾った若い女性たちがタクシーから続々と降りてくる。これから仕事場へ行くのだろう。祇園の夜がはじまるのだ。紺色の着物を身につけた一人の芸妓らしき人が、向こうの角から現われ出た。その姿を目で追った。

翌日、布団をたたみ、パンと牛乳で朝食を摂ってから清水寺へ向かった。

境内の桜は五分咲きである。これがあと数日したら、満開になるに違いない。そのとき、本堂から京都市を見下ろせば、淡い桜色雲の下に街が望め、清水の舞台になることだろう。想像するだけで、もう満開の桜花を見たような気になった。

この清水寺、まわりの山や谷を巧みに考慮して建てられ、自然と溶け合っている。時々裏山で鳴くウグイスの声が聞こえ、先ほどまで降っていた雨は止み、濡れた新緑の葉が輝き出している。早春のこの雨で、花は一気に咲き出すだろう。

息を大きく吸うと、新鮮な大気が体の隅々まで行き渡り、精神が新たに目覚めてくる。それは、「清水の舞台から飛び下りるような気持ちで」と言われているように、今までの自分から離れて、新たな自分を発見するようだ。

本堂では、白い服を着た約二十名の年配の女性の一団が、一人の坊さんの叩く木魚に合わせながら般若心経を読経している。背中には、南無観世音菩薩との文字が書かれている。その低い声はもう何百年も続いているように思え、じっと耳を傾けた。芳しい香に包まれていると、遠い過去の記憶が蘇ってくるような気持ちになる。妻に促されて、再び歩き出した。

境内を出ると、軒が並ぶ参道の坂道となった。どこからともなく、甘酸っぱい匂いが漂ってくる。生八ツ橋だ。店に入り、いくつか買い、それを口に入れると、ニッキの味が広がった。ゲルトルートも、「おいしい。おいしい」と言いながら、八ツ橋を口のなかに入れていた。

さらに下って行くと、静かな佇まいの狭い道になった。学校が春休みのせいか、若い女性たちの姿が多い。皆生き生きしてたのしそう。目が大きく、ふっくらした古代的、中世的な女性を想い起こす顔つきである。高台寺付近のここら一帯は、何か独特な風情を感じるところだ。

ミヒャエルが、「お腹がへった」と声を上げたので、近くにあった小さな食堂に入った。

私たちはうどんを注文する。ちょうど店内では、春の選抜高校野球が放映されていた。それも、地元の平安高校の試合である。お客たちは食べるのも忘れて観ている。何が起こるかわからない意外性のある高校野球。日本にいたときは、よくテレビの前で釘づけになっていたものだ。ヒットが出るたびに「ワァ！」と歓声が湧く。そのたびに、画面に目を注いだ。

午後は市内の二条城と西本願寺を見学してから、足を延ばして、古い木造建築物と格子造りが並ぶ京下町の島原周辺をぶらついていた。休憩も取らずに歩き回っていたので、三人とも用を足す必要を感じ出した。そこで、どこでもいいから、レストランに入ろうということになった。

トイレで、目を丸くした。便器が温かいのである。それに温水も出るようだ。使用方法を知らない私たちだったので、急に水が出てきたら大変だと思い、ボタンには手を触れないでいた。大衆レストランでこれである。十数年前には、考えられなかったことだ。

レストランで早めの夕食を摂ったあと、再びバスに乗って宿へ向かった。

隣に座っていた妻が、

「緑の少ない市内の中心地よりも、郊外を歩いてみたいわ」

と、言ったので、明日は大原へ行くことにした。

翌朝、女将さんの「今日の午後は、初夏の暖かさになりますえ」との言葉を聞いてから、外に出た。

バスは緑の多い山間道を抜けるように走り、三十分ほどで大原に到着。参道を歩き出した。早朝のせいか、人の姿はない。小川に沿った坂道には、ナスやキュウリの紫蘇漬けを売っている店などが並び、赤い椿の花が所々に落ちている。小川のせせらぎを聞きながらの上り道である。

十五分ほどで、三千院の門の前に出た。

境内に足を踏み入れると、杉の木立と苔と草木で、あたり一面が青みどりである。まるで異次元の世界だ。耳を澄ますと、風のそよぐ葉ずれの音が聞こえ、ことばを失ったようになって、しばらく立ち尽くしていた。ゲルトルートも、まわりの景色に目を注ぎ続けていた。

三千院の奥に建つ来迎院に行くと、本堂に、藤原時代に造られた木製の釈迦と阿弥陀如来が奉られている。そのやわらかな曲線に魅せられ、写真を撮ろうとしたが、止めにした。この薬師如来の像を写真に納めても、その美しさは撮れないぞ、この如来から漂う空間の美は、今のここでしか読みとれないと思ったからだ。

本堂の廊下に座って、私たちは一時間近く丹精で行き届いた庭を眺めたり、近くにあった鐘を撞いたりしながらのんびりと過ごしていた。ふと、足元に目を落とすと、二匹のトカゲがじっとして動かない。一匹は色の鮮やかなスマートなトカゲ、もう一匹は太めのトカゲ。数分間、彼らと対面していた。どちらも腹をピクピクさせて、生きているのがたのしそう。

「おれたちはこの静けさのなかで、念仏を聞いて育っているのだぞ」

と、胸を張って誇っているようだ。緑に囲まれているこの付近一帯、紅葉したころも、目と心をたのしませてくれるに違いない。今自分は、豊かな自然と人間が織りなす歴史のなかにいるのだ。あたたかい太陽の光が心地良い。ミヒャエルは、母（親）の隣に座ってニコニコしている。

来た道を引き返して、山里の大原で昼食を摂ってから、平清盛の娘が静かに暮らした寂光院へ向かった。

道の左右には、畑と田圃が並び、その水田風景を見ながら歩いていると、自然と心が和んでくる。ミヒャエルは手に小さな棒切れを持ち、弾んだように歩き、そのあとを私たち二人が続いた。

長い石段を登り切ると、寂光院が見え出した。緑の林のなかにひっそりと建っていた。

地元の年配女性がマイクを持って、堂と庭について説明をはじめた。その話の内容よりも、言葉の語尾を高く上げる彼女の話し方に、この地の歴史を感じた。

大原の里でゆっくり過ごしてから、再びバスに乗って宿に戻り、部屋ですこし休んで、近くの鴨川へ出かけた。

川べりに沿って咲く桜の花は、七分咲きである。あと数日したら、満開となって花見客で賑わうことだろう。そのとき、花びらは川面を覆うに違いない。桜の花が美しいのは、ほんのわずかな期間しか咲かないことにあるだろう。すぐに散ることがわかっているからこそ、この咲く瞬間に、美しさを見ているのだ。

妻とミヒャエルは桜が咲いている下で、手をつなぎながらたのしそうに歩いている。一枚の花びらがミヒャエルの肩の上に落ちた。その花びらを、妻は掌にのせて眺めていた。

二時間して宿に戻ると、三人とも疲れが出てきて、眠気が襲ってくる。そこで、布団を敷きはじめた。と、彼女が訊いた。

「明日はどこへ行くの、またお寺？」

「そうだな。京都駅から電車に乗り、宇治に行くよ。十円玉に刻んであるところを訪れる予定だ」

今までお寺見学ばかりしていたので、それ以外のところにも行きたくなってきたようだ。しかし、京都でお寺以外に行くところがあるのだろうかと考えながら、布団に潜り込んだ。

電車に乗って、二十分ほどで宇治駅に着き、平等院へ向かった。途中、彼女はドイツへのお土産にと、湯呑茶碗をいくつか買う。陶器が好きな妻だ。

院に入ると、鳳凰堂前の池とその周辺は工事中である。極楽浄土を思わせる雰囲気を感じることができずに残念。おまけに、雨が降り出してくる。

平等院を出て、傘を差しながら宇治川に沿って歩いていると、雨足が強くなり出したので、小走りで駅へ向かった。駅前に来ると、急に小降りとなった。そこで、隣駅にある黄檗宗の万福寺へ行くことにした。

境内に入ると、何人もの若い坊さんたちが作務をしている姿を見かける。建物はすべて瓦屋根葺きの回廊で繋がれているので、私たちは雨に濡れることもなく、ゆっくりと歩いていた。ここは、中国様式である左右対称の壮麗な建築物が昔のままの姿で残っていて、今の時代にあっても脈々と息づいているようなところだ。

その境内を出たところで、彼女が訊いた。

「日本の人は、何を思いながらお寺を歩いているのかしら？」

「それは人それぞれだと思う。歴史の重みを感じる人もいるし、建物や仏像に魅せられる人もいる。そのなかで自分と対話をする人もいるだろう。わたしの場合、建物を造った当時の人たちと、今に至るまでお寺を維持してきた人たちの苦労、よろこびなどを思ったりもする。また仏像の柔らかい線にもうっとりさせられる。当時それを作った人が、どのような願いを込めて彫っていたのかを読み取ろうとする。と、歴史のなかに自分がいるような気になるのだ。そうすると、謙虚になっている自分を見出すのだ」と答えた。

再び京都駅に戻り、いつものバスに乗って宿近くの停留所で降りると、今まで降っていた雨は止み、路面が光っている。私は毎日一回は立ち寄る和菓子店に入り、桜餅とよもぎ餅を買って外に出た。と、彼女が、

「ここはあなたのお店ね」

と、笑みを浮かべて言った。

「そうだね。このような店がテュービンゲンにあったら、うれしいのだが」

そう答えて、私は紙袋からよもぎ餅を出して口に入れた。ドイツにはない、しっとりしたあんの味が、胃ばかりでなく気持ちまでも膨らましてくれるのである。

夕食を部屋で摂り、炬燵に足を入れ休んでいると、通りから「石焼き芋、いしやきいも」とスピーカーから流れる声が聞こえてくる。彼女は昔を想い出したようで、千円札を手にして外へ出た。

五分もしないで、二つのお芋を買ってくる。石で焼いたさつま芋には見えなかったが、彼女はよろこんでそれを頬張りながら一つ半を食べた。日本の食べ物なら、何でも好む妻だった。

翌朝、起きて部屋のカーテンを引くと、曇天である。昨日までお寺の見学ばかりだったので、嵯峨・嵐山から走っているトロッコ電車に乗り、小船で保津川渓流下りを体験することにした。

嵐山駅で降りて歩き出すと、若者の姿が多い。どういうわけか、皆手にコロッケを持って歩いている。ここはコロッケが名物なのだろうと思い、私たちも買って口に入れた。温かくて、やさしいジャガイモの味だ。

天竜寺付近の桜は八分咲きである。この風で散ってしまうのではないかと思いつつ、私たちは肩を並べ、淡く咲いている桜の花の下を歩いていた。

そろそろ観光用のトロッコ電車に乗る時間である。駅に戻った。

渓谷に沿って二十五分間乗車する。赤く塗られた電車は、屋根が付いていないので冷たい風が吹き抜け、身震いするような寒さである。次に計画した保津川下りは止めにした。

京都駅に再び戻り、駅ビル内の小さな店で昼食を摂ってから、二日前から始まった祇園甲部歌舞練場での都おどりを見に行った。

三階最後尾の桟敷に座った私たちは、舞台で舞う芸妓と舞妓の姿に魅せられていた。何という鮮やかで、かつ艶やかな美しさが日本舞踊にはあるのだろう。優艶だ。日本女性の美しさだ。小唄と笛、小太鼓、三味線などの音色が館内に響き渡っている。

このような舞台に接したことがなかった私は、感動の連続である。隣にいるミヒャエルは、三味線の音に合わせて身体を動かし、妻は体を前に乗り出して眺めている。

舞台が桜吹雪になった。私たちの心も、舞い躍った。

東京の母（二〇〇一年五月二十五日〜二十八日）

テーブルを囲んで朝食を摂っていると、妻が私のほうを見ながら言った。

「今日は三月三日、お義母さんの誕生日ね」

「そうだね。すっかり忘れていたよ」

「ここ二年ほど、あなたは日本へ行ってないわね。思い切って、お義母さんのお墓参りをしたら？」

そのありがたいことばを聴き、日本へ行くことにした。

今にも雨が降りそうな空の下、成田から電車に乗って、妹が住んでいる千葉の幕張本郷へ向かった。

翌日、目を覚まして外をのぞくと、昨日とは打って変わっての五月晴れである。朝食を妹家族と一緒に摂ってから、ひとり散歩に出かけた。と、「カアー、カアー」と鳴き声が聞こえてくる。まわりの静けさを裂くような大きな声だ。

ひときわ高く鳴いている方へ目をやると、一羽の濡れ羽色のカラスが鋭い嘴を広げて、電柱に止まっているのが見えた。他の電柱にも、数羽のカラスが止まって、呼応しながら鳴いている。

昔はカラスがこんなに多くいたかなと思っていると、頭上五メートルのところを、黒光りの翼を広げた一羽がサァーと飛んでくる。一瞬、体を沈めた。歩道上には、家庭から出されたビニール袋が破られて、紙くずなどが散乱している。彼らの仕業だ。

さらに歩いて行くと、中学校の校舎前に出た。広々した校庭では、生徒たちが遊んでいた。彼らを眺めていると、自分の中学生時代のことが浮かんでくる。休み時間になると、真っ先にバットとボールを持って外に出て、ソフトボールをしたのだ。

テューービンゲン市内にある多くの学校には、広い校庭がない。私の住む家近くにも小学校が建っているが、遊び場がないので、休み時間は教会裏の狭い石畳の上で遊んでいる。それと比べると、日本の学校は、昔から良いものを残しているものだと思いながら眺めていた。

授業のはじまるベルが鳴り響いた。それを耳にした途端、母が作ってくれた弁当のことが浮かんでくる。

「今日は何が入っているのだろう」と想像しながら、ブリキ製の弁当箱を開けるのが楽しみだった。あの味は、今でも忘れてはいない。卵とひき肉と鱈子の入った三色弁当、醤油の味がしみ込んだ海苔の二段飯、甘く煮たカツなど、それらは母の匂いでもあった。

一時間して妹宅に戻り、二日前にテューービンゲンのマルクト広場で購入した生花を手に持って家を出た。妻に言われたように、切り口を湿った布で包んでいるので、花は乾いてはいない。東京浅草の母の墓へ向かった。

電車の吊り革につかまって揺られていると、八年前に亡くなった母の姿が浮かんでくる。

学校から戻って、玄関の戸をガラガラ開けると、母はいつも四畳半の居間兼仕事場で、長い裁縫台の前に座っていた。私の「ただいま」の声を聞くと、母はすこし顔を上げて、「おかえり」と優しい声で返事をし、手を休めずに着物を縫い続けていた。耳を澄ますと、今でもあの声が聞こえる。

当時父が不在だったので、母は子供四人を育てるために、毎晩夜遅くまで着物の仕立てをしていた。子供たちが布団に入ってからも、隣の四畳半部屋にはずっと明かりが灯っていた。母はいつ床に入っていたのだろう。

私が起きるころは、隣で寝ていた母の姿はなかった。台所のトントンという音でいつも目が覚めた。私たち子供を育てるのが生き甲斐とも語った母だった。

母の墓前に立ち、テュービンゲンからの花束を捧げて目を閉じた。ここに来ると、かならずあのときのことが浮かんでくるのだった。

高校受験を前にして、勉強が好きでなかった私は、学校はどこでもよいと思い、受験する高校への願書も出さずにいた。それを知った母が、

「なぜ、願書を出さないの」

と、四畳半の居間で一緒に炬燵に入っていた私に、いつになく真剣な顔で言った。しばらく私は黙っていた。すると、こちらを凝視していた母が急に炬燵から出て、

「バカ、バカ、バカ」

と、声を荒げて、私の頭を何度もたたいた。隣にいた妹が、「お母さん、お母さん」と声を上げて、止めに入った。

母にたたかれたのは、初めてだった。いつも私たち子供の言うことに耳を傾け、怒ったことのない母だった。驚きのあまり、何もできずに打たれるままでいるしかなかった。

その母は、兄の友人である慶応大学の学生に頼んで、私の成績がなんとか向上するようにと、中学三年から週に一回の割りで家庭教師をつけてくれた。それによって、私の並だった数学と英語の成績はたしかによくなった。家庭教師代を出せない家計のなかで、それをしてくれたのだ。

母からたたかれたことは、それ以後、ずっと忘れたことはない。墓前に立つと、いつもそのことが浮かび、

「お母さん、申し訳ありませんでした」

と、頭を下げるのだった。手を合わせ、しばらくしてから境内を出て上野駅へ向かった。妻とミヒャエル、それに私の母と暮らした茨城県の土浦へ行くためである。

常磐線の列車に乗り換えたときだった。私と一緒に車内に入ったお年寄りが、座るところを目で追った。が、席はなかった。杖を持ったその方は、仕方なさそうに優先席の斜め前に立った。そこには、白いワイシャツ姿の高校生二人が携帯電話を持って、ことばも交わさずに小さな画面を見ていた。

そのうちの一人が席を立つだろうと思ったのだが、二駅過ぎても、座ったまま画面を見続けていた。一メートル先に立っているお年寄りの存在を知ったと思うのだが、席を譲らない。反対側の入口近くに立っていた私は、その高校生二人に声を掛けようとした。が、一瞬迷ってしまう。そうなると、口からことばが出てこないでいた。

そのお年寄りは、しばらくしてから電車から降りた。何も言わなかった自分は、「ダメだなあ」とつぶやいた。もし私があの方だったら、どのような気持ちになっただろうかと自問した。

再び電車を乗り換えると、空いている席があったので腰を下ろした。斜め前に一人の四十代の女性が、姿勢よく座っていた。そこに、一人のお年寄りが車内に入って来た。彼女は一瞬も迷うことなく、サッと立って席を譲った。お年寄りは、「ありがとう」と言って腰かけた。

それを目にして、この女性は今を大切に生き、まわりの人を大切にしているに違いないと思った。私は母を大切にしただろうかと自分に問うた。もっともっと母にするべきことはあったとの返事が戻ってきた。

土浦駅に着くと、学生時代からの友人が待っていてくれた。

翌朝、彼の家で食事を済ましてから、以前母と住んでいたところへ向かった。

母はパーキンソン病、それに裁縫を毎日していたせいか、指が変形してリュウマチにもなっていた。その母を車椅子に乗せ、妻がよく買物したスーパーマーケットが見えてきた。足が自然とそのスーパーに吸い寄せられた。

母の好きだったうずら豆が棚にあった。と、母と暮らした二年間の日々のことが浮かんでくる。

体重三十六キロになってしまった寝たきりの母を抱えながら、妻はお風呂に一緒に入っていた。その母から、妻は赤飯の作り方や魚の焼き方を教えてもらってもいた。当時のことが、止めども無く浮かんでくる。前に置いてあるうずら豆を買って、あとで食べることにしよう。

スーパーを出てすこし行くと、パン屋の軒先におはぎがいくつも並んでいるのを目にする。母も年に一度はあのようなおはぎを作ってくれたのだ。また、私たち子供四人のうちのだれかが病気で熱を出すと、母はその子の枕元にみかんの缶詰やバナナを置いてくれた。それは、私の家ではとても貴重なものだった。それを口にしながら、熱が早く下がらないようにと願った。と言うのも、いつも仕事と家事に追われている母が、私の枕元にしばらくの間、居てくれたからだった。

さらに歩いて行くと、私が定期的にドイツから便りを書いているテュービンゲン便りの日本の連絡先である鈴木さん宅に着いた。七十歳を超えた彼女は、今は一人暮らしである。その鈴木さんとお茶を飲みながらしばらく話をしてから、筑波山へ一緒に出かけることになった。

バス、ケーブルに乗って山頂付近まで行き、そこから歩き出した。鈴木さんは、歳の割には元気な足取りで登っていた。と、急に立ち止まって、目の前に立つ一本の幹の割れた老木を仰ぎ、

「二十年前にここに来たときも、この木はこの姿で立っていたわ。まだ生きていたのね。再び会えて、よかったわ」

と、懐かしそうな声で言った。その顔には、歓びの表情が浮かんでいた。それを見たとき、

「生きていればまだまだいろいろなことに出合うわ。生きていることの実感とはこういうものなのよ」

と言っているようにも映った。母が生きていたらと思った。

さらに進んで行くと、急傾斜の道になった。鈴木さんが、「ここで待っているから、ひとりで上まで登ってください」と息も途切れがちに言ったので、ひとりで向かった。

頂上に立つと、霧が急にかかってきて、眼下の景色がまったく見えなくなった。ウグイスの鳴き声がどこからともなく聞こえてくる。その澄んだ音色に耳を傾けた。

母が元気だったころは、ここに来たこともあった。あのときもウグイスが鳴いていた。七十歳になる手前

で（母は）逝ってしまった。

土浦で三泊してから、こんどは姉の住む神奈川県の茅ヶ崎へ向かった。

姉宅に着くと、母の妹である叔母が東京から来ていた。姉の手料理を食べながら、母の想い出話となった。私は、福宝と記された穴のあいた一つの小さな銅貨を財布から取り出した。

「これはお母さんからもらったものなのだ。ミヒャエルがダウン症だと知ったとき、お母さんは千葉の成田山へ行き、これを手に入れたらしい。『これを持っていると幸せでいられるから』と言って、くれたものなのだ。これを手にしてから二十年近くが経つが、まだ財布のなかにしっかりと納まっている。買い物をして、コインで払うときも、この銅貨だけは絶対に出さないようにしている」

それを聞いた姉が、

「それでは、あなたは毎日、お母さんと会っているようなものね。わたしもお母さんから受け取った手紙は、肌身離さずに持っているわ」

と、言い、隣の部屋からバッグを持ってきて、そこから古くなった一通の封書を取り出して見せた。姉が悩み苦しんだ際に、母からもらった手紙だった。

姉の話を聴きながら思ったことは、子は何歳になっても、母の面影を何かにつけて想い起こして暮らしているということだった。

夜、ベッドに入ると、母のことが浮かんでくる。細身の母は、着物をいつも身に付けていた。ＰＴＡなどに着物姿で来る母を、誇りにしていた。今夜は夢のなかで、お母さんに会えそうだ。母は、今でも私の心に棲んでいるのだから。

奈良の大和路（二〇〇二年十月二十一〜二十五日）

近鉄奈良駅で降り、観光案内所で安い宿を探してもらったのだが、秋の観光シーズンの今はどこも空き室がないとのことだった。仕方なくリュックを背負い、繁華街を歩き出すと、「朝食付き、シングル四千八百円」の大きな看板が目に留まった。早速、そこに行き、室内に入った。ベッドとテレビ、それに小さな机と椅子が置いてある。風呂も付いている。迷わず投宿することにした。

ベッド上ですこし休んでから、シャワーを浴び、夕食を摂るために外に出た。

七時の今は、繁華街の通りはネオンと店内からの灯りとで真昼のような明るさである。それに、行き来する人の数の多いこと。六時半にはどの店も閉まる、テュービンゲン通りとはまったく違う光景だ。

しばらく歩いていると、そば処を目にしたので、戸をガラガラと開けてなかに入った。

十分もしないうちに、トロロうどんが出てくる。粘りのある山芋と卵が、ツルツルしたうどんに絶妙に混ざった味だ。久しぶりの食感に、舌が悦んでいるのがわかる。最後の一滴まで、惜しみながら飲み干した。

膨らんだ腹で外に出て、すこし行くと、興福寺前に出た。

境内では、中学生の修学旅行の一団が笛を持って、これから吹きはじめるところである。照明灯でくっきりと浮かび上がった五重塔の下に、「荒城の月」のメロディーが流れはじめた。それを耳にしていると、記憶の遠いところに存在していた日本の心が、少しずつ溢れ出て、ふるさとへの想いが募ってくる。耳を澄まして聴き続けた。

翌日、パンと紅茶で軽い朝食を済ませてから、郊外に建つ大安寺へ歩いて向かった。

二十分もしないで門を潜ると、鳩よりも大きめの二羽の鳥が、嘴で地をつつきながら歩いているのが目に入った。その近くで、三人の若い職人さんたちが朝の一仕事を終えたのか、芝生の上に座りながら焚火を囲んで一服していた。

彼らの横を通り過ぎてしばらく足に任せていると、広い庭の真ん中に木のベンチを見つけたので、そこに腰かけた。高い空の下、まだ休んでいる職人さんたちの軽やかな声が、焚火の煙と一緒にこちらまで届いてくる。目の前には、赤く色づきはじめた楓の葉が見える。あと二、三週間したら、彩りを増すことだろう。足元には、枯れた松葉とまだ青いイチョウの葉が何枚も横たわっている。秋の訪れを知った。

だれかが本堂にかかっている鈴を叩いたのだろう、カランカランという音が響き渡った。それとともに、職人さんたちが働き出した。私もベンチから腰を上げた。

大安寺の門を出て、すこし行くと、平地に稲田がいくつも並び、刈り取った穂には赤トンボが止まっている。思わず指をクルクル回すと、少年時代のことが浮かんでくる。まわりの農家の庭先には、オレンジ色の艶々した柿の実やイチジクの実がなっている。京都とは異なる、古都奈良の素朴な風景だ。

さらに歩いて行くと、立ち並ぶ電信柱の奥に、一三〇〇年前に建てられた白鳳文化を象徴する薬師寺三重塔が浮かび上がっているのが見えてくる。もうすこしで、唐の僧鑑真が建立した唐招提寺だ。ぜひ訪れたかったところだ。

門を潜ると、木と苔と土の織りなす匂いが漂い、まるで自分が林のなかにいるような錯覚に陥る。所々に建つ、歴史を感じさせる建築物が静寂さと呼応している。期待どおりのところだ。

のんびりと土と小石の径を歩いていると、鑑真の尊像前に出た。辺りは、緑の木々に被われて、ひっそりとしている。山の気を肌で感じた。しばらく立ち続けながら思った。

唐の人鑑真が日本に仏法を伝えるために、何回も苦難に遭いながら、両眼を失明してまでも渡来し、ここで最期を迎えることができたのも、深く仏法を信じたからだろう。それが、彼の生きるよろこびだったに違いない。

境内をゆっくりと歩いてから門を出ると、堀に囲まれた垂仁天皇陸が見えてくる。道の両側の小さな畑には、ナスやカボチャなどが実っている。色とりどりのコスモスの花があちこちに咲き乱れ、その上をモンシロチョウが愉快そうに飛び交っている。

ヒマワリの花も誇ったように咲いている。ドイツのヒマワリは身の丈が高く、一本の茎にひとつの顔だが、ここのヒマワリは一本の茎に仲良く二十から三十の顔をつけている。人と同じように、国の違いによって、咲き方が変わるのだろうか。

若い母親が幼児を前とうしろに乗せて、快活そうに自転車のペダルを漕いでいる。

「日本のお母さん、優しいお母さん」

私にも、あのような母がいたのだ。

さらに行くと、ラーメンとギョーザと記された赤い看板が目に留まった。腕時計をのぞくと、二時過ぎである。遅くなった昼食を摂ることにした。

昨日、日本に着いてから、まず口にしたのがトロロうどんだった。そして、こんどはラーメンである。これもドイツで麺を食べていないせいだろう。

五分ほど待っていると、湯気の立った熱い餃子が運ばれてきた。皿に目を落とすと、餃子の皮がかなり黒く焦げている。これはと思って眺めていると、店員が、「新しいのを作りますから」と言った。日本では、会話を交わさなくても、意志は通じてしまうようだ。久しぶりの日本の旅なので、心が弾んでそう思ったりするのだろうか。

しばらくすると、いい色に焼けた熱い餃子がテーブルの上にのった。酢醤油をつけて、口に入れた。溶けるような味だ。ラーメンの麺も、こしが入っている。

ゆっくりと味わった。

満たされた腹で店を出て、近くに建ち並ぶ歴史的な建物をいくつか見学してから夕方近くホテルに戻り、湯に浸かった。

明日は早朝の出立である。早々と、ベッドに入った。

夜明け前にホテルを出てから、駅へ向かって歩き出した。通りには、人影がない。すこし行くと、正面の低い山に朝日が照り出した。と同時に、空が赤みを帯び出してくる。ちょうどそのとき、鐘の音が「ゴーン、ゴーン」と鳴り響いた。今、自分は古都奈良にいるのだ。

飛鳥駅で降りると、七時を回っていた。まず、高松塚古墳へ行くことにした。

数分もしないうちに、稲田のあぜ道を歩いていた。道端には、コスモスとヒガンバナの野花が咲き、ゆるやかな棚田の上を白サギが飛び、点在する農家の庭先にはみかんと柿の実がなっている。焚火の匂いが漂うなか、野良仕事に出かける姿を一人、二人と見かける。緑に包まれたここに立っていると、まるで自分が古代にいるような錯覚に陥る。

高松塚古墳前に着くと、急に雨が降り出した。それもかなり強い雨である。傘をさしながら、古墳を覆っている小さな竹林の前で、雨水の重さで笹が垂れてゆくのを見つめていた。これが飛鳥の音なのだろうと思った。

再び歩き出すと、「竿や－さおたけ」の澄んだ声が辺り一面に響いた。この地方に、古くから伝わっている歴史の声だ。この明日香の里は、万葉歌に彩られたように、風情のあるところだ。雨もまた静けさを深め、こころを濡らしてくれるものだ。

駅に戻って、電車に再び乗って奈良駅で降り、奈良の大仏はどのくらいの大きさなのだろうと想像しながら東大寺へ向かった。

門を潜ると、広い境内は大勢の人で溢れていた。ちょうど、大仏開眼一二五〇年の千人法要が行われていた。大仏前では、係員が、「止まらないでください。先へ先へ進んでください」と大声で訪問者に呼びかけている。あまりに大きな大仏を仰ぎ見て、唖然として立ち尽くした。けれども、うしろから人の波が押し寄せてくる。立ち止まってはいられないのが残念。波に流されていく。

翌朝、目が覚め、窓から外をのぞくと、昨日と同様の曇り空である。雨が降らなければいいのだがと思いながら、法隆寺駅へ向かった。

駅から歩き出すころになると、青い空が見えてくる。二十分ほどで、寺の玄関前に立ち並ぶ松の参道に出た。すると琴の音が聞こえてくる。懐かしい音色に、耳を立てた。

門を潜ると、飛鳥時代をはじめとして各時代の建築物が、松の木と一緒に広々とした境内に整然と建ち並んでいるのを目にする。一気に、古代に遡ったようだ。

一つの建物内に入り、目の前に立つ百済観音像を見たとき、ことばを失ってしまった。水瓶《すいびょう》を手にした優美な細身の像が、まるで生きているかのように映ったからだ。

世界最古の木造建築の法隆寺。世界文化遺産の法隆寺。まさにその通りだ。どこも空間が広いせいなのだろう、歩きが自然とゆったりとしてくる。と同時に、時間もゆっくりと刻んでいるように感じられる。

四時間近くここで過ごしていると、心が次第に膨らんできて、のんびりとした気持ちになっている自分を見出すのである。時空を超えたものが、ここにはあるからだろう。

前を歩いていた三世代家族の声が耳に入った。

「おばあちゃん、今日はよく歩いたやで……」

その会話を聞きながら、門を出た。電信柱に無数の電線が蜘蛛の巣のようにかかっているのを目にして、急に現実に引き戻された。

奈良駅に戻ってから、今日泊まる宿へ向かった。奈良の最後の夜は今まで宿泊したビジネスホテルではなく、夕食と朝食付きの日本旅館に泊まりたくなったのである。もちろん、二食付きなので九千円にはなるが、敢えてそうした。

奈良公園を通って明るいうちに、静かな屋敷町高畑に建つＫＫＲ（国家公務員共済組合）のホテルに着いた。志賀直哉旧居のすぐ近くである。

玄関の格子戸をガラガラと開け、靴を脱ぎ、部屋でゴロッと横になると、畳の匂いが懐かしさを運んでくれる。しばらく、そのままでいてから起き上がり、部屋を出て風呂場に行った。

三十分以上も湯船に浸かっていると、一人旅の緊張も解れて、ゆったりとした気分になる。山の歌が自然と口から出てくるのだった。

湯上がりの体で、夕餉の卓に着くと、色とりどりに盛られた八品が並んでいる。刺し身、天ぷら、焼き魚、豆腐、それに温かいご飯に湯気の立っているナメコのみそ汁、どれも昔を想い出させてくれるものばかりだ。日本に着いて五日目にして、豪華な食事である。

この深い味、胃も心も歓びあっているのがわかる。あまりお代わりすると、明日の朝食に影響が出てくると思い、これくらいで止めにしておこう。想像していた通りの日本の宿だ。

翌朝、食事前の散歩に出かけた。昨夜から降り続いている雨で、土道に転がっている小石が光っている。志賀直哉は、木々の葉から発散した甘酸っぱい香りが漂うこの道を歩き、ものを書く英気を養っていたのだろう。しっとりとした趣のあるところだ。

傘を差しながら、小一時間の散策を終え、再び食卓につくと、いくつも並べられた小皿には納豆、おしんこう、小魚、海苔などが盛ってある。それに湯気の立ったみそ汁とご飯だ。

「こんなゼイタクは許されるのだろうか」

ということばが口から漏れた。これがゼイタクだと知る自分がしあわせだと思った。日本食が好きな妻がいたら、さぞよろこぶだろうと思いながら食べ続けた。

荷物をまとめて宿を出ると、雨は上がっていた。リュックを背負い、鹿のいる奈良公園を横切っていると、何人もの若い人たちが草取りをしているのを目にする。そのうちの一人が、

「おはようございます」

と、明るい声をかけてきた。

「おはようございます」

こちらも弾んで声を出した。思いも寄らぬ人からの挨拶に、うれしくなった。

そういえば、この古い都の奈良市繁華街で、若い人たちが生き生きと働いていた姿をよく見かけた。この街は彼らによって息づいているようにも思えた。若い人のバイタリティーを感じる。五十歳を過ぎて、若者に期待しているから、そう映ったのかも知れないが……。

広島と長崎の祈り　（二〇〇二年十月二十七日～十一月一日）

毎年の八月六日、ドイツのいくつかの街では、広島で多くの人が亡くなったことを追悼する平和への祈りがもたれている。

ここテューービンゲンでも、教会前広場で平和運動をしているグループが広島原爆当時の写真をパネルに貼って、道行く人に平和をアピールしている。私も鶴を折ったりしながら、そのグループの人たちと一緒に毎年通行人に、「戦争のない世界を！」と訴えかけている。

その私が、まだ広島に足を運んだことがない。これではいけないと常々思っていた。しかし、とうとうその日が訪れた。

広島駅の改札口を出ると、テューービンゲンで知り合いになったM夫妻が私を待っていてくれた。五年ぶりの再会である。これから、ご夫妻が住まわれている牧師館で三泊滞在することになっている。

M夫人に通された部屋で荷を下ろしてから、ご夫妻に連れられて平和公園へ向かった。

路面電車から降りて、すこし歩いて行くと、無残な姿の原爆ドームが見えてくる。私たち三人はそのドーム前でしばらく立ち止まってから、原爆死没者慰霊碑に行った。碑には、

「安らかに眠って下さい　過ちは繰返しませぬから」と、刻まれている。その前で手を合わせてから、今年から開館した平和祈念館に足を運んだ。

館内に入ると、壁にかかっているパネルに、「……

国の誤った政策により……」と記されてある。それを読み、深い溜め息が出た。

一九四五年八月六日午前八時十五分に落とされた一つの原子爆弾によって、その年だけで約十四万人が亡くなったのである。そのことを思いながら、館内を歩きはじめた。

死没者一人ひとりの名前と遺影が映っているコーナーに足を踏み入れると、大きな画面に、被爆した幼児からお年寄り一人ひとりの顔と姿が、絶えまなく映し出されるのを目にする。それを観ていると、十四万という数では計れない一人ひとりの命の重さを感じ、胸が締めつけられそうになる。ひたすら映像に目を注ぎ続けた。

こんどは、被爆した人の体験が集められているコーナーに入った。

ノートに書かれた文章に目を落としていると、鼻をかまざるをえなくなる。一瞬にして廃墟となってしまった広島市。半世紀が過ぎた今も、被爆者は健康に不安を抱えているのだ。あたりを見回すと、中学生と高校生の団体が多い。皆、真剣に被爆記を読んでいる。私と同じように、文字が滲んで見えているだろう。

平和記念館を出てから、長方形型の平和記念資料館へ向かった。

入口前では、中学生らしい生徒たちが整然と並んでいる。五十円を払い、館内に入り、当時の生々しい惨状の写真と解説を目にしていると、胸が慄いてくる。こんな惨いことがなぜ許せるのだ。これを、再びどのようなところでも起こしてはならない。これは戦争で勝った負けたをとおり越した、私たち人類への挑戦だ。外国人、それもアメリカ人もいる。彼らもこの惨状を見て驚いたことだろう。原爆の惨慄を知った彼らに、「国に帰ったら、一人でも多くの人にこの惨状を伝えてほしい」

と、切に願った。そのことが、平和運動の源となると信じるからだ。

館を出て平和公園に架かっている橋を渡っていると、先ほど見た被爆者の絵が浮かんでくる。

「水を下さい。水を下さい。助けてください……」

下から叫ぶような声が、聴こえてくるように思える。立ち尽くしながら、流れ行く水を眺め続けた。私たちの代わりに亡くなった人たちだ。「すみません」と、ことばが口から洩れた。

朝ベッドのなかで、ひと筋の涙がツーと耳の方へ流れ落ちた。悲しみとも怒りともいえぬ、人間が生んだ愚かな行為への涙だ。

朝食を済ましたあと、M夫妻に連れられ、日本三景の一つに数えられる宮島に行った。

目の前には、高さ十六メートルの朱塗りの大鳥居と社殿が海面の上に浮かんでいる。水位が二メートルほど引くと、大鳥居周辺の砂地を歩けるという。次に訪れた際は、妻と一緒にそこを歩いてみよう。「広島には、ぜひ行きたい」と望んでいた彼女だ。

私たち三人はお店が並ぶ通りを歩いて、こんどはロープウェイに乗って五二九メートルの弥山《みせん》に行った。

頂上からは、青く澄んだ空の下に、瀬戸内海の大小の島々が浮かんでいるのが望め、カキ養殖の筏が海面に揺れている姿も見える。ここに立っていると、穏やかな時間のなかで、自分が包まれているのを感じる。原爆で亡くなった人も、ここでこの平和な美しい景色を眺めたこともあっただろう。前に立つ大きな樹幹に手を触れた。この樹は、あの悲惨な原爆の光景を目にしたのだ。しばらく手を当て続けた。

翌朝、起き出してカーテンを開けると、雨が降っている。ご夫妻と一緒に朝食を摂ったあと、ひとり傘を持って、再び平和公園に行って資料館などを一日中歩き廻っていた。

お世話になった牧師夫妻にお礼をのべて、広島駅を早朝に発って、長崎駅に行き、駅近くのビジネスホテルで荷を下ろしてから、早速原爆資料館に行った。

館内に入ると、広島と同様に中学生と高校生の姿が多い。外国人の姿を見かけないと思っていたら、前にいる生徒たちは韓国の人たちだった。ここ長崎でも、多くの朝鮮半島の人たちが被爆していたのである。館内を歩いていると、鼻で呼吸するのが難しくなってくる。

出口前に置いてあった感想ノートには、

「戦争は恐ろしい。戦争をする人はバカだ。平和をつくっていかねば」

と、生徒たちが綴っている。だれでもこの被爆の惨禍を目にすれば、平和を求める気持ちが一段と高まるだろう。

足を延ばして平和公園内を巡ろうとしたが、日が傾きかけてきたのでホテルに戻ることにした。

次の日、朝食を摂ってから、路面電車に乗って平和公園へ向かった。

電車を降りて、花で囲まれた石段を上り切ると、高さ七メートルの噴水が目の前で飛沫を上げていた。そこを通り過ぎると、長崎の鐘が目に留まった。この鐘が地球上の至るところへ、平和の音として響き渡るようにと両手を合わせた。

さらに行くと、高さ約十メートルの男性が座っている平和祈念像前に出た。像の右手は上方を指して原爆の脅威を、左手は水平に伸ばして平和を意味しているという。目を閉じた。昨日資料館で見た様々な惨状を撮った写真が浮かんでくる。

一九四五年八月九日十一時二分、ここであっという間に七万以上の人が倒れたのだ。何ということだ。戦争を早く終わらせたい、ソ連よりも有利に立ちたいとアメリカは考え、原爆を落としたのだ。このときは、もうドイツとイタリアは降伏していたのに。でも、これによって、日本の領土が分断されずに済んだのかもしれない。日本は、なぜ戦争に走ったのだ。

瞼を開けると、四、五羽の鳩が像の左手の上に止まっているのが見えた。それを眺めながら、あの鳩たちも、当時被爆した鳩の子孫かもしれないと思った。被爆した人の子孫のなかには、親や祖父母が原爆に遭ったことを話すのを控えている人もいると聞く。次の世代に影響が出るかもしれないという不安が残っているからだ。その心の内は計り知れない。戦争が終わってから、市民の心の苦しみがはじまるのだ。

再び歩き出すと、原爆落下中心標に立っていた大きな母子像前に出た。母が死んだようになっている子を、腕のなかに抱えている慰霊碑のような。その子が心の奥から、

「お母さん、お母さん」

と、呼びかけている。母はわが子の声を聴き、何もすることができずにいる姿だ。母ほど優しく、信頼できる人はこの世にはいない。しばらく眺めていると、目に涙が溜まってくる。

翌日、長崎を発った列車の車窓に映る、佐賀平野の広々した景色を眺めていると、人と人とが殺し合う戦争が、この世界から消えてほしいとつくづくと願った。そのためにも、広島と長崎の被爆の惨状を世界の人に、語り伝えなければならない。亡くなった人たちの命が、私のこころに入り込んでいる今、それをしなければならない。

毎年八月六日、テュービンゲンの教会前広場前に立たねば。戦争のない世界を創っていくためにも。

越後の山麓（二〇〇四年九月二十一日〜二十三日）

ドイツを発つ前、密かに思っていたことがあった。それは、日本の自然や里山風景に触れ合うなかで、何を感じ、それが今の自分とどのように繋がっているかを知ることだった。

上野駅を早朝に出発して、鈍行列車を三回ほど乗り換え、新潟県の小出駅に午後三時に到着する。リュックを背負い、ひとり改札口を出ると、昔のままの光景が飛び込んでくる。ここに何度来ただろう。優に二十回は超えているだろう。青春時代の入口ともなった駅だ。

小さな駅前広場の向こうには、昔風の木造家屋が並び、広井屋旅館と記された看板が今も玄関戸にかかっている。あそこに泊まったことがあった。

夏の盆踊り大会のことだった。山小屋から街に下りてきて、ここの住民と一緒にときを忘れるまで太鼓の音に合わせて踊り、そのあと、あの旅館に泊まったのだ。もう三十年以上も前のことだ。

その隣にお土産を売っている店が、今も軒を出している。一人で店番をしていたあのおばあさん、今どうしているのだろう。山小屋へ向かうバスの待合時間があると、あそこに寄って話をしたものだ。いつもお茶を出してくれたあのおばあさん、今生きていたら九十歳を越えているだろう。

隣の浦佐駅は上越新幹線が止まるようになって、駅周辺は変わったと聞くが、ここは以前のままだ。人影の疎らな広場に、二人のタクシー運転手が暇そうに煙草を吸って客を待っている姿も昔のままだ。

当時リュックを担ぎ、いつもここに立っていたが、今もそうだ。変わったとしたら、黒かった髭が白くなってきたことぐらいだろう。

日が暮れるまで、まだ三時間はある。明るいうちにこれから宿泊する山小屋に着きたい。

広場にあるバス時刻表を見るが、日に三便ある奥只見行きの最終バスは出たばかりである。さて、どうするか。ここからタクシーに乗ったら、四十五分はかかり、高い金額となるだろう。かといって、この町の宿に泊ったら、素泊まりで六〜七千円はするに違いない。若いころにしたように、ヒッチハイクをする気はない。よし、行けるところまで歩き、長いトンネルはタクシーに乗っていけばいいのだ。

街並みを抜けると、道の両側には黄緑の稲穂が広がっているところもあれば、今まさに刈り入れを終えた田圃が、茶色の土を見せているところもある。農家の庭には、これから色をつけようとする柿の実がたわわになって、水田の上にはとんぼが羽ばたいている。秋を知らせる風景に懐かしさを覚えながら歩いていた。

もうすこしでトンネルだ。これから、タクシーに二十分以上乗ることになるだろう。

運転をしている人は、湯之谷村の女性である。四季折々ここに来ていたので、何人かの村民を知っている。その人たちが今どのように暮らしているかなどを訊ねると、五十代半ばの彼女は詳しく話してくれる。

ある年の正月、これから入ろうとしていた山小屋に行くことができなかったことがあった。大雪のためだった。仕方なく山の仲間と村の民家で、四日間、毎日地酒の八海山を飲んで過ごしたことがあった。

そのことを話すと、彼女が、「わたしの家は、その民家の前にあるのです」と言った。

薄暗い照明のトンネルをやっと抜けると、目の前に、銀山平の懐かしい山並みが見えはじめてくる。車から降りて、歩き出した。

三十数年前は小石混じりの土道が、今はコンクリートになっている。十年前この付近で、温泉が涌き出たとかで、ロッジや温泉センターも造られたと聞いたが、まわりの山々の景色は当時と変わりない。

濃い緑の樹木で被われている山肌を目にしながら一本道を進んで行くと、時々ひぐらし蝉の鳴く声がどこからともなく聞こえてくる。静かだ。山の静寂だ。九月下旬の今は、車での観光客はいない。

道端にアケビがなっている。一つ採って、その実を口のなかに入れ、にがみのある小粒の種をプッと吐き出した。甘味が舌にほのかに残った。人家のない道をさらに進んで行くと、一軒の民宿が見えた。

玄関の戸をガラガラと開けると、奥からエプロン姿の女性が現われた。

「あれっ！　横井さん」

そう声を上げ、驚いたような顔で私を見つめた。

「うちのものを、すぐ呼んできます」

彼女は早足で奥に消えた。一分もしないで主人が現われた。

「あんれぇ！　横井さんではないか。ドイツから来たのか」

「ええ、やって来ました」

「お茶でも飲んでいきなはれ」

「ええ、でも、外は暗くなりかけてきたので、明日、ゆっくりとうかがいます」

主人とすこし立ち話をしてから、これから入る山小屋の鍵を受け取り、再び一本道を歩き出した。

十分ほどすると、駒ケ岳と中岳の偉容が現われ、その山麓にクリーム色をした屋根の山小屋が、広い草地にポツンと建っているのが見え出した。学習院大学ワンダーフォーゲル部の蛇子沢小舎である。青春が詰まったところだ。歩くテンポが自然と速くなり、恋人に会うかのように胸がときめきはじめる。

鍵のかかった戸を開けると、小屋独特の匂いがプーンと漂い、窓を一つひとつ開けるたびに、閉め切っていた空気が飛び散り、山の風が流れ出した。懐かしい風だ。

窓辺に立ち、薄暗くなりかけた外を眺めていると、高く伸びたススキの上を、赤とんぼが輪を描いている。以前と変わらぬ景色だ。それを見つめていると、山の仲間とここで過ごした日々のことが浮かんでくる。あのときはあんなこと、こんなこともあったと。

日が山の端に沈み、暗くなり出してくる。無人の小屋には、今も電気は流れていない。ランプを灯し、ひとり夕食の支度に取りかかった。

一か月前に、学生たちが残していった米と缶詰がある。これで十分だ。久しぶりに鉄釜で炊く米。厚い木蓋を揺らしながら、湯気がプーと音を立てて昇り、それらがランプの灯りで輝き出している。旨いご飯が食べられそうだ。

翌朝、三十人ぐらいは寝られる小屋で、小鳥たちの囀る声で目が覚めた。その声に誘われながら、小屋から出た。山の谷間に、薄い霧が漂っている。山道をすこし歩くことにしよう。

息を深く吸い込むと、朝露に濡れた瑞々しい大気が体のなかに入り込んでくる。山の朝の爽涼だ。

何度となく山靴で踏み歩いたこの道、慣れ親しんだこの景色、立ち止まっては眺め続けた。今、自分は越後の山にいるのだ。ここにいるのが信じられない気持ちでもあった。先ほどまで透いていた空が、いつのまにか澄み切った青空に変わっている。ふと、気がつくと、靴は朝露でびっしょり濡れて重い。小屋に戻ることにしよう。

昨日残したご飯で朝食を済ませ、学生たちが書き綴った小屋日記を読んでいた。開け放した窓からは、爽やかな風が頬を撫でるように渡り、耳を澄ますと、谷川の水音が聞こえてくる。読み続けていた日記帳を床に置き、その音のする方へ向かった。

数分で川原に着き、ひときわ大きな石に腰かけた。水はゆっくりと流れ、川床の小石がユラユラと白くなったり、青くなったりして揺れている。ここで、岩魚やニジ鱒を釣ったことがあったのだ。

あれは、大雨のあとのことだった。川の水は濁り、飛沫を上げて勢いよく流れていた。針に川虫をつけて竿を垂らしていると、尺の魚が釣れたのだ。あの手応えは、今でも覚えている。

川辺を一時間ほど歩いてから、山小屋に戻り、昨日立ち寄った民宿に行った。

んだ。

主人夫妻と、お茶を飲みながら、この周辺の出来事やお互いの家族のことを語り合っていると、当時のことがまざまざと想い出されてくる。妻が初めて日本に来て、一か月してからここを訪れた話も出た。あのとき、ミヒャエルはまだお腹のなかだった。同年齢のこの主人と、銀山湖でボートを走らせて一緒に釣りをたのしんだ話も出た。

彼と話していると、当時のままの時間が今ここにあるように思えてくる。その彼から、自ら包丁を入れた川魚料理をいただく。今日の山小屋での夕食は、舌と胃をよろこばせてくれるだろう。

夜、ひとりでここにいると、学生時代に過ごした山仲間との日々が止めど無く浮かんでくる。あの時分、山登りに傾けた情熱があったからこそ、今も毎夏、家族と一緒にスイスやチロルの山々へ行っているのだ。そして、当時の情熱が、私を今もここに来させ、よろこびをもたらしてくれているのだ。

目の前で燃え続けているランプの灯りをしばらく見続けてから、板の上に敷いた薄い布団のなかに潜り込

良寛の国上山《くがみやま》 （二〇〇四年九月二十三日〜二十五日）

小出駅から鈍行列車で二回ほど乗り換えて、日本海の港町寺泊に着くと、日が暮れかけていた。早速、観光案内所に行き、これから二泊する宿を斡旋してもらうと、歩いて三分のところを紹介してくれた。

部屋に入り、リュックを下ろしてから窓を開けると、海は望めないが、潮の薫りが漂ってくる。外に出ることにした。

歩いて二、三分で船着場に着くと、家族連れの人たちが釣りをしている。小さなアジとサヨリを釣っているらしい。子供の「とれた、とれた」と歓ぶ声が聞こえてくる。

幾重にも重なる波の彼方を望むと、長く横たわっている佐渡ケ島が望める。フェリーで二時間と聞くが、意外と近く感じられる。

一時間半ほど海岸線を歩き続けてから宿に戻り、食堂に行くと、食膳にズワイカニ、アサリ、カレイ、マグロの刺身などが並んでいる。さすが漁港の地だ。こんな海の幸を、今まで口にしたことがあっただろうか。ゆっくりと味わって食べることにしよう。

広さ六畳ほどの部屋に戻ると、布団がすでに敷いてあった。

細長い宴会の場を、分厚い襖でいくつも区切っているせいか、両隣の室からの灯りが継間から漏れてくる。それと、古い建物のせいか、天井の隅には蜘蛛の巣が張っている。しかし、これも旅心をそそるものだ。まして、明日はぜひ訪れたかったところへ行くのだ。心は浮き浮きしていた。

朝六時に起き出し、散歩に出かけた。

海岸では、もう何人かが釣り糸を垂らしている。潮風を受けての散歩は快い。朝の山歩きは清々しい気持ちになるが、早朝の海岸では、心が軽くなって広がったようになる。

宿に戻り、朝食を済ませてから、小さなリュックを背負い、良寛の生まれた地へ行くために電車に乗り、出雲崎駅へ向かった。

駅前通りを過ぎてさらに行くと、稲穂の田圃が見えてくる。畦道にはコスモスが咲き、その上を黄色い蝶々が飛び交い、所々に建っている農家の庭先には、柿の実がなっている。どこからともなくニワトリの鳴く声が耳に入ってくる。

午前九時だというのに、もう三十度はあるだろう。雲一つない青空の下、ドイツから被ってきた麦わら帽子と、シャツ一枚の姿でゆっくりと歩き続けていると、路線バスが砂ほこりを立てて走り過ぎて行った。一時間半が過ぎただろうか、良寛記念館前に出た。

学生時代、鶴見の総持寺に座禅を組みによく訪れ、宿泊したことがあった私だ。良寛の詩歌や書に触れるたびに、自分の生活はこれでいいのだろうかと、しばしば反省させられたものだ。良寛のことを思うと、いつも「足るを知る」ということばが口から漏れ、自分を知る。それも愚かな自分を。すると、心は自由になるのだった。これから良寛に会えるのだ。胸は自然と高鳴っていた。

館内に展示されている詩歌を、一つひとつ観ていた。意味など十分にわからなくていい。ただ良寛が白い紙に向かって筆を走らせたものが、今目の前にあるのだ。それだけで、心は満ちていた。

一時間ほどしてから、館を出ると、先ほどまでとは違って、今、心がとても静かになっている。その足で、新潟景勝百選一位といわれる高台に立った。

前方には日本海が広がり、佐渡ケ島がくっきりと望める。眼下には、江戸時代の佐渡金山や北前船の荷揚げ港として賑わった出雲崎町が横たわり、黒瓦をつけた切妻屋根の家々が、海岸に向かうように整然と並んでいるのが見える。そのなかの一つに、ひときわ目立った造りの良寛堂があった。そこへ、階段状のトンネルを降りて向かった。

十分足らずで着くと、地元の庭師らしき人たち六名が、暑い日差しを避けるようにして、小さな堂の下で昼食を摂っていた。私が座る余地はない。仕方ない、すこし離れた松の木陰で休むことにしよう。

駅前で買ったおにぎりを食べ出した。座っているところから、わずか数メートル先に日本海を見据えて座っている良寛の銅像が見える。波の音は聞こえないが、微風にのって潮の薫りが漂ってくる。山の静けさは体で感じとれるが、海にも静けさがあるとは知らなかった。良寛と同じように、海を眺め続けた。

こんどは、松尾芭蕉が奥の細道行脚で詠んだ「荒海や　佐渡に横たふ　天河」の句碑を見ようと、町並みに沿って歩き出すと、木の格子造りの軒が目に入ってくる。ここが、往時の宿場町だったことが知られる。板で造られた昔風の戸や窓などを目にするたびに、立ち止まっては眺め続けた。


その句碑は幼稚園隣の小さな公園にあった。佐渡ヶ島から、帰れぬ人を想いながら詠った句だ。それを目にしていると、胸に迫りくるものを覚える。ここをあとにして、ぜひ行きたかったところへ電車で向かった。

分水駅で降りると、町並みの奥に、良寛が三十年近く居を構えた国上山が見え出した。そう遠くないだろう。九月下旬にしては異常に暑い、顔から汗が噴き出してくる。それを拭いながら歩き続けた。

やっと二時間かけて山麓に到着。これからが登り道だ。左右に樹木で被われている道路を歩いているのは、私ひとりだけ。何台もの車が、いくつもあるカーブを、音を出しながら通り過ぎて行く。

十五分もすると、車両が通れない坂道となった。良寛が住んだ五合庵は、もうじきだ。山中に建つ庵を、写真で何度も観たことはあった。それが今、目の前に現われるのだ。土と木の織りなす匂いがするなかを進んで行くと、すこし開けた地が見え出した。

ポツンと建つ草庵の前に立った。一間かぎりの単純な造りだ。ここに、良寛は一七九三年ごろから住みついたのだ。想像していたように、深い森のなかにあった。と、良寛が詠んだ「草の庵に　足さしのべて　小山田の山田のかわづ　聞くがたのしさ」が浮かんでくる。

雪の多いこの地帯、冬はいかほどの厳しさがあったのだろう。言語に絶する。まして、老身での暮らしは、この五合庵それに乙子神社の草庵にしろ、並大抵ではなかっただろう。天地自然と自分のいのちとが共鳴していたからこそ、ここで暮らすことができたに違いない。

財布にドイツのコインが一つあった。それを賽銭箱に入れた。自分の「生」を生き抜いた人だ。目をつむった。

山を下って、これから宿に戻らなければならない。日差しは強く暑い。歩いたら三時間以上はかかるだろう。バスに乗って戻ることにしよう。良寛はこのようなときでも、まわりの風景をたのしみながら、村の子供たちとマリつきに興じ、テクテクと歩いていたに違いない。自分のこころを大切にして、清貧を貫いた人だから、あのような詩歌が作り出せたのだ。

バスは、良寛が托鉢して歩いていた道を走っている。彼の姿を想い浮かべながら、流れ行く景色に目を向け続けた。

佐渡の里山風景　（二〇〇四年九月二十六日〜十月二日）

二泊滞在した寺泊の宿を出て、リュックを再び背負い、霧雨が降るなか、新潟湾のカーフェリー乗り場へ向かった。

九時五十分、「佐渡おけさ」のメロディーが流れはじめ、汽笛が鳴り響き、巨船が動き出した。と、三十四年前、横浜港から欧米へ向けて一年間の旅に出たことが浮かんでくる。あのときはテープが舞い、「ほたるのひかり」を聞き、胸が震えたものだった。

船の旅は心を揺するものだ。でも、旅なら再び戻って来ることはできるが、島流しになった人たちは、もう帰れぬふるさとを思いつつ、佐渡へ向かったのだ。

船内からデッキに出ると、今まで灰色に垂れ下がっていた雲が割れて、青空が広がりはじめていた。寺泊が遠のいて行き、佐渡の島影が肉眼で見えはじめた。あとすこしで、赤泊港だ。

フェリーから降りてから、小型バスに乗り、島の南に位置する小木に到着。そこのユースホステルへ向かった。

バスから降り、ひっそりした商店街を歩き出すと、子供のころに目にした駄菓子店や玩具店や雑貨店などが左右の通りに並んでいた。それらをのぞくようにして歩いて行くと、二十分ほどでユースと書かれた標識が見えた。もうじきだ。

玄関の戸をガラガラと開けると、魚の匂いがしてくる。漁師の家をユースにあてているのだろうと思っていると、潮の香りがするような顔をしたおかみさんが奥から出て来る。そのおかみさんにドイツのユース会員証を示し、手続きをしてから二階の畳部屋に入り、リュックを置き、一休みをしてから宿根木《しゅくねぎ》へ向かった。

竹林や田圃や畑、それに農家などを目にしながら歩いた。道端には、枯れてしまった夏の花を覆い隠すように、薄むらさき色のコスモスがさりげなく咲いている。こちらも、さりげなく通り過ぎよう。

三十分ほど行くと、大正九年に建てられた木造校舎が展示場となっている小木民族博物館前に出たので、この地方の歴史を知ろうと思い、そのなかに入った。ここに住んでいた人たちの生活必要品、それに江戸時代の巻物やら人形などが、ところ狭しと棚や机の上に置かれてある。それらのなかには貴重なものがいくつもあって、ほこりを被って積み重ねてある。それを見て、これでよいのだろうかと思った。

もしここが私のふるさとなら、これらの歴史ある品々をきちんと整理し、説明書も付けて展示したいと思った。いや、もしそのようにしたら、画一的な単調なものになってしまい、訪問者の心に真に響かないかも知れない。ほこりを被り、無造作に置いてあるからこそ、見る者の目を驚かせ、小木の歴史を深く知らせることができるのかもしれない。現に、ここにいると、この村に住んでいた人たちの生活の様子が伝わってくるのだから。

博物館内には、約百五十年前に運搬用として活動していた千石船が、そのままの大きさで復元されていた。その船内を一巡してから、館外に出た。

しばらく行くと、千石船と船大工の里である宿根木が見えてくる。

入江の狭い地形に木造建築、それも船型をした家屋が密集し、納屋や土蔵も林立する家並みは独特だ。小さい女の子が小路で縄跳びをしている。その姿に、この地方の風土と情緒を見る思いがした。ここで三十分ほどぶらついてから、小木へ戻ろう。

目の前には、断崖と入りくんだ海岸線が続いている。それらを眺めながら、ゆっくりと一時間ほど歩き続けた。

こんどは、小木のシンボルとされている「たらい船」に乗った。明治初期から岩礁の多いところで、女性たちが直径一・五メートルのたらいに乗り、サザエとアワビ漁をしたという。実際乗ってみると、漕ぐときに振幅する揺れがなかなかいい。ただ、民族衣装に膝から下は、茶のストッキングを身につけている女性が目の前で櫓を操るので、彼女のうしろ姿だけが映り、それに笠を被った顔の見えない会話は、そう弾まない。その彼女に、訊いた。

「このたらい船で向こう岸まで渡ることは、可能なのですか」

「以前、寺泊方面までの約五十キロを、十八時間半かけて渡った記録があります」

抑揚のない声が返ってきた。

ユースへの帰り道、今晩八時半から佐渡おけさの踊りがあるとの看板が目に留まった。これはぜひ見学に行かねばと思い、早足で部屋に戻り、先ほど買った食パン、クリームパン、それにウーロン茶とで夕食を済ませてから、そこへ向かった。

小ホールに八時十分に入ると、約二百席にはだれも座っていない。二十分が過ぎても、見物客は私一人だけである。と、ステージの幕が上がった。

舞台には、笛と三味線、それにつづみを持った人と歌い手の計六名が着物姿で立っていた。そのなかのつづみを持った人が、マイクを取った。

「これから四十分間、佐渡おけさを含めて四つの民謡踊りを披露します」

私一人に向かって、話しかけるようにして言った。

二人の男性が歌を唄い出すと、三角形の笠をかぶり、着物姿の女性が五名現われ、踊り出した。哀調を帯びた節に、洗練された優雅な佐渡おけさの踊り。そのあとは、小木おけさ、これは南国から伝わってきたようでテンポが早く、情熱的だ。

それらの踊りを食い入るように観ていた。とくに、一番背が低く、おそらく五十歳ぐらいだろうと思われる人の動きに魅せられていた。彼女の動き一つひとつが、絵になるような線なのである。体と心でたのしく踊っているのがうかがえた。とくに、肩から腰にかけての線は、動きのない流れで、片足を上げて半身をひねる姿は、見ていてぐっと引き込まれるものがあった。

　この女性、おそらく日常生活では服を着て目立たないだろうが、着物を身につけると、凛としたものが体中に走るのではないだろうか。日本女性の容姿には着物がピッタリだ。笠で顔立ちはわからないが、全体が美しいのだ。優美なのである。

　五百円払った一人のために、計十一名の正装した人たちが歌い舞ってくれたのである。終わったとき、私の拍手した音がホールに深く響いた。申し訳ないようなうれしいような気持ちが交錯した。

　ホールを出る際、出口に立っていた係員に声をかけた。

「こんな素晴らしい踊り、他に見物客がいなくて残念に思います」

「ありがとうございます。今日は、どこも宴会があるようで、お客さまはそちらに行っているのでしょう」

　ユースに戻ってから、おかみさんに、客は私一人だけだったことを伝えると、

「そうかえ、そのようなこともあろうて」

と、笑いながら言った。

「あの人たちは、皆、地元の人たちなのでしょうね」

「そうやえ」

「踊っていた五人のうち、背が低く、五十歳ぐらいの女性の動きに、とくに、魅せられていました。歩いたり足を上げたりしても、着物と白足袋の間に映る素肌を決して見せず、腰から下がピタッと止まっているのです」

「ああ、中村さんのことやね。あの人は、もう六十五歳を越えているだえ」

　それを聴き、着物姿は老いて艶やかさが増すのではないだろうかと心のなかで思い、そして唸った。

　昨晩の素泊まり料金二千八百円を払ってから、ユースを出て、バス停へ向かった。

　日曜日の午前の今は、小木の町はまだ眠ったようになっていた。人の姿を見かけない。どの家にも、黄色い牛乳箱が玄関の柱にかかってある。懐かしい箱だ。子供のころに飲んだ、あの匂いのする味が口のなかで

広がった。

一時間ほどバスに揺られ佐和田に着き、島の中央に位置している国仲平野行きのバスを待っていると、一枚のポスターが目に留まった。佐渡文弥人形芝居が、毎日四回上演されていると記されている。それもここから歩いて数分のところだ。もちろん、見学に行くことにした。

三百年ぐらい前に、大阪の岡本文弥によって語りはじめられた古浄瑠璃から伝わった人形芝居だ。海外でも上演されているらしい。出しものは、あんじゅと厨子王である。

二人の女性が人形を操り、哀愁を帯びた節まわしに、ときには速いテンポとなっての動きだ。見物客は四十名ぐらいである。人情劇ということもあって、皆、終わるころには、ハンカチとティシュを持って観ていた。

芝居が終わってから、人形を操った女性に話しかけた。

「ドイツで演じたことが、あるのですか」

「私たちの座は二人だけで、海外へ行ったことはありません。佐渡に十四ある座のうち、一座は最近ドイツでも演じましたよ」

「二人で大変でしょう」

「片方が病気などで休んだ際は、その日に仕事を持っていない人のだれかにお願いして、代わりにやってもらっています。私たちは、ここの会社の社員なのです。観光客がこのおみやげ店やレストランに来るように、この人形芝居が客寄せとなっているのです」

彼女は自分がここの会社員であることを盛んに強調し、他の芝居劇も上演したいのだが、それがなかなかできないのだとこぼした。公の援助金はないとも語った。それを聴き、このような伝統芸能を保護していかないと、ここの文化は廃れてしまうのではないだろうかと思った。

別れ際に、「ありがとうございました」と言うと、彼女は、「退屈で、眠たくなったのではありませんか」と訊いた。

「そんなことは、決してありませんでした。次がどのような展開になっていくのか、興味津々でした」

と言うと、それまで深刻だった彼女の顔が、優しい表情に変わった。

再びバスに乗って、佐渡中央に位置する新穂村のユースホステルに四時過ぎに到着する。洋式風の家に入ると、感じのよい居間と食堂、それに部屋にはベッドが置いてある。いい一夜になると思いながら、リュックを置いた。

風呂に入ってから洗濯を済ませ、夕食前ソファーで一休みしていると、ここの女主人が話しかけてきた。

彼女の娘はドイツに二年間滞在していたことがあり、その期間、二回ほどドイツへ行ったことがあると言い、再びドイツ旅行をすると語った。その際は、テュービンゲンにも女友達三人で寄りたいとも話した。

「ご主人と、一緒に行かないのですか」

そう訊ねると、すぐに手を横に振った。

「夫とは趣味が違うので」

どうも日本の女性は、女同士で旅行をするのがたのしいようだ。とくに、中高年の女性から、このようなことばをしばしば耳にした。それを聞くたびに、「残されたパートナーは？」と考えるのだった。

もし自分がそのパートナーだったら、耐えられないような気がする。今回気持ちよく承諾してくれた妻を、ありがたいと思った。「あなたが育った国の文化、自然をたのしんでくれれば」と言ってくれた彼女だった。

この女主人、ドイツが気に入っているようで、夕食後もドイツの話となった。その彼女から、明日は自転車を借りて、この地域一帯を走り回ることになっている。いつもより早めにベッドに就いた。

朝食を済ませてから、ペダルを漕ぎ出した。青空には、白い雲が浮いている。サイクリングには、最適な天気だ。田舎道を走っていると、道端に白く、黄色く咲いているコスモスが目に入ってくる。蝶々が愉快そうに飛んでいる。道の左右には、緑濃い大きな杉の木が立ち並び、その間を縫うようにしての走行である。

遠くに、低山が連なっているのが望め、かわら葺屋根の農家の周辺には、田圃が広がり、稲穂が今か今かと、刈ってほしいように垂れている。ここが島なのを忘れてしまうような風景だ。

走り続けていると、トキの森に入った。飼育されている朱鷺を、備え付けられてある望遠鏡でのぞいて、再びペダルを踏み出した。

素朴な佇まいの農村地帯を走っていると、こんなぜいたくな眺めがあるのだろうかと思ってしまう。ゆっくりと漕ぎ続け、数キロほどで、加茂湖に出た。

カキの養殖でも知られるだけあって、湖畔にはカキの空貝殻が二、三メートルの高さで、いくつも並んで積み重ねてあった。潮の薫りが、肌に快い。走っている道は、農道のせいか車の行き来はない。静かだ。

自転車を止め、波のない湖面をのぞくと、七センチほどの白透明のクラゲが揺れながら泳いでいるのが見えた。

再びペダルを漕いでいると、一人のお年寄りが釣りをしているのが目に入った。近寄った。

「何が釣れるのですか」

「いや、遊びに釣っているので」

「あの飛び跳ねているのは、何という魚ですか」

「ボラだよ。昔は三十センチのキスやらアジが釣れたが、今はのう……」

しばらく話をしていると、浮きがピクッと動いた。お年寄りは手早く竿を上げた。キスがかかっていた。

「やっと一匹とれたか」

私に顔を向けてニコッとした。しわが深く刻まれ、濃く色焼けした顔である。この島で暮らしている地元の人だ。

自転車に乗り、再び走り出した。二キロほど行くと、能楽館と記された標識が見えた。上演もしているらしい。興味を覚え、その館に入ることにした。

八百円払うと、一人の女性係員が私一人のために、能についての説明をはじめた。そのあと、能舞台での観賞となった。約百五十の席に、見物客は私一人だけである。見せものは、道成寺。演じるのは、等身大に作られたハイテクロボットたちだ。

それらの動きを見ていると、能の雰囲気的なものはいくらか伝わってはくるが、人（演者）と人（客）との直接な出会いではないので、心のなかに生じてくる驚くような感動はない。それでも、謡い舞いの十二分間が終わってから、いつか本物を観たいと思った。

人口八万人を割った佐渡では、能楽は昔から今日まで伝えられ、プロでない三百名が演じ、能舞台は約三十もあって、盛んであると彼女は言い、また能の大成者であった世阿弥が、ここに七十二歳のときに流され、それが今も生き続いているとも語った。彼女も、演者の一人である。能面をつけた瞬間、それに舞台で最初に一歩踏み出す際の心境を、熱い声で語った。

しばらくすると、観光バスから降りた百名近くの人たちが館内に入って来る。「ガイドの仕事がはじまるわ」と言って、彼女はそちらへ向かった。

再び走り出すと、うっそうとした林へ続く木段の道が目に入った。自転車から降りて、その木段の道を歩いて登り出した。途中、草むしりをしていた小柄な女性がいたので、

「こんにちは」

と、声をかけた。彼女は屈んだままの姿勢で、こちらに顔を向け、

「こんにちは」

と、応えた。さらに登って行くと、神社の前に出た。周囲には、大きな杉が林立している。そのうちの一本の幹は、とくに太く、大人七名の手をつなげた長さにはなるだろう。その横に建っている拝殿に魅せられて眺めていると、先ほど挨拶を交わした女性が傍を通ったので、その人に話しかけた。

「草取りは大変ですね」

「慣れると、そう大変でもありませんよ。わたしはここの宮司で、これも役割の一つなのです」

彼女は長い手袋をとり、顔から噴き出ていた汗を、タオルで拭きとりながら言った。

「あそこに見える建物は、能舞台ですか」

「そうです。六月にはここで上演されます。そのころ、佐渡に来ると、至るところで演能が観られますよ」

この神社の歴史と能楽について訊ねると、快く答えてくれる。明るい顔をした、目のなんと澄んだ女性なのだろうと思いながら聴いていた。最後に、「ごくろう様です」とお礼をのべると、「ごくろう様です」と

深くおじぎを返してくれる。

竹と杉が立ち並ぶ百メートルの木段を降りながら、あのような女性が人口の減りつつある佐渡で、島の歴史を守っているのだろうと思った。

朝九時から夕方五時半まで、新穂村とその周辺を自転車で、ゆっくり走り廻っての一日だった。日本の山間の風景を目にしながらのサイクリングが、こんなにもたのしく、心が広がっていくとは思ってもいなかった。新しい発見だ。

翌朝、再びリュックを背負い、両津港に行き、新潟港までの切符を買おうとして、料金表を見た。ジェットフォイルでは五千九百三十円、カーフェリーでは二千六十円である。わずか一時間の違いで約四千円の差がある。もちろん、旅情を掻き立てるフェリーに乗ることにした。

新潟港で降りてから、こんどは新潟駅から鈍行列車に二度ほど乗り換えて、磐越西線の二両電車に乗った。これから会津若松を経て、さらに三十分走ったところの会津高田までの四時間の電車の旅である。


いくつものトンネルを抜けるたびに、農村の奥へ奥へと進んだ。赤や青色した農家のブリキ屋根や、そのまわりに広がっている水田、それに今日一日の野良仕事を終えて家路に帰る人の姿が、車窓に現われては消えてゆく。線路に沿って蛇行している阿賀野川と、それを包むようにしている深い森がいつまでも続いているのを目にしていると、日本の自然はやさしいなと思ったりする。ここに暮らしている人も優しいに違いない。

人気の無い駅に、色鮮やかな花がいくつも植えられてある。どんな人が世話をしているのだろうか。

電車がガタンと停まるたびに、人が降りる。乗客は私以外に二人だけとなった。目に映るすべてが、美しく見えるのである。歴史の声が聞こえるのである。不思議だ。

乗車する前に買ったおはぎをリュックから取り出して、口に入れた。実にいい味だ。車内の空気は台風が近づいて来ているせいか、とても湿気があった。だが、この湿気があんをいっそう美味しくさせているように思えた。湯で長く煮たあずき、この湿気のなかで食べるおはぎ、水の国日本ならではの味だ。ドイツにこの味はない。もう一つ口に入れた。

会津高田駅で降りると、これから二泊するユースホステルの人が車で待っていてくれた。ユースに着くと、もうあたりは暗くなっていた。遅くなった夕食を摂ることになった。

前に座っている女性は、今日近くの山からひとりで下りてきたと言った。北海道の大雪山系が好きらしく、しばしばテントを背負って縦走したことがあったと、ご飯を食べながら語った。その話に、相槌を打ちながら聞いていた。

隣に座っている青年は、今日バイクで横浜を発ち、明日は水上まで走ると言った。来年は就職なので、今は思い切って好きなバイクに乗って、一人で走るのだと語った。

ユースホステルはこのような出逢いがある。年齢が違っていても、ひとり旅ということもあってか、お互い話が弾んでくる。彼らとしばらく歓談していると、ユースの主人が、台風二十一号が接近中と知らせに来てくれる。それを聞いてから、部屋に戻ってベッドに入った。

目が覚め、カーテンを開けると、灰色の雲が垂れ下がっている。これぐらいの天候なら、会津若松市内を歩いて巡ることはできるだろうと思い、雨具を持ってユースを出た。

まず、駅前から歩き出して、明治・大正期を偲ばせる洋館や土蔵が立ち並ぶ通りをぶらついていた。当時の姿のままで残っている古い軒先には、陶器や地酒などが置いてある。それらを、のぞきながらの散策である。新撰組副長の土方蔵三が投宿した清水屋旅館跡もあった。

しばらく行くと、六百年の歴史がある鶴ケ城が見えてくる。幕末の戊辰戦争で一か月の籠城の末、悲劇で幕を閉じた城だ。

天守閣に足を踏み入れると、なかは郷土資料館となっていて、会津藩の歴史を知ることができるようになっていた。最上階からは市内が一望に見渡せたが、裏磐梯山は厚い雲に覆われていたので、その姿はない。残念だ。

二時間ほどここにいてから、城門を出ると、雨が降り出してくる。そう強い降りではないので、歩を休めずに歩き続けていた。と、肉屋の看板が目に留まったので、傘をたたんでなかに入ると、フライの匂いがしてくる。目指すものがあった。コロッケとハムカツだ。それぞれ一つずつ買った。

子供のころ、ソースをかけたハムカツやコロッケをコッペパンに挟んで食べたことを想い出しながら、会津武家屋敷へ向かった。

会津藩家老の西郷頼母邸だった大きな表門を潜った。三十八部屋を擁する屋敷内には、当時の武具や家具、それに調度品が置いてあった。それらを見ていると、ありし日の武家の生活が偲ばれる。

七千坪の敷地内には、数奇屋風茶室もあった。その前に来ると、琴の音色が耳に入ってくる。傘をたたんで、茶室の縁側に腰かけ、テープから流れてくるその調べに耳を傾けた。

雨足が次第に強くなり、目の前に植えてあるクロタケ、カエデ、モミジ、それにスギの緑葉が濡れて輝き出した。葉から雨水が、流れるように苔に落ちて行く。それを見つめていると、心が震えてくるのだった。

雨に打たれて、モミジが一枚舞った。そのとき、良寛の歌である「うらを見せ　おもてを見せて　散るもみじ」が浮かんだ。と同時に、先ほど見た場面も浮かんでくる。

それは、西郷家の妻が、自分の子供五人と自刃した場面を人形で再現していたシーンである。武家の妻として表で生き、五人の命ある子供を引き連れての自刃に、何とも言えぬ哀情を覚え、胸が詰まってしまったのだ。人間の裏を見せて生きていっても、よかったのではないだろうかと思った。良寛は、自分を「大愚」と称して生きた人だ。それこそが、正直に生きることだろう。

三十分以上ひとりでここに座り続けていた。雨降りのため、この小さな茶室に訪れる人はだれ一人いない。琴の音色が、まさ心の琴線に触れ、目は潤み心は潤って、外も内もしっとりとした情感に襲われた。ふと気がつくと、雨は止んでいたが、風が強くなりはじめていた。再び歩き出した。こんどは白虎隊十九士のお墓がある飯盛山へ向かった。

十六から十七歳の青年男子たちが、城下に上った火の手を落城と思い込み、自決した場所に立った。若い命を散らした彼らを思うと、何度もため息が出てくる。雨が再び降り出してきたので、早めにユースに戻ることにしよう。

夕食を摂ったあと、天気予報を聞くと、台風は勢力を弱めて太平洋に抜けるとのこと。ホッとする。明日は青空が望めそうだ。

越後、佐渡、それに会津若松での旅が終わりに近づいた。日本の里山風景に触れると、そこに歴史が流れているのを感じ、その景色がとても美しく見え、心たのしくなってくるのだった。そのようになっていたのは、日本で生まれ育った自分を自覚したからだろう。

のんびりした旅のなかで自分を知っていき、時間を自分に引き入れる。そのようなことができた日々だった。それを可能にしてくれたのは、各駅で停まる鈍行列車のようにも思えるのだった。

土佐の人と龍馬　（二〇〇七年一月十三日〜十七日）

四国の徳島市で二日間過ごしたあと、バスに乗って目的地へ向かった。

予約していた高知駅近くの小さなビジネスホテルにチェックインするまでには、まだ時間が十分にあったので、リュックを駅構内のコインロッカーに入れ、高知城へ歩いて行った。

しばらくすると、城の追手門が見え出してくる。そこを潜ると、「無料でガイドします」との看板が目に留まった。早速、近くに設置されてあるテントのところに寄って、なかにいた人に声をかけた。

私ひとりの見学に、六十代の女性がついてくれた。彼女は、約百人登録しているボランティアの一人である。歩きながら城内の建物などについていろいろと説明をしてくれる。それを聞いたのち、彼女に訊ねた。

「お城とはまったく関係ないのですが、土佐人の性格は一言でいったらどのようなものでしょうか」

「そうですね、女性は、はちきん。男性は、いごっそうかしら。はちきんとは、竹を割ったような性格で、いごっそうは、これと思ったら一途にそれをする人のことです」

この地で生まれ育った彼女は、立ち止まって答えた。その彼女と別れて、こんどは一人で天守閣と本丸に足を踏み入れた。

最上階からは、街が一望でき、その奥には一月だというのに、緑濃い山々が連なっているのが見えた。それを目にして、ここは冬でも比較的穏やかな気候なのを知った。

三十分ほどして先ほどのテントのところに戻り、彼女にお礼をのべると、この地方の見所をいくつか教えてくれる。ありがたいことだと思いながら聞いていた。ドイツでは、無償でボランティアをする人をあまり見かけないが、日本は違う。

「人を案内することによって、私も勉強しますから」

微笑みながら、彼女が言った。この微笑こそ、謙虚さを身につけた日本人の心だと思った。腕時計をのぞくと、そろそろホテルのチェックインの時間だ。駅に戻ることにした。

コインロッカーからリュックを取り出して、ホテルへ向かった。

室内ですこし休んでから、夕食を摂ろうと外に出た。せっかく、高知までやって来たのだから、夕食はカツオのたたきを食べようと歩いていると、『ちゃんとご飯』と書かれた看板が目に入った。

窓からその店内をのぞくと、秋刀魚や鯖や鮭の塩焼き、それにおでんやシュウマイなど、食べたいと思うものばかりが大きなテーブルの上にずらりと並んでいる。その奥に食べるところもある。これはいい食べ物屋を見つけたと思い、なかに入った。

三十種類以上もある品々から、自分で選び出したおかず数品と白いご飯を膳にのせ、小さな卓についた。どれも旨そうだ。これで六百円なのは安い。

この店に感激した私は、食べ終わってからエプロン姿の女性店員に訊いた。

「自分で好きなおかずを選べ、それも計りで計算されるので、どんなに少なくてもいいし、このような店はいいですね。いつごろから、開いているのですか」

「一年前からです。けっこう皆さんに親しまれています。独身者や高齢者も多く来ますよ」

「何が、大変なのでしょうか」

「品をいくつも揃えることですね」

ドイツで日本の食材を得られない私にとって、ここは天国だ。満腹になって外に出て、市内を三十分ほど歩いてからホテルに戻った。

翌朝、窓のカーテンを引くと、雲一つない青空である。一階のカウンターのあるところで朝食を摂ってから、三百年前から続いている日曜市に行った。

九時だというのに、一キロほどある通りの両側には屋台がぎっしりと立ち並び、大勢の人で賑わっている。山間部で栽培されている柚子、みかん、椎茸、それにふきのとう、ワラビやうどなどの新鮮な野菜がところ狭しと置かれている。魚貝類、饅頭、田舎寿司、植木なども目にする。売っている人は、直接栽培しているおじいさんやおばあさんたちだ。

干した小魚が並んでいたので、その軒の前で眺めていた。と、おばあさんが、「うまいぜよ」と言って、ひび割れのした手で一つくれる。「では」と声を出して、口に入れると、土佐の潮が広がってくる。すこし買うことにした。

その干し魚を口に入れながら、鏡川方面を歩いていると、歩道上で人と自転車とが頻繁に行き交っているのを見て、これはと思った。

テュービンゲン市内には、自転車道がかならず設けられており、そこは歩くことができない。自転車に乗っている人と歩いている人は、お互いの権利を認めている。が、ここでは二つの異質なものが溶け合って、お互いが権利を主張していない。事故はないのだろうか。お年寄りは歩いている際に、不安を感じないのだろうか。自転車はかなりゆっくりと走っているとはいえ、不思議な光景に映った。

鏡川に架かっている橋から下をのぞくと、浮遊ゴミが川べりにまったく無い。これもボランティアの人たちによるものだろうか。日本にはいい活動があるなと思いながら歩いていた。

空腹を感じ出したので、市民が気兼ねなく飲み食いできる屋根つきのビアホールのひろめ市場に行き、食べたかったカツオのたたき丼を口にしてから、バスに乗って五台山へ向かった。

七、八年前から草木や花に強い関心を抱くようになった私は、あるとき、何かの本で植物学の父と呼ばれる牧野富太郎氏のことを知った。その氏のゆかりの植物園が五台山にあったので、ぜひ訪れたいと思っていた。それに、四国にはヤッコソウという奴さんに似た花が咲いているとある知人から聞いていたので、それを見たかった。

六へクタールの園内を、牧野氏が愛した草木を見ながら歩いていた。と、ヤッコソウの大きな模型花が目に入った。説明文には、室戸岬地方で十二月ごろに咲くと記されてあった。

「奴さんに似たヤッコソウという花を、四国で目にすることができますよ」

そう知らせてくれた人に、早速その花の絵葉書を買って送ることにしよう。こうした交流がうれしいのだ。

二時間近く園に咲いている花を一つひとつ見ながら、のんびりと歩き廻っていた。

翌日、ホテルの小さな朝食ルームに行くと、客は私一人だけである。カウンターでパンと紅茶を飲みながら、前にいる四十代の女性と話をした。

「大阪の銀行に三年間勤めたあと、生まれ育った高知に戻りました」

そう語ったあと、彼女は話し出した。

「日曜市はいくらか値段が高く、地元の人はあまり行きませんよ。観光客が出かけるのではないですか。ひらめ市場は朝からビールなどを飲みますね。高知の人は飲みますから。市長は一期目はよかったが、二期三期となるとね……。二年前、義母が歩道で自転車とぶつかって、腰の骨にひびが入ったことがありましたよ。高知は離婚率が日本で二番目に高いのです。セックスは月に一回の人もいますし、知り合いの夫婦は四年もないとか。セックスレスの人も多くいますよ」

地元で暮らす人の生の声は、いいものだ。彼女と四十分近くは話をしただろうか。家族や夫婦や性や子供のいじめ、それに社会保障など、次々とテーマが移っていった。頬を赤くして熱心に語る彼女。高知の女性は思っていることを、素直に出すのだろうと思った。二日前にボランティアの女性が言った「はちきん(竹を割った性格)」という言葉が浮かんだ。

彼女と話をしてから外に出ると、昨日に続いて快晴である。海を眺めようとして桂浜へ向かった。

バスに揺られ三十分で浜に到着すると、潮の匂いが漂ってくる。防波堤で釣りをしている人を見かけたので近寄ると、バケツに十数センチのふぐが数匹泳いでいる。訊ねると、食べるとのこと。タワラも時々獲れるようだ。「今日はぬくいわ」と言いながら、釣り人は糸を垂らしていた。

向きを変えてすこし行くと、太平洋の彼方に目を据えている坂本龍馬像の前に出た。海を見つめているその姿は、その先の世界に目を向けているようだ。ここから白浜に出て、弓なりに伸びている海岸を歩いていた。と、体が浮いたようになった。波打ち寄せる黒潮が、押したり引いたりしている。その奥には、大きな船がゆっくりと進み、その手前では、いくつかの小型船が白い帆を上げながら右に左に揺れている。

坂本龍馬はここに立ち、この大きな海から、新しい息吹を感じ取っていたに違いない。それを知るためにも、歩いて五分もしないところに建つ龍馬記念館に行くことにした。

館内に展示されたものを目にしていると、龍馬の人柄や考え方が伝わってくる。とくに、彼が書いた二十以上の手紙文はわかりやすく、彼の考えがさらりと出ている。

しばらくしてから、広々とした海が一望できる館の屋上に立った。と、「ヒューヒョロロ」と一羽のトンビが上空に弧を描くように、ゆっくりと回りはじめた。その姿に目を奪われていると、小さめのトンビが飛んできて、二羽で弧を優雅に描き出した。龍馬と彼の妻であるお龍のようだ。

今日は海を眺め、龍馬の生き方に思いを馳せる一日だった。いごっそうとは、彼のような性格をいうのだろう。

四万十川の自然（二〇〇七年一月十七日〜十九日）

朝食を摂っていると、ホテルの人が、

「カツオの一本釣りで有名な魚市場が、久礼にありますよ。四万十川の中村へ行く途中ですよ」

と、言ったのを聞き、そこに立ち寄ることにした。

七時半、二階建ての高知駅発の一両電車に乗った。車内には、中学と高校の生徒や通勤者が多い。二、三駅走っては、数分間の停車。ガタンと電車が停まるたびに、乗客は降りる。数人だけとなった。静かだ。

遠くに目を向けると、深い緑で覆われた低い山々が望め、田圃の奥には木立で囲まれた農家が点在しているのが見える。渋い色合いの里山風景だ。

山小屋風の土佐久礼駅に着き、大きなリュックをどこかに預けようとしたが、コインロッカーはどこにもない。仕方なく、リュックを背負って魚市場へ向かった。

数分もしないうちに、魚のにおいがしてくる。小さな市場に足を踏み入れると、シャッターをおろしている店もあれば、夫が獲ってきた魚を、妻が軒に出しかけているところもある。木台上に並んでいる魚をのぞきながら歩いていると、炭で魚を焼きますと書かれた看板が目に入った。誘われるようにして、そのなかに入った。

どの魚を焼いてもらうかと迷ったが、昔食べ慣れたアジを焼いてもらおうとした。店の前で魚を焼いている娘さんのところに行き、話しかけた。

「ここの人なの？」

「ええ、この久礼で生まれ育ちました」

「この地に残って、働いているわけだ」

「わたしは例外で、多くの人はここを出て、大きな町で働いています。秋に祭りがあるのですが、そのときは皆戻って来ます。年々若い人が減ってきて、さびしいです」

日焼けした顔の漁師の娘は、太い指で網の上にのったアジを上手にひっくり返しながら言った。

「漁師の男性は、たくましいのでは？」

「ええ、負けてしまいます」

そう声を出して、はにかむような顔をして魚をまた裏返しにした。炭の赤い小さな炎で、まわりは暖かい。彼女としばらく話をしてから、テーブルに戻った。

久しぶりに食べる湯気の立っているアジ。皮まで呑み込んでしまう。それを食べ終えてから、また歩き出した。木台上には、銀色を発しているタチウオ、ハマチ、ブリ、カンパチ、赤色のタイ、黒っぽいグレ、それにタコ、スルメ、イカなどが並んでいる。どれも昨日獲れただけあって、目が光っている。


サバとカツオ、それにトビウオの刺身を切り売っている店前に立つと、女主人が出て来た。

「海の匂いがして、よい味ですよ。小さく切りますから、食べてみてはどうですか」

威勢のいい声である。

「では、青アジをすこしいただけますか」

女主人は包丁さばきもよく、切っていく。

小皿にのったそのアジを口に入れると、シャキッとした歯ごたえである。壁には、この店がテレビで放映されたのだろうか、その際に撮った写真が何枚か壁に貼ってあった。小さな魚市場だけに、地元の人の暮らしをわずかだが垣間見たような気になった。

再び久礼駅に戻り、電車に乗って中村駅で降りて、駅前のビジネスホテルでリュックを下ろしてから、観光協会で赤い自転車を借りた。そして、四万十川へ走ろうとした。が、今の時刻では遅いと思い、止めにして、近くにあるトンボ自然公園に行くことにした。

自転車を二十分ほど漕いで公園に着き、湿地帯のなかに入ると、陽を浴びながら半身を沼地に沈め、腰をかかげている四人の姿を見かけた。自転車を停めて、そのうちの一人の女性に話しかけた。

「何の作業をしているのですか」

「スイレンの間引きをしているのです」

「トンボの姿を見かけないのですが、どこにいるのですか」

「この時期は、見ることができないですよ」

今は真冬。トンボの飛ぶ季節を忘れていたのだ。何ということだ。

「夏から秋にかけて、一日に六十種類以上のトンボが飛んでいる日もありますよ」

「そうなのですか。ごくろうさんです」

そう言って、再びペダルを漕ぎ出し、入り組んだ山間の道をゆっくりと走った。

周囲には濃い緑の樹木が果てしなく続き、その傍に小川が音もなく流れている。肌に湿気を感じ、汗が顔から滲み出てくるようになった。このような地帯だから、トンボがよく育つのだろう。時々カラスの鳴き声が聞こえてくる。

二時間もサドルに座っていると、疲れも出てきたので、ホテルに戻ることにした。明日は自転車での四万十川沿いの走りだ。今日のように、晴れてくれるといいのだがと願いながら漕ぎ続けた。

翌日、朝食を済ませてから、自転車に乗った。日曜日の早朝なこともあってか、走っている車の姿を見かけない。街はまだ眠っている。夜明け前に雨が降ったのだろう、路上が薄っすらと濡れている。

上を仰ぐと思い切った青空である。心は自然と弾んでいた。

十分もしないうちに、四万十川が見え出し、道の両側には、太陽の光を浴びながら木々の葉が輝き、所々に真紅の赤い椿が二つ三つ落ちている。どこからともなく小鳥たちの鳴き声が聞こえるなか、ゆっくりと進んだ。

二匹の犬を連れたおばさんに出逢ったので、その人に声をかけた。

「おはようございます」

「おはよう」

十メートル下に流れている川に視線を向けると、朝日に照り輝きながら、川面の水が銀色に揺れ、所々に建つ人家の庭には赤い小粒のナンテンや椿、それにみかんが実っている。上空では一メートルほどの羽を広げたトンビが、優雅な弧を描きながら飛び回り、畑の畦道には黄色い菜の花がもう咲きはじめている。春の訪れを知らせるような風景だ。

向こうから、おばあさんらしき人が、小さな一輪車を押しながら近づいて来た。

「ねぎを運んでいるのですか」

「ラッキョウでけ」

腰は折れ、足は内側に曲がり、背丈一メートルほどのおばあさんが応えた。手押し車には、ラッキョウと大根、それに大きな鎌があった。おばあさんはその大根を指差して、

「今もぎ取ってきたものだ。もう八十を越えると、昼間は家で何もすることはないいけ」

と、言って、頭に被っていた手拭いを口元でぎゅと結んだ。そして、

「この取りたての大根を、生のまま噛むとうまいけ」

と、声を出してにっこりした。今を生きている顔だと思った。

おばあさんのうしろ姿を見続け、ごくろうさまですとつぶやいた。

一時間半近く軽やかにペダルを踏んでいると、佐田沈下橋に到着する。欄干のないその長い木橋を走っていると、風がいくらか吹いてくる。ドイツから被ってきた黒帽子が飛ばされそうになったので、片手でそれを軽く押さえながら、三百メートルはありそうな橋を漕ぎ続けた。何と心地良いのだ。さらに行くと、屋形船と書かれた看板が目に留まった。そこへ向かった。

一月中旬のこの時期、運航しているのだろうかと半信半疑の思いで、しばらく船着場に立っていた。案の定、だれも出て来ない。しば犬が歓迎するだけであった。なおも立っていると、一人の男性が現われた。

「乗りますか」

「ええ、客はわたしだけのようですが、よろしいのですか」

「一人でも、舟を出しますよ」

「では、お願いします」

靴を脱いで、川舟に腰を下ろすと、船頭さんは障子をすべて開けた。十名ほど座ることができる席に、私一人だけである。動き出した。

「今日はいい天気や。こんな日は滅多にないね。ほら、むこうに佐田沈下橋が見えるでしょ」

「ええ、風情がありますね。江戸時代の北斎の絵に、描かれているようだ」

冬の陽光が青緑色の水に反射して、暑さを感じるほどである。

「私は大阪と東京に、二十年間住んでいたね。ここは本当に自然が豊かで、水がきれいだ。東京の墨田川と大阪の淀川は汚くて、浮遊ゴミだらけだった。でも、あれで日本の経済は成長したのでしょ。ほら、あそこにサギが立っているでしょ。向こうの岸辺には、セキレイもいるね」

船頭さんが背の黒い小鳥たちのいる方向を指差した。

「私が子供のころは、あの小鳥たちが小さな石ころの数ほどいたが、PCBやら農薬でしだいに減ってしまった。今はタバコの栽培に農薬を使用しなくなったが、昔は目が痛くなるほどだった」

この船頭さんと話していると、自然環境をとても大切にしていることが、ことばの端々からうかがえるのだった。

「魚は八十五種類ほどで、うなぎやエビやあゆ、それにゴリや青のり、とくに、ここで秋に獲れるうなぎは身が厚くてうまいね。子供のころ、父に連れられ、ヤリで魚獲りをしたものだった。今この川には千五百人の漁師がいるよ」

「そんなに多くの人が」

「さっき、船着場の下の大きな石上に、小さな魚が多くいたでしょ。暖かくなると、あれらの魚たちで、石が見えなくなるよ」

船頭さんは、四季折々の自然の美しさを熱心に語った。自然を愛してやまない人のようだ。

「ほら、あそこにひん曲がってしまったヤナギの樹が見えるでしょ。昨年の大きな台風で、あのようになってしまった。橋も壊れ、この川は荒れると、本当に恐ろしい川となってしまう。私の家の二階まで、水かさが増したこともあった。でも、それが自然の姿でしょ」

この人の語るのを聴いていると、一途のところがあって、曲げないような性格、土佐のいごっそうという語が浮かんでくる。

「私はここで船を出しているが、毎日このような景色をお客さんと一緒に眺め、それがたのしい。嫌なときはないね」

まわりの風景を見ている船頭さんの目は、この川の清流のように輝いていた。

一時間の船旅が終わり、再び自転車に乗ってペダルを踏み出すと、体全体がこの地方の大気に触れ、心までよろこんでいるのがわかる。ゆっくりと走り続けた。

水の都松江（二〇〇八年一月二十五日〜二十七日）

関西空港に朝八時に降り立ったあと、大阪駅構内で幕の内弁当を買ってから松江行きの列車に乗った。

しばらくして折り箱を開けると、おかずがぎっしりと詰まっている。数えると、十二種類ある。それらを一つ一つ口のなかに入れると、弾け飛んでいくような味だ。それに、日本の米の美味しいこと、ご飯をゆっくりと噛み締めた。

さあ、これから松江、九州への旅がはじまるのだ。私の胸は躍っていた。

岡山から島根の県境に来ると、雪が降りはじめてくる。それも数メートルの先が見えないほどの雪降りである。そのなかを列車は、ゴトンゴトンと音を発しながら山間部を走り続けていた。もうあたり一面は、白一色である。

雪化粧の景色は、目に輝きをもたらし、心に深さをもたらしてくれる。氷柱《つらら》が農家の藁葺き屋根の下に、太く垂れ下がっているのが見える。列車は、動きのない静かな山村を白い粉を飛ばしながら走っていた。

二十数年前、日本からドイツに移り住んだころ、石造りの家のなかで、ドイツ人がどのような暮らしをしているのかを知ることはできなかった。それと同じことが、今の自分にも言えた。今、目に映る日本の家屋を見ながら、なかで皆が何をしているのかを想像することができなくなっていた。一体、これはどうしたことか。二十数年間日本で暮らしていなかったとはいえ、考え込みながら雪景色を眺めていた。ただ、言えることは、日本の社会全体が自分にはわからなくなってきたことだ。

松江に近づくにつれて雪は止み、列車が駅に着いたときには、どの屋根の上にも白い雪がわずかにのっているだけである。駅前で、ビジネスホテルの看板が目に留まったので、そこに連絡すると、空室はあるとのこと。リュックを背負い、宿へ向かった。

十数分で目指す宿に到着する。五階の小さな窓からは穴道湖が望め、なかなかの展望である。狭い室内には風呂も付いている。早速、湯船に浸かった。

湯上りのままベッドに横になると、疲れが出てきたのか、自然と目が閉じた。

目を覚ますと、一時間半が過ぎている。夕食を摂るために商店街に出ると、通りに建ち並ぶ店舗の四分の一近くは、シャッターが下りている。それに、行き交う人の姿がなく、通りに活気がない。殺風景なのである。

しばらく歩いていると、出雲そば・うどんと書かれた暖簾を目にしたので、ガラガラと戸を開けてなかに入った。

注文をして五分もしないうちに、透明な汁に入った白いうどんが出てくる。それを口に入れると、溶けてしまうような味だ。うどんがこんなに艶と腰があるとは、知らなかった。

代金を払おうとレジのところに行くと、調理場から人が出てきた。

「久しぶりに、おいしいうどんを食べました」

そうお礼をのべると、

「ありがとう」

と、その人は応えた。店の奥には、稲穂の垂れた神棚がある。毎朝、この方はその前で手を合わせているのだろうと想像しながら店を出た。

コンビニで、明日の朝食用の食パンと蜂蜜、それに海外に安くかけることができる電話カードを購入してから、公衆用の電話ボックスに行き、番号を回すと、妻の声が聞こえてくる。昨日飛行場で別れた彼女と、五分ほど話をしてから宿へ戻った。

翌朝、昨日買った食パンに蜂蜜をぬって朝食を済ましてから外に出た。

歩いて十分ほどで、松江城前である。朝九時のせいか、観光客の姿をまったく見かけない。

門を潜ると、十名ほどの消防服を着た人たちが、これから本丸に放水しようとしているところだった。ホースから水が勢いよく出はじめた。と、城の瓦屋根に残っていた雪が、水とともにザァーと音を立てながら、落下した。

その様子を見たあと、放水を終えた二人の女性に訊いた。

「あなた方は、女性消防隊員ですか」

「いいえ、ここの売店で働いているものです。今日は、年に一回行われる防災の日なのです。私たち職員は、その訓練をしていたのです。いい日に見学に来ましたね」

そう言い
ながら、中年女性は自分の持ち場へ帰って行った。

城の前に立っていると、寒風が吹き抜け、体が冷えはじめてくる。このようなときは動くのが一番いいだろうと思い、武家屋敷まで歩くことにした。

すこし行くと、民家前で箒を持ちながら掃除をしている五十半ばの女性がいたので話しかけた。

「あそこの垣根に咲いている赤い花は、サザンカですよね」

「ええ、そうです」

「庭に黄色く実っているのは、夏みかんですか」

「いいえ、ダイダイです。ほら、正月に丸い餅の上にのっているもので、縁起がいいとされている果実なのですよ。あれは緑色になったりして、一年中ずっと実っているのですよ」

地元の人のように思え、さらに訊ねた。

「松江人の気質というか、性格的なものは、どのようなものでしょうか」

女性は少し間をおいてから、

「新しいことを、なかなか取り入れないわね。私はここに嫁いで来ましたが、そのことを、しばしば感じるわ」

と、箒を静かに動かしながら言った。

「商店街を歩いて感じたのですが、何か活気が感じられないように映ったのです。それと、松江までの列車の便はよくないですね」

「財政的に、この街はそうよくありませんよ。若い人たちは外へ出て行き、地方はさびれてしまい、鉄道の便は悪いし」

そう言ったあと、女性は二人の息子が都会で暮らしている話をはじめた。それを聞き終えたのち、彼女に言った。

「でも、息子さんたちも、この街がふるさとになって、懐かしむときが来るのでしょうね」

「そうなると、いいわね」

「いつか、そうなりますよ。自分が生まれ、育まれた地を大切に思うときが……」

私たちが立ち話をしていると、向こうから中学生数人がトレーニング姿で走って来る。

その彼らに、女性が「おはよう」と声をかけた。「おはようございます」との声が返ってくる。彼らが大人になったとき、この女性に声をかけられたことを、想い出す日がくることだろう。ふるさとを懐かしむ日がくるに違いない。

さらに歩いて行くと、中流藩士が住んでいた屋敷前に出た。なかに入って家や庭などを眺めていると、質実剛健な武家の暮らし振りが伝わってくる。と同時に、背筋が自然に凛と伸びてくるのだった。

その屋敷の敷地内を歩いてから、数軒先に建つ武家屋敷の一つである、ラフカディオ・ハーン（小泉八雲）が住んでいた家に行き、靴を脱いでなかに入ると、当時作られた透明な窓ガラスの先に、枯山水の庭が見えた。

彼が日本に来て、日本人の妻を持ち、そして子供ができた十四年間の暮らしがどのようなものであったのだろうと考えた。とくに、東京で亡くなった彼が、異国の地で死をむかえた気持ちは、どのようなものだったのだろう。それを思うと、私と重なるところもあり、人ごととは思えないのである。自分のいのちを何に賭け、何を見つめて生きていたのだろう。妻と子、そこに流れるのは、「愛する」ということだろうか。畳の上でしばらく座り続けたのち、ゆっくりと立ち上がって屋敷の外へ出た。

こんどは、十名ほどの人が乗れる小船で堀川めぐりをする。靴を脱ぎ、コタツに足を伸ばしての四十五分間である。

いくつもの小さな橋を潜り、風情のある景色を目にしながら進むのだが、黄オレンジ色のビニール屋根があるために、全望できない。

マイクで説明している船頭さんに、話しかけた。

「この色つきのビニール屋根に代わって、透明なものにしたらいいのに」

「透ける屋根にしたこともありましたが、ほこりが目についてしまったので、止めました」

それを聴き、口には出さなかったが、日本人らしくない考えだと思った。きめ細かい気配り、目配りをするのが日本人なのに。ほこりが目につくなら、屋根を掃除すればいいのだ。まあ、他に理由があったのかも知れないが、それにしても見づらいものだ。

小船から降りると、二時過ぎである。何かを口に入れようと歩いていると、至るところで和菓子店を目にする。ここは競って軒を出しているように思え、ある店に入った。

しばらくすると、注文した餅入りぜんざいが出てきた。それを食べると、冷えた胃にあたたかい餅が入ってくる。「うまい」と、ことばが漏れた。さらに草団子とゴマ団子、それにきな粉団子など六つを注文する。この味だと思いつつ、さらに四つの団子を追加した。

宿に戻り、自室の温泉風呂に浸かっていると、体が少しずつ暖まるにつれ疲れも出てきた。ベッドに横たわる。

目を開けると、外は暗くなっていた。「さあ、今日の夕食は何にしようか」と思いつつ、胃を躍らせながら外に出た。外国に長く住んでいるので、昔食べ慣れた味に飢えている。日本食なら、何でも美味しく口に入るのだ。

翌朝ベッドから起き出して、カーテンを開けると、今日も雲が垂れ下がって、雪が降っている。チェックアウトをしてから、傘を差しながら松江駅へ向かった。

大小のいくつもの橋を渡っていると、この街は昔から水と橋と共に生きてきたのだと、つくづく思った。

あと一日どこかに投宿してから、九州の地に入ることにしよう。

薩摩と阿蘇の地　（二〇〇八年一月二十八日〜二月二日）

鹿児島中央駅に到着し、駅構内にあった電話帳で公共の宿を調べ、連絡すると、空き室があるとのこと。駅からかなり離れたところだ。バスの便があったが、地元の人と街の存在感を肌で知るには、歩くのがいいだろうと思い、小雨が降るなか、傘を差して宿へ向かって歩き出した。

一月下旬の風は冷たい。会社の制服を着たタイトスカートの女性が、早足で前を通り過ぎて行った。三十分もすると、リュックが肩にくい込んで重たく感じはじめる。目指す宿まで、あとわずかだ。

部屋に入ると、前面の大きな窓に、雲で覆われた桜島がわずかに望める。いい眺めだ。これで一泊五千円なのはいい。六階には、外を展望できる温泉風呂がある。冷えた体を暖めようと、早速風呂場へ向かった。広い湯船には、まだ午後三時なせいか、私一人だけである。山の歌が口から自然と出てくる。湯船に浸かっては、出たり入ったりしていた。

部屋に戻り、室内のテレビのスイッチをつけると、国会中継が映し出されてくる。それを見ていると、日本の社会保障はドイツの社会保障とはかなり違い、経済的に喘いでいる人たちにとっては、不安が伴うのではないだろうかと思った。もし私の家族が日本で生活していたら、暮らして行けるだろうかと思った。

医療や年金や介護の論議が与党と野党とで、一時間以上続いていたが、聴いている方は首を傾げたくなるようなやり取りである。どうもスッキリしない。スイッチを切り、外に出ると、まだ雨が降り続いている。皆晴れを望んでいるだろうに。社会保障を整えること を早急にしなければならないだろう。それには、政治家が筋の通った哲学を持ち、自分も納税者であること をしっかりと自覚すべきだ。国のため、国民のために 税があるのだから。それを動かすのが政治家の務めだ。

このようなとき、西郷隆盛や大久保利通だったら、どうしただろうかと思った。いや、自分だったらどう するかだ。これが大切だ。ドイツに住みながらも、日本の国籍を持つ私なのだから。たとえ、今は日本に税 を納めてなくても。

夕食を終えてから、鹿児島市内に住んでいる知人に電話をかけると、彼の奥さんが出た。

「主人は今体調が悪いので、あとでこちらから連絡します」

それから一時間ほどして、彼から電話がかかってきた。

「残念だが、外に出られる状態ではないので、明日会うことはできそうにない。自分の知り合いの人をそちらに行かせますから」

「会えないのは残念だ。でも、体が悪いようでは仕方ないな。人をこちらへ寄越してくれると言うことだが、それはいいよ」

「いや、鹿児島に来たのだから、地元の人に車で案内してもらうのが一番いい。とにかく、だれかを向かわせるから」

そう言って、彼は何度も人をこすと言うので、

「それでは、お願いします」

と、応えて受話器を置いた。鹿児島生まれの、情の厚い彼のことばだ。

翌朝の九時半、昨日電話した人の知人が宿に訪れてきた。早速、その人の運転する車で案内してもらうことになった。

まず、一時間ほど南下して知覧に到着する。まだ花が咲いていない桜並木を通って、車を駐車場に置き、一階建ての平たい特攻平和会館に入った。

ホールの中央には、長さ八～九メートル、両翼十二メートルの飛行機が置かれてあり、壁には遺影と、そ

の下には遺書などが並べてある。出撃寸前および前夜に書かれた手紙や日記、それに遺言だ。それらを読んでいると、目頭が熱くなってくる。近くで、すすり泣く声が聞こえ、それがいっそうこちらの感情を高揚させ、涙を誘うのだった。

「あす散ると　思いもされぬ　さくらかな」

「人の世は別れるものと知りながら　別れはなどてかくも悲しき」

「俺が死んだら　何人泣くべ」

「……。では、お母さん、私は笑って元気で征きます」

十七歳から二十二歳の若い人たちが、この地から飛んでいったのだ。遺影が二重に見えてくる。隣にいた八十歳ぐらいの男性が、「あとすこしで終戦になったのに」とつぶやきながら、ハンカチを手にして読んでいた。その向こうにいる若い女性は、食い入るようにして日記に目を落としている。特攻勇士と同じぐらいの年齢だろう。鼻をシクシクとすすっている。

「お母さん」という語を、至るところで目にする。飛び立つ数時間前に、母のことを想い、そのことによって死への不安が和らいだことだろう。若い彼らが愛すべくは、母だろう。彼らが帰るところは母のところだ。

一日、約千人が訪れるこの会館、千の涙で埋まるところだ。

訪問者が書き綴ったノートを読んでいると、「平和」「いのち」「生きる」の語を多く目にする。世界平和を祈るのみだ。

外に出ると、昼食の時刻なのだが、食べる気がしない。近くに、薩摩の小京都といわれる武家屋敷の枯山水式庭園に行ったが、心は沈んだままで、落ち着いて見学できないでいた。

しばらくしてから、一度は経験したかった天然の砂蒸し風呂があるところへ向かった。

薩摩富士と呼ばれる開聞岳を見ながら走り続け、指宿の街に入ったあと、私たち二人は千円を払い、浴衣に着替え、タオルを持って海岸に降り、砂の上に横になった。と、地元のおばさんがシャベルで、熱い砂を体にかけ出した。

シャベルを持っているおばさんに声をかけた。

「今、おばさんがかけてくれた砂、お腹のところがいやに重く感じるけど」

「それじゃ、砂をすこし取りましょう」

お腹の上にのった砂を手でさするようにして、払ってくれる。

「この砂の温度はどのくらいなの？」

「五十度はあるよ」

「今、何キロの砂がのっているの？」

「二十キロはあるよ」

汗が噴き出してくる。波立つ音が聞こえ、海岸に吹く風は冷たい。血液が脈打つのを全身に感じ出す。二十分が過ぎただろうか、自分で砂を取りのぞき、立ち上がって温泉の大風呂に入った。

そこを出ると、潮風が体全体になびき、爽快な気持ちとなった。歩く足が自然と弾んでくる。また一つ、いい経験をしたと思いながら車に乗った。

薩摩半島の海岸沿いのルートを走って、鹿児島市へ向かった。案内してくれている五十歳の人に訊いた。

「鹿児島男性の性格は、どのようなものでしょうか」

「情が深く、厚いことでしょうね」

「では、女性は？」

「よく働き、しっかりして、夫をたてることかな」

そのことばを聴き、薩摩弁の「よかにせ、よかおごじょ」が浮かんだ。

翌朝、目が覚めてカーテンを引くと、厚い雲が垂れ下がっている。桜島の裾野がわずかに望めるだけである。日本に来て六日目となるが、晴れた日はまだ一日としてない。

部屋で、昨日コンビニで買った食パンに蜂蜜をたっぷりかけての朝食を摂ってから、汚れたシャツと下着を洗い、洗面所に干し、外に出た。と、ちょうどそのとき、鹿児島屈指の名所である島津家別邸の磯庭園（仙巌園）行きのバスがちょうど来たので、それに乗った。

庭園の受付で入場料を払ってなかに入ると、きれいに手入れされているクロマツの木々が目に飛び込んでくる。南国の地を思わせるヤシの木も見える。それに、緋色の花をつけたカンヒザクラがこの寒さのなかで咲いている。広々とした庭園を歩いていると、ゆったりとした気持ちになってくる。

視線を遠くに向けると、四キロメートル先の桜島の山容がうっすらと望め、私の目の高さに海の地平線が見える。そこに大きな白い船が二隻浮いている。それらを借景とした庭風景は見事だ。大自然を取り入れた風光を眺め続けた。

こんどは、目を庭園に移した。大きな石の上を流れている小川の側に、梅の花が咲いていたので、それに近づくと、淡い香りが漂ってくる。二人の中年女性がその花を仰ぎながら、「かわいいわね。かわいいわね」と声を上げている。春の訪れを知った。

庭園の裏山へ通じる小道があったので、足を踏み入れた。

苔の生えた石段と土の織りなす坂道をゆっくりと登り出した。足元には、枯葉が一センチほど積もり、その上に色々な木の実や椿の花が落ちている。保津川を流れる水音が聞こえ、小鳥たちが囀っている。この道を島津家の人たちは、下界の俗念を忘れて歩いていたことだろう。

かなり急な坂道を三十分ほどで登り切ると、広がりのある海の上に、雲に被われた桜島がぼんやりと見えた。晴れていたら、ここはさぞ雄大な眺めだろう。これが世界だと思えるのではないだろうか。この小道を、西郷、大久保、篤姫も歩いたことだろう。

下に戻って、庭園内に建っている御殿を見学したり、その周辺を散策したりしていると、詩をうたいたい気分になった。それだけ繊細な景観がこの庭園にはある。島津家の人たちは、文才があったのではないだろうか。

隣に尚古集成館が建っていたので、寄ってみると、島津斉彬に関する資料が多くある。近代日本を知るにはいいところだ。一時間ほどの見学を終えてから、館外に出た。

バスに乗って、宿に戻る途中に思った。新幹線が博多から鹿児島市まで全線開通したら、多くの観光客が訪れるだろう。今は韓国と中国の人たちが多いが、欧米からも人がやって来るだろう。先ほど見学した磯庭園の雄大な自然と、日本独特の心情を映し出すあの風景に、多くの外国人がきっと感嘆することだろう。妻に見せたいところだ。

バスから降りてまで三百メートルほど手前で、西郷隆盛像の周辺を掃除していた青年がいたので声をかけた。

「この溝というか、小川というか、そのなかに大きなカラフルな鯉が数知れず目にしたのですが、だれが世話をしているのですか」

「県です。三百メートルの流れに、無数の鯉がいます」

「きれいな水ですね。どこから、流れてくるのですか」

「あのこんもりしたところからです」

そう言って、青年は西郷隆盛が立てこもった城山を指差した。この鯉にも、この青年にも、薩摩の血が今も流れているように思えるのだった。

翌朝、起き出してカーテンを引くが、今日も桜島の全容を目にすることができない。

部屋でパンを食べ終えてから、窓にふと目をやると、雲の合間に一筋の青空が走っているのが見えた。ひょっとすると晴れてくるかも知れないと思いながら、洗面室に行き、昨晩干した下着を取って、それをリュックに詰め、チェックアウトをしてから宿を出た。

鹿児島中央駅から列車に乗り、熊本駅で乗り換えるころになると、抜けるような青空となっていた。が、一時間が過ぎて阿蘇駅に近づくにつれて、また雲が張り出してくる。

阿蘇駅で降りて、遠くを望むと、山々の頂上付近は雪で覆われていた。阿蘇山火口まで十五キロの距離である。最初からバスに乗る気はない。寒いことだし、体を暖めるためにもすこし歩くことにした。

すこし行くと、お腹が減ってきたので、どこかで軽いものを口に入れようと歩いていると、手作り甘酒まんじゅうと書かれた旗が風になびいているのが目に入った。早速、そこに立ち寄った。

小さな店内にはだれもいない。「鈴を振ってください」と記された張り紙を見たので、それを鳴らすと、隣りの家から六十歳ぐらいのおばさんが出て来た。

まんじゅうを二つ買い、店内にあった簡易な椅子に腰かけて、食べはじめた。素朴な手作りの味である。さらに、二つ注文した。

「ここの人ですか。いい味です」

「ありがとう。ここに嫁いでもう四十年が経ったわ」

「店の歴史は長いのですか」

「九十歳の義父、それに九十六歳の義母の看病をして、最近二人とも亡くなってから、この店を出したわ」

「それは、大変でしたね」

「ありがとう。二人が逝ってから、時間ができてね。料理が好きだったので、この小さな店をはじめたわね。今はこうやっているのが、たのしいわ」

顔を輝やかせながら、おばさんは語った。そして、自分の子供三人のこと、それに優しいお嫁さんのことなどをにこにこした顔で話し出した。旅をして、地元の人との出会いがたのしいのは、このようなときだ。


三十分近く会話を交わしてから、再びリュックを背負い、登り道を一時間以上歩いていた。辺りは数センチの雪で覆われている。リュックが肩にくい込んで、重たく感じ出す。そこで、バスで行くことにした。ちょうど、阿蘇山西駅行きのバスが来たので、それに乗った。

終点で降りてから、火口まで自分の足で進もうとしたが、もう若くはない、ロープウェイで運んでもらうことにした。

私たち約百名は、体を触れ合わせながら立ち続けていた。まわりからは、韓国語と中国語だけが耳に入ってくる。日本人は私一人だけのようだ。時代は変わったものだと思いながら、団体客の彼らに混じって、窓から外を眺めていた。

火口のところに立つと、硫黄の匂いが漂ってくる。下をのぞくと、白い煙がモクモクと昇っている。今も活動を続けている阿蘇山だ。噴煙と雪と雲とで、周辺は白一色である。

ロープウェイ前広場に戻ると、火口をバックに韓国人たちや中国人たちが、スナップ写真を撮り合っていた。目の前には、雪で覆われた緩やかなカーブの山々が連なっている。雄大な眺めだ。五月になったら、この付近一帯は緑の高原になって、さぞ壮大なパノラマを呈することだろう。

阿蘇駅に戻り、温泉宿を観光所で探してもらい、そこへ向かった。

バスに乗って十分で内牧温泉に着き、ビジネスホテルでチェックインをしてから、すぐに共同の湯船に入った。冷えた足がだんだんと暖かくなってくる。この湯は透明ではなく、にごった色のぬるま湯だ。長く浸かっていられるのがいい。

朝、部屋の窓から外をのぞくと、快晴である。いつものように食パンに蜂蜜をぬって食べてから、リュックを担いで外に出た。このように晴れ上がった日は、歩くにかぎる。阿蘇駅までかなりあったが、自分の足で向かった。

温泉街を出ると、左右に田圃が続き、畦道には枯れたススキが冬の陽光を浴びて揺れている。氷点下なのだろう、白い霜が田圃に降りて、それらが時々キラッキラッと銀色に輝き、吐く息は白い。

遠くを望むと、外輪山が連なり、阿蘇五岳の一つから、噴煙が青空へ湧き昇っているのが見える。それを眺めながら、歩き続けた。

島原の子守唄（二〇〇八年二月二日〜四日）

いよいよSさんとの再会だ。

ちょうど二十年前のことだった。Sさんと彼女の友人がテュービンゲンに訪れて来たことがあった。そのとき、二人を連れてスイスの山々とドイツのいくつかの街を、車で案内したことがあった。それ以来、彼女と手紙のやり取りをするようになった。

看護師としての一日の仕事を終えたSさんが、約束したところに現われたのは、夕方の六時過ぎだった。彼女の運転する車で、島原の自宅へ向かった。

玄関に入るや、彼女が、「横井さんが来なさった」と声を上げると、「いらっしゃい」と、女性たちの声が聞こえてくる。

靴を脱ぎ、居間に入ると、娘さん三人が一人ひとりお辞儀をして、自分の名前を言った。三人の名前は、Sさんの手紙のなかでしばしば書かれてあったので、よく知っていた。名前と顔がやっと一致する。娘たちのうしろには、彼女たちの父親がニコニコして立っていた。

夕食になった。テーブルの上には、刺身とごぼうと赤い魚のお汁、それにSさんの夫が栽培しているトマトなどが並んでいた。二月上旬のこの季節に、トマトを食べられるとは思ってもいなかった。口に入れると、しまった硬さと新鮮な匂いとで、歯と舌が躍ったようになった。

いくつもトマトを食べている私を見て、Sさんがトマトをさらにお皿に盛ってくれる。それに長旅の疲れで胃腸が弱ってきていることを、彼女は子供たちに伝えてあったのか、次女の娘がダイコンをおろして、私の目の前に置いてくれる。それを口に入れながら、六人でお互いの家族のことなどを話し合いながらの賑やかな夕餉となっていった。

夕食後も、ご夫妻それに中学と高校の娘たち三人を加えての歓談となって、私たちは夜中まで話に花が咲いた。

夜が更け、眠気を覚えた私は、畳の上に敷いた布団に入った。と、布に包まれた暖かいプラスチックボトルの湯が足元を暖かくしてくれる。すぐに目が閉じた。

翌朝、テーブルに着くと、ご飯での食事。それもお赤飯である。ゆっくりと食べ終えてから、Sさんの夫が栽培しているトマトのビニールハウスに行くと、冬に熟れたトマトの前で、彼が私を待っていた。その彼から栽培方法、それに自分で工夫して作ったハウスの効果についての話を聴いていた。

再び家に戻り、こんどはSさんに連れられて、口之津町歴史民族資料館へ向かった。

車で十五分ほど走ると、資料館があった。なかに入ると、昔から現代まで、この地域の人たちが使ってきた展示品があったので、それらを見て廻っていた。と、からゆきさんと記された部屋を目にしたので、足を踏み入れると、胸を突かれる思いとなった。今までに「からゆきさん」とのことばを何かで聞いたことはあったが、詳しい内容は知らなかった。頭をこんぼうで、打たれたような心境になった。

江戸末期から明治・大正・昭和初期にかけて、貧しい農家では、経済的困窮からの理由で、若い娘たちを売らなければならない状況に陥っていた。それも、彼女たちは何をするかも告げられずに、マレーシアやインドネシアやボルネオなどに連れて行かれ、娼婦としての生活を強いられた歴史があったのだ。

多額な借金を背負わされた彼女たちは、当地で売春婦として働くしかなく、当地の熱病や性病に罹って亡くなる人も少なくなかった。日本に戻りたくとも帰れず、その数は、知ることができないほど多かった。

彼女たちと同様に、自分も言語や習慣風俗、それに食事も違う国で暮らしている。でも、私の場合は、自分の意志で異国の地へ行ったが、彼女たちは違う。その心境はいかなるものだっただろうか。想像を絶する。一体、だれが彼女たちの苦しみや辛さを聴いてくれたのだろうか。愛されるはずの親から離れ、彼女たちの愛する心は何に向かったのか。「愛する」という心無しで、どのようにして最後まで生き抜けて行けるのだろう。

彼女たちのことは、島原の子守唄で歌われている。なんと悲しい歌詞なのだろう。

この室を出てから、他のものを見ても目に入ってこない。傍にいるSさんに、

「からゆきさんについてもっと知りたいので、彼女たちについて書かれた本などがあったら、あとで送ってください」

と、お願いしてから、資料館を出た。そして、再び車に乗り、こんどは雲仙岳災害記念館へ向かった。

館内に入ると、女性ガイドたちが至るところで説明をしている姿を目にする。私たちは、平成大噴火の火砕流と土石流をドーム型スクリーンで再現している劇場に足を踏み入れた。と、映像とともに自分の立っている床が動き、熱風が吹き出してくる。模擬体験ができるようになっていた。

カメラマンやタクシー運転手など、四十三名の命を奪った一九九一年の噴火。Sさんは、当時この島原の病院に勤めていた。当時の有様を悲愴な面持ちで語った。

館外に出ると、Sさんが頂上付近に積もった雪の雲仙を指差して、「あの山の横を、通って行きましょう」と、言って、車のエンジンをかけた。

緩やかな坂道を十分ほど走っていると、周囲は白い世界になった。ゆっくりと走り続けて、家に戻った。八時過ぎ、再び六人でテーブルを囲んでの夕食となった。

食事が済むと、三人の娘さんたちが後片付けをはじめた。その彼女たちに訊いた。

「からゆきさんと言う言葉を、知っている?」

「いいえ、知りません」

三人とも口を揃えて答えた。からゆきさんのことは、地元の学校授業のなかでも教えていないのだ。年がまだ若いせいだからだろうか。でも、高校生の長女には、事実を伝えてもいいのではないか。

歴史の事実を伝えることは、未来を見つめることにもなる。臭いものにフタをしてはならない。臭いものを見つめてこそ、次に何をするかの行動が生じ、自ずと未来は拓けてくるのだから。歴史が人間を作っているると思っている私でもある。日本の学校教育は、どうなっているのだろうかと首を傾げた。また私自身、この歳になっても「からゆきさん」についてよく知らなかったことに、猛反省をした。

皆が再びテーブルに集まって、ゲームをすることになった。ビンゴゲームである。ビリになった人が歌を唄うことになった。

三回して、高校生の長女とSさん、それに私がビリとなった。中島みゆきの歌が好きな彼女は、ギターを弾きながら唄い、私は知床旅情、もう誰彼なしに皆で唄ったり、ピアノなどを弾いたりしての時間となっていった。

しばらくして、一人ひとりが願いごとを紙に書き、それを読み上げた。最後は、Sさんの「鬼はそと、福は内」の声で終わった。今日は、節分なのである。

布団に潜り込んだのは、昨夜に続いて十二時過ぎだった。

翌朝、三人の娘たちは学校へ。ご夫妻と一緒に食事を済ませてから、ひとり散歩に出かけた。すこし歩いて行くと、見晴らしのよいところに出た。

目の前には、厚く垂れ下がった雲の下、有明海が広がっている。と、灰色の空にほんの小さな穴が一つ開き、太陽の光線が海に差し込みはじめた。それにつれて、海面が光り輝き出した。

それを見つめていると、この美しい日本の海の光景を最後に目にしながら、若い娘たちが海外に売られたことが浮かんでくる。彼女たちの無念さを思いながら、海を眺め続けた。

家に戻ると、Sさんがキッチンでおにぎりや玉子焼きなどを作っている最中だった。その彼女としばらく話をしていると、別れの時刻となった。

ご夫妻と一緒に家の前で記念写真を撮ってから、Sさんの運転する車に座り、駅まで行き、手作りのお弁当を持って列車に乗った。

東北の人たちと風景　（二〇〇八年五月七日〜十六日）

高校二年生の夏だった。クラスメートに誘われて、彼の祖父母が住んでいた信州の山村で一か月間過ごしたことがあった。都会で暮らしていた私だったので、そのときの経験は新鮮で、心弾んだものだった。毎日、田圃のあぜ道を抜け、蝉の声が鳴り響く林のなかを歩き廻ったり、食卓にかならず出てくる手作りの野菜とタクアンを口に入れたりしていた。当時のことを想い出すと、今でも浄福感に浸ることができる。

また長野県の小谷村に建つ共働学舎というところで、ハンディーを持った人たちと、大自然の山麓で米や野菜を作っての自炊生活を二週間ほど体験したことがあった。

大自然と触れ合っていたのは、それだけではない。大学二年生のときは、年に三分の一近くの日々を山で過ごしていた。いつの日か、山小屋の主人になりたいと夢見たこともあった。

それらの経験は今でも私のこころの奥底に棲んでいて、何かふと心を揺さぶるときがある。そこで、それを見つめることも大切だと思い、旅に出ることにした。行き先は、原風景が残っている東北地方と決めた。その日が来るのを待った。

岩手県

日本へ向かう飛行機に搭乗する前は、いつもは「日本へ行く」という気持ちになっていたのだが、今回は「日本に帰る」という心境になっていた。これから二週間の東北地方でのひとり旅。心は躍っていた。

五月七日午前十時、成田空港駅の地下ホールで立っていると、聞き慣れた日本語によるアナウンス、それに見慣れた人の姿、「いいなあ」と思いながら電車を待っていた。

車窓からは、微妙に異なる緑の色彩が見え、田圃で腰を折って、稲の苗を植えている人の姿も目に入ってくる。時々現われては消えるツツジの花が、五月の陽をいっぱいに浴びて、眩しいくらいに赤紫色に輝いている。それらを眺めていると、心が自然と和んでくる。新緑の若葉に新しい息吹を感じ、線路沿いの雑草の緑にさえ躍動感を覚えた。

乗換駅の東京駅で昼食用の弁当を買い、新幹線に乗った。走り出すと、前の席に座ろうとした若者が、こちらを見て、「背を倒していいですか」と訊いたので、「どうぞ、どうぞ」と応えた。そう言えば、前回の日本旅行でも、こちらが座っていると、一人の青年が礼儀正しいことば遣いで訊いたことがあった。折り目正しい若者もいるものだ。

先ほど買った〔竹の子ごはんと鯛めし〕の駅弁を食べ終えてから、ボトルの水を飲むと、胃に届く前に「ああ、幸せだ」と口から漏れた。しょうゆ味の匂いが残るなか、車窓に映る景色を見るではなしに眺めていた。ウトウトとなった。

目が覚めると、もう仙台駅を過ぎていた。まだ二時間も経っていない。新幹線の速さに驚くと同時に、日本が狭く感じるのだった。短いトンネルを入ったり出たりして、磁石に吸い込まれるようにして、新幹線の車両は走り続けた。

何枚もの田に、水が張って輝き、そのまわりに、農家の家が肩を寄せ合うように並んでいる。その奥に山々が連なっているのが望める。それらを眺めていると、うっとりとした気持ちになってくる。これから歩いて目にする自然と人間とが共存する里山の風景を想像するだけで、胸はときめいていた。

盛岡駅構内の観光所で、これから二泊する手ごろなビジネスホテルを探してもらってから、リュックを背負い、そこへ向かった。

室内は狭いが、寝るだけのスペースはある。これで十分だ。飛行機内で眠ってないことと、時差ボケとでベッドに横たわると、目が自然と閉じた。

目が覚めると、五時過ぎである。外に出て、市街地へ向かって歩き出した。すこし行くと、旭橋の上に出た。左遠方には、残雪が筋のように残っている岩手山が望め、橋下には雪解け水の北上川が滔々と流れているのが見える。

どの通りを歩いていても、歩道の幅は広く、人の姿をそう目にしない。それだけ、こちらをゆったりとした気持ちにさせてくれるのである。

時々行き違う女性は、もっちりした容姿の人が多い。自転車に乗っている老若男女は、サドルを低くしてゆっくりと漕いでいる。ぶつかってくるような危険をまったく感じない。走っている自動車の数も少なく、ここは人と通りが調和しているようだ。

野菜と果物が並んでいる店をのぞくと、子供の足くらいの太さがある山芋が三百五十円で売られていた。なんと安いのだろう。一パック百五十円のイチゴも目にする。小さくて形は不揃いだが、匂いがいい。地元の土の味がするだろうと思い、買った。部屋に戻ったら、食べることにしよう。

市内の中心地にある岩手城跡の公園内に足を踏み入れると、淡い紅色であるソメイヨシノの花はすっかり散っていたが、桃色の八重桜の花はまだ枝に半分近くを残して咲いていた。足元に目を向けると、風によって運ばれた桜の花びらが、水溜りの水面で泳いでいる。立ち止まって、その動きを目で追った。

街を見渡せることができる城跡に立つと、楓の若々しい葉が風に揺られてサワサワと音を出しているのが耳に入ってくる。瑞々しい緑だ。葉をひるがえしながら、風と踊っている。どの木々の葉も未来へ向かって、秘めた生命エネルギーを放出しているかのようだ。静かな佇まいの公園内を、ゆっくりと歩き続けた。

翌朝、起き出してから、昨日商店街で手に入れた蜂蜜を食パン上にたっぷりかけての朝食となった。この蜂蜜、地元で作った食料品を売っている店で購入したもの。コンビニで買うよりも三倍の値はしたが、地元産はいいものだ。自分も貢献したと思ったからだ。

　ホテルを出て、新幹線で次の駅である新花巻へ向かった。

　十分で新花巻駅に到着。早速歩き出した。人と車の姿はない。水を張った田圃には、青みがかった数センチほどの苗が、縦横に規則正しく並んでいる。あぜ道には、枯れたタンポポと菜の花が太陽の光を浴びている。

　二階建ての農家の屋根が所々に見える。どの家々も大きく、庭はきれいに手入れされて、何種類もの花が咲いている。それがあたりの自然と調和している。このような風景に出合いたかったのだと思いながら、歩き続けた。

　二十分しても、目的の建物が見えてこない。道を間違えたと思い、畑で野良仕事をしている人に声をかけた。

「宮沢賢治記念館へ行きたいのですが、この道を歩いて行けば、いいのですよね」

「違いますよ。反対の方向ですよ。新幹線の向こう側に記念館が建っていますよ」

　今来た道を引き返すことになった。回り道となったが、朝の新鮮な大気を吸いながら、この爽涼な気分を味わう。足どりは軽い。通りで見かける白い花のハナミズキの木が、とても愛らしく映る。

　駅に戻って、反対側の出口に立つと、宮沢賢治記念館と記された標識が目に入った。十五分も平坦な道を歩いて行くと、坂道になった。樹木の茂った道を一歩一歩進み、登り切ったところに記念館があった。今回の旅で、最も訪れたかったところだ。というのも、宮沢賢治のいくつかの童話作品を読むと、仏教とキリスト教から、彼は自分の生きていく方向性を摑みとっていたように映り、その生き方と考え方をもっと知りたくなったからだった。

　そう広くない館内を二回ほど廻って感じたことは、彼は多くの分野に関心を示し、好奇心の強かった人だったのだと知った。それに、彼の生活様式は宗教、それも法華経とキリスト教から力を得ていたと同時に、それだけ悩みも多く抱えた人だったのだ、とも思った。

それは、彼の童話作品『注文の多い料理店』『セロ弾きのゴーシュ』に、深く読み取ることができる。日本の長い歴史を持つ仏教と、西洋のキリスト教の教えのなかに主人公は身を置き、最後は日本の伝統文化に感謝する内容である。主人公が作者のように見えた。本音と建前の社会のなかで暮らしていた宮沢賢治が、そこで心の平安を得ていたのかについて心をめぐらせた。それを探ろうとして、あるところへ行くことにした。そこへ向かう前に、歩いて十分のところにある賢治童話村に寄った。

童話村に入り、小高くなっている広場に腰を下ろすと、野球場の面積ほどの芝生の上で二組の家族が座って、お弁当を食べているのが目に入った。その横では、五歳ぐらいの男の子が父親とバットとボールで遊んでいる。すこし離れたところでは、仰向けになって本を読んでいる人もいる。まわりは、木々の萌えるような緑の葉に囲まれ、人が木と花と草に添っているのである。驚くほど静かだ。快いメロディーが微かに聞こえてくる。空気がおいしく、春光が心地良い。おとぎの国にいるような気持ちだ。前に広がる光景を眺め続けていた。

立ち上がり、次の目的地へ向かって歩き出した。お昼はとうに過ぎている。空腹を覚えながら歩いていると、そば処の暖簾が見えた。昨日八百屋で目にした山芋を食べようと、トロロそばを注文する。

再び、歩き出した。すこし行くと、「新渡戸稲造記念館へ五百メートル」と記された文字が目に留まった。足を延ばすことにした。

日本の土壌で育まれ、「武士道」なる本を英語で著し、国際場裏で日本と外国との橋渡しをした新渡戸稲造。五千円札の肖像画ともなって、国際的に活動をし、キリスト教に篤いアメリカ女性と結婚した人だ。その彼は、日本ではなく、異国の地で妻に看取られながら、どのような思いで七十一歳の生を閉じたのだろうか。

富裕な質屋の長男として生まれ、結婚をしなかった宮沢賢治。もし彼が異国の女性と結婚していたら、と想像しながら館を出た。

田圃が続く道をゆっくりと歩いていた。風がいくらか吹き出してくる。ドイツから被ってきた麦わら帽子が飛ばされそうになったので、手で押さえた。

四十五分が過ぎた。そろそろ着くころだろうと思っていると、賢治詩碑の矢印が目に入った。あとすこしだ。

花巻市街の家々が見え出した。丹精した庭の木々や花たちが、目と心をたのしませてくれる。雪の多いこの地方で、こんなにも多くの花を見るとは想像もしなかった。雪に閉ざされているからこそ、春になって大地から咲く花を待ち、それをたのしむ心がここの人たちには人一倍あるのかもしれない。自然が生活のなかに入っているのを感じながら、歩き続けた。

やっと、こんもりした樹木の立ち並ぶところに到着。高村光太郎の筆による、

「東ニ病気ノコドモアレバ行ッテ看病シテヤリ……。ミンナニ　デクノボートヨバレ……。サウイフモノニワタシハナリタイ」の碑の前に立った。

宮沢賢治が三十七歳で逝く前に、ノートに書き綴ったこの「雨ニモマケズ……」の文章の内容を、もっと知りたいと思った。

デクノボーを幼い心を持った人、純粋な人のようにも読み取れるが、そのような人はいないだろう。自分を知れば知るほど、それができないことを人は知っているからだ。彼の心のうちを察することはできるが、実践となるとほとんど不可能だ。

そして、最後に「サウイフモノニ　ワタシハナリタイ」と動詞で結んでいる。死を直前に意識した人が、なぜそのようなことを書いたのだろうかと考えた。

しばらくその碑の前で立ち尽くしてから、数歩行くと、彼のことばがいくつも並べてある掲示板のようなものが目に入った。そこに、「わが求むるは　まことのことば」とあった。それも「まことのことば」が、繰り返し綴られてあった。それを目にして、ハッとさせられた。まわりの、すべての人たちの幸せを願う、彼の心を読んだ気がした。その文字を見続けた。

一時間近くこの碑のところにいてから、花巻駅へ向かった。

庭に咲いている花を至るところで目にする。庭がな

い家では、鉢に花を植え、玄関先に出している。花の世話は、愛情がないとなかなかできないもの。家の外に置いてある鉢を見るたびに、ここに住んでいる人は温かい心を持っているのだろうと思った。

今立っているこの道を、この街で生まれ育った宮沢賢治はシンプルで、より純粋な心で、すべての人たちが平安であるようにと願いつつ、歩いていたに違いない。

夜ベッドに入るが、なかなか寝つかれないでいた。彼のことが浮かんでくる。

「ケンジさん、人間の声になる前の音を、あなたは作品のなかで擬声や風の音などとしてよく書いていましたね。それらは、人のことば声として果たして表現可能なのでしょうか。でも、真実の声は、私たちが正直になることによって表現できますよね」

「ケンジさん、あなたは農民の姿になろうとしましたね。当時の農民の厳しい生活苦を、あなたは体で聴き取ったのでしょうね。と同時に、彼らは苦しみのなかにあっても、小さなよろこびがあったと思うのです。それを、あなたは肌で感じ取ることができましたか」

「ケンジさん、あなたは悩みも多かったことでしょう。でも、あなたが逝ったあとで、地元の人たちがあのような記念館を建て、私たち一人ひとりに現実とファンタジーの世界を示し、私たちの生をより豊かにさせてくれています。そこにこそデクノボー、いや純粋な幼心が湧き出てくるのです。それこそが、ケンジさんの求めた『まことのことば』のように思うのです。それを気づかせてくれて、ありがとうございます」

「ケンジさん、あなたのまごころをもっと知りたく、あなたの書いた文を再び読んでみます。この地にいると、そんな気持ちにさせてくれるのです。ありがとうございました」

青森県

翌朝、再び宮沢賢治のことを思いながら部屋でパンを食べたあと、リュックを背負って盛岡駅へ向かった。

八戸駅で乗り換えて青森県に入ると、森が多くなってくる。列車は、冬の間中、雪を被っていた針葉樹の替わりに、広葉樹が「私たちの出番よ」と言いながら、杉などを押しのけて幅をきかせているようだ。

陸奥湾の海岸線が見え出した。あとすこしで、青森駅だ。

コインロッカーにリュックを入れてから、目の前に見える長いベイブリッジへ向かって歩き出した。五月の光をいっぱいに浴びて、海面は小波に揺れながら輝いている。広い海を眺めていると、心までも大らかになってくる。

さらに行くと、十五階建ての三角形の入口前に出た。その建物内に入ると、ちょうど日に二回上演している津軽三味線の演奏がはじまるところだった。一階フロアーの簡易スタジオ前には、六〜七名の人たちが木の丸椅子に腰かけていた。私もその輪のなかに入った。

五メートル先で、三十代ぐらいの女性が、目を閉じながら三味線を奏で出した。張りのある高い音が耳底に伝わってくる。この乾燥した風土によく響く音質だ。その曲が終わると、紺色の布に花模様を彩ったハッピ姿の彼女が目を開けた。澄んだ瞳である。こんどは、津軽じょんがら節を弾き出した。三味線を半目で見ながらの演奏である。その顔は、法隆寺の百済観音像のような。変化あるテンポの粋な音に魅せられながらの二十分間が過ぎていった。

三味線の音色が耳に残るなか、こんどは二階で上映しているパノラマ画面を観ようとして、映像室へ向かった。

三百六十度のマルチスクリーンに、青森の自然豊かな景色とねぶた祭りの迫力ある光景が映し出されてくる。圧倒されながら観ていた。二十年以上も、日本の夏祭りを体験していない。いつか本物を見たいものだ。

十階のレストランに行き、昼食を摂っていると、秋田の民謡がカセットテープから流れてくる。それを耳にしながら、日本のしっとりとしたご飯を食べ続けた。窓の向こうには、津軽半島と下北半島が横たわっているのが望める。しばらくその景色を眺めてから、再び下で演奏される三味線を聴きに行った。

今回も、聴衆は午前と同じ七〜八名である。一曲、二曲が終わり、三曲目に入った。かけ声も出て、私たちが手を長く打ち続けると、三味線の音が伸びてくる。それにつれて、彼女の顔が薄紅色に染まっていく。熱が入ってきた。音が一段と高く響くようになったが、過度に主張しない妙なる調べだ。耳を傾け続けた。

心も腹も満ちた気持ちとなって駅に戻り、コインロッカーからリュックを取り出し、列車に乗り、今夜の宿泊地へ向かった。

弘前駅の観光センターで安い宿の電話番号を聞き、連絡すると、空いているとのこと。早速、そこへ行き、室に入り、すこし休憩をしてから外に出た。

暗くなった通りを進んでいると、地下一階がフードセンターになっているイトーヨーカドーの建物が目に入った。足が自然とそちらへ向いた。

あるはある、懐かしい食料品だらけだ。それらを目にしているだけで、心が膨らんでくる。一時間ばかりここにいると、どの棚に何が並んでいるのかはすぐにわかるものだ。八時過ぎの今は、ビニールパックに入った生ものやサラダなどに、店員が五十パーセント引きのマークを付けている。それらを目にしながら、自分の好むものを買い、部屋に持ち帰った。食べることで心が豊かになるのを知るのは、異国で日本食を口にすることができない人の特権だろう。

翌朝、ホテルを出ると、昨日までの快晴とは違い、薄い雲が空を覆っている。セーターを身につけていても寒いくらいだ。二十五分ほど歩いて行くと、街の中心地にある弘前公園前に出た。

水堀に架かっている橋を渡ってなかに入ると、ソメイヨシノ桜は散っていたが、八重桜や枝垂れ桜、それにオコンの花はまだ咲いていた。至るところで見かける薄紅色のツツジの花が、目をたのしませてくれるのだ。

桜の並木道を進んでいると、二羽の鴨が前を横切って土手の草をつつきはじめた。私の姿に怯えもせずに草を食んでいる。ドイツで見かける鴨よりも小さいが、体は引き締まって、羽毛の縞模様がとても鮮明である。ネッカー川の鴨は面が綺麗だが、日本の鴨は線の流れが華麗だ。周辺の木々からは、野鳥の囀る声が聞こえ、太陽の柔らかい光が桜や楓や松の木々に注いでいる。

ゆっくりと歩き続けた。

本丸前に来ると、ベンチを目にしたので、そこに座った。前面には、雪がまだ残っている岩木山が望める。飽きることなく眺め続けた。風は冷たいが、日が照り出していたので、ちょうどいい気温である。自然と気持ちがゆったりとしてくる。

公園内には植物園もあったので、そこに行くと、入口のところで切符を売っていた人が、「四月二十日ごろが桜の見どころでしたね。約二百万人が来訪しましたよ」と言ったのを聞いてから、園内に入った。

木や花の名前が書かれて札の文字を読むたびに、うれしくなってくる。ねむの木、サトザクラ、ネコヤナギ、トチノキ、ケヤマハンノキ、カエデなどと記されている。テュービンゲンの大学植物園に行き、ドイツ語とラテン語の花名を読んでも歴史がまったく感じられないのだが、日本名だと、ことばそのものに歴史を感じるのである。こんなに心が弾む時間があるのだろうかと、思ってしまうほどだ。自分も、この木と共に未来も生き続けて行けるような気持ちとなるから不思議だ。自然の前に立てば、何もかも忘れ、心が洗われていく。その自然を破壊してはならないだろう。それは人間を壊していくことにつながるからだ。

植物園を出て、公園内の広い芝生のところに行くと、家族連れがお弁当を食べている姿を見かける。私もコンビニで買ってきたおむすびをバックから取り出して、口のなかに入れた。同年齢ぐらいの人が、孫の手を引いて、「お手てつないで……」の童謡歌を唄いながら、前を通り過ぎた。私も口ずさんだ。

三時間近く公園にいてから、次はねぷた村観光施設へ向かった。

目の前には、実物大の十メートルの高さのねぷたが立っている。係りの人がそれの由来などについての説明をはじめた。最後に、見学者一人ひとりが笛に合わせて、二本の棒を持って、直径一メートルの太鼓を三十秒近く叩くこともできるとのことだ。もちろん、私も挑戦することにした。

実に爽快だ。あまりのたのしさに、三十秒が過ぎても両手の動きは止まらない。しばらく打ち続けた。

三分ほどが経っただろうか、ばちを置いた。でも、さらに続けたくなり、係りの人にお願いして、再び叩くことになった。

音と体が一つになってくる。実に気持ちがいい。どのくらいが過ぎたのか、わからない。息切れと腕の筋肉に疲れを感じ出したので、ばちを置いた。呼吸が整ってくるにしたがい、暑い夏のなか、笛に合わせながら裸で太鼓を鳴らしたいものだと思った。十分も打ち続ける力は、今の自分にはないが。

次のコーナーは、津軽塗・こけし・こまなどの製作実演の場だ。私の足がこぎん刺しの前で止まった。地元の女性が藍色の麻手織地に、白い色で幾何学的な模様を刺している。彼女の脇には、でき上がった作品がいくつも並べられている。落ち着いた色合いの布だ。これを、昔の農民は仕事着や普段着として使用していたのだ。彼ら一人ひとりが普段の生活のなかで、いかに快い美を求めていたかがわかる。

この観光施設を出ると、もう五時過ぎである。どこかで食事をしてから、部屋に戻ることにしよう。

秋田県

いつものようにパンに蜂蜜をかけての朝食を済ましてから、シャワーを浴び、リュックを背負い外に出た。これから四時間近くは列車の席に座っていることになる。おむすび三つと飲物を駅売店で購入してから、各駅停まりの列車に乗った。

車窓に映る景色を見ながらの昼食である。のりで巻いたおむすびが、体に溶けこむのを感じながら食べていた。車内の乗客は、私をふくめて常に三、四名である。駅に停まるごとに一人降り、一人乗る。田圃や畑地に寄り添うようにして建っている農家が、ゆっくりと消えては現われてくる。緑豊かな自然のなかを、列車は走り続けていた。

乗換駅で、駅員が発車寸前の列車に、「二人のお客をお願いします」とアナウンスをした。お客は駆け足で階段を上り下りして車内に入った。なんと優しい情景なのだろう。ドイツでは決して考えられないシーンだ。このようなことをしても、時間通りに正確に走る日本の列車。外国人には、驚きに映ることだろう。

時刻通りに、羽立駅《はだち》に到着。バスに乗って、男鹿温泉郷の国民宿舎へ向かった。

いくつかの村を走り抜けて行くと、雨がポツリポツリと降り出してくる。三十分ほどしてから、バスを降りると、とても寒い。早速、早足で宿に行き、フロントで、「今日の朝、予約した横井です」と言ってから、鍵をもらい、八畳の和室に入った。

まず、冷えた体を暖めようとして、温泉に浸かることにした。湯船に二十分も入っていると、体がほてって、心までも伸びてくる。

こんどは夕食を摂るために、食堂に行くと、十ほどの異なる小皿には、色とりどりのおかずが盛ってある。ご飯と味噌汁からは、湯気が昇っている。ゆっくりと食べ続けた。

夕食を済ましてから、温泉郷の中央に建っている交流会館へ向かった。八時半からはじまる「ナマハゲ」の実演と太鼓の音を聴くためである。

太鼓の音と共に、鬼の面をつけた三人のナマハゲが観客三百人の前に踊り出て、いろいろな仕草を繰り広げた。

それが終わると、六人による太鼓打ちになった。皆、地元の二十代の若者たちだ。これが凄い。ドド、ドドーンとの音が腹を突き抜けて、体全体に響いてくるような三十分間なのである。女性二人がたたく太鼓の音も力強く、笑顔を見せながらいかにもたのしそう。男性四人も体全体で、力の限り打ち続けていた。彼らの汗が飛び散っているのが、遠くからも見える。その汗に、未来へのエネルギーをみる思いだ。「よい時代を創れ」と声をかけたくなった。感動のあまり、涙ぐんでくる。

宿へ戻る途中、空を見上げると、星が瞬いている。明日は晴れるだろう。

朝食の時間となった。目の前には、納豆、のり、山芋、シャケ、生卵などの醤油で味が引き立つものが並んでいる。慣れ親しんだ品々だ。納豆は今回の旅で初めてである。湯気の立った温かいご飯の上に納豆をのせて口のなかに入れると、糸を引いた感触がたまらなくいい。続けて、味噌汁を一口飲む。贅沢な味だ。ぜいたくと思える自分は、幸せだ。

フロントで、一泊二食付七千六百円を払い、これから歩くコースについて訊くと、「かなりありますよ」と疑うような目でこちらを見ながら言った。昨晩も、ここの従業員の人に、明日歩いて行くコースを知らせると、驚いた様子で「遠いですよ」と忠告された。見かけは白いヒゲを生やし、もしかしたらおじいさんのように映ったかも知れないが、気は若い私だ。行けるだろう。

リュックを担ぎ、宿を出て歩き出すと、ウグイスの澄んだ声が聞こえてくる。青空の下、草と土それに新緑の織りなす道を進んだ。野に咲く花が、時々草むらから顔をのぞかせている。その上を、モンシロチョウが舞っている。車に乗っていたら、この空間のよろこびを味わうことはできないだろう。

五キロの緩やかな坂道を登ると、三五四メートルの八望台に到着する。正面には太陽の光をいっぱいに浴びている日本海、反対側には雪の峰々の奥羽山脈が望める。戸賀湾に入港する船が、白い尾を引いて走っているのが見える。静かだ。

展望台では、数名の若い人たちが防腐剤のニスを塗っている。懐かしい匂いだ。学生だったころ、足をよく運んだ越後の山小屋でも、五月の雪解けの季節になると、木板にニスを塗ったものだった。

筆を運ばせている二十代前半ぐらいの青年に、声をかけた。

「あなたは、この男鹿半島の人なのですか」

「いえ、秋田市から来ています」

「昨晩、ナマハゲと地元の若者たちが打つ太鼓の音を聞いたのですが、とてもよかったです」

「そうですか。彼らが出す音量には、迫力がありますから」

そう言いいながら、青年はニスを丁寧に塗り続けていた。

「あなたも若いし、がんばってください」

「ありがとうございます」

青年は筆を止めてから、こちらを見てお辞儀をした。それを目にして、うれしくなった。再び歩き出す。道端で一人のお年寄りが大きな袋を背にして、立ち上がろうとしているのが目に入った。その方に近寄った。

「フキでも採っていたのですか」

「いや、……だよ」

お年寄りは、腰を上げて言った。そのことばがわからなかったので、訊き返えした。それでもわからなかったので、また訊いた。「いｎにょ」だと聴き取れた。

「どのようにして食べるのですか」

「………」

お年よりはこの地方の方言で話すので、なかなか理解できない。

「何歳ですか」

「八十歳だよ」

顔を見ると、失礼なのだが、ナマハゲのような面相である。お年寄りと一緒に歩くことになった。

「若いころは、農業をしていたのですか」

「いや、北海道へ出稼ぎにいってた」

「奥さんと一緒に暮らしているのですか」

「ハァー、ばばァになって……」

さらに行くと、分岐点となった。お年よりは右の道へ向かおうとした。ナマハゲに触れると、縁起がいいと聞いていたので、別れ際にその方の背に触れた。おじいさんはニッコリして顔をこちらに向けた。

私は左の道に進んだ。三十分ほどの山道を下ると、戸賀湾の海岸線に出た。

しばらく行くと、食堂と書かれた看板が見えたので、なかに入って、生うにを注文した。一分もしないで、お皿の上に二ケ出てくる。指先で触ると、ハリが動く。口に入れると、潮の匂いがする。今日獲れたうにだ。

再び、海岸線を歩き出した。生うにの味が口に残るなか、さらに歩を進めて行くと、リュックが次第に重たく感じ出す。旅はまだ続く。無理をしてはいけないと思い、バスと電車を乗り継いで、次の宿泊地へ向かった。

翌朝の八時過ぎ、リュックを背負って、秋田駅近くの簡易ホテルを出た。

列車に乗るまで、まだ時間があったので、駅構内のベンチに座り、人の流れに目を向けていた。若い人の服は、自然と醸し出す美しい体型があるので、どのような色合いの布でも合うが、中高年の女性はそうはいかないだろう。その点、今目の前を通っている五十、六十代の人たちの服地の色と柄が、渋くていいのだ。新たな発見である。

そろそろ列車に乗る時刻となった。ベンチから立ち上がり、ホームへ向かった。

四十分で角館《かくのだて》に到着する。駅から商店街を抜けて行くと、武家屋敷の通りとなった。今までとはまったく違う静かな佇まいである。黒い色で塗られた板塀の上に、巨木のしだれ桜の枝が垂れ、花は散ってしまったが、若いうす緑の葉が枝にしっかりとついている。

通りに並ぶ一つの薬医門を潜り、屋敷内に足を踏み入れると、約二百五十年前に造られた建物とよく手入れされた庭が見えてくる。接客の間、それにいくつもの障子に仕切られた部屋や庵や台所などを見ていると、日本建築の開放性と転用性が感じられる。それと、あまり物を置かない簡素な住居の暮らし振りが伝わってくる。

日除け戸を拭いていた人がいたので、声をかけた。

「手入れなど、この広い屋敷内を管理するのは大変ですね。ボランティアの活動としてやっているのですか」

「いいえ、市から賃金を得てやっています。この家の持ち主は、市に貸しているのです」

桜のシーズンは終わり、観光客の姿をあまり見かけない。静かな通りをさらに歩いて行くと、三千坪もある青柳家の薬医門前に出た。その敷地内の建物に、三百年以上前から使用されていた品々が展示されていたので、なかに入った。

品々の一つひとつが、何と精妙で細部の表現が巧緻なのだろうと思いながら、見て廻っていた。これらを生活のなかで使っていた武士たち、いや当時の日本人たちだ。今朝、秋田駅で人の流れを見ていて、服の色と柄に魅せられ、そこに生命力の源を感じた私でもあった。武士たちの使っていたこれらの品々に感動を覚えるのは、言うに及ばずだ。時空を超えたようになって、一時間以上もこの建物内にいた。

庭の片隅で、団子を売っている店を見かけたので寄って、団子一つを買い、売り子さんに話しかけた。

「あそこに直径四十センチほどの、背の高いフキが池のなかに並んでいますね」

「ええ、秋田おばこと同じ背丈はあるでしょう」

「おばこ？」

「娘さんのことです。そのおばこも都会へ行くようになって……。でも、エーターンと言う語もあるのですよ」

「エーターン？」

「秋田のAをとって、再び戻ってくることです。だれでも、ふるさとがあって、心安らぐところがあるのはいいですよね」

「そうですね。自分は日本に住んでいないので、とくに、そう思いますね」

そう言ったあと、私は五十代のその女性に、何か秋田の民謡を歌ってくださいとお願いすると、ゆっくりとした流れのメロディーの歌を唄い出す。この人が話す口調もゆったりとしている。この角館で生まれ育った人たちの特徴なのだろうと思った。それを聴いてから屋敷を出て、吉野桜が立ち並ぶ土手のところへ向かった。

土手の並木道には、今は花の姿がない。向こうには桧木内川《ひのきないがわ》が流れ、それに沿って芝生が広がっている。その上で、中学生の団体が四～五名輪になって、お弁当を食べていた。時々キャーキャーとの笑い声が聞こえてくる。たのしいことだろう。私にもあのような時分があったのだ。

中学生三名が、「こんにちわ」と言って、すれ違って行く。こちらも「こんにちは」と応じる。「いいなー」とのことばが口から漏れた。

列車に再び乗り、何度も乗り換えて、やっとのことで山形県の鶴岡駅に到着する。日はすでに没していた。

山形県

朝、リュックを背負い、歩いて鶴岡駅に行き、コインロッカーに荷を入れてから、観光案内所の無料貸出しの自転車に乗り、走り出した。明け方まで雨が降っていたのだろう、路面は濡れている。風が強く、麦わら帽子が飛ばされそうになった。

商店街を抜けると、庄内平野の田圃が一面に見えてくる。車の影もなく、田植えをしている人もいない。農家が数軒寄り合い、その奥に新緑の葉で覆われた山々が連なっているのを目にしながら走る。

ここで生まれ育った人は、この地を出ても、心に棲んでいるこの光景を懐かしんで、いつかここに還ってくることだろう。そんな郷愁を思わせるところだ。

二時間近くゆっくりとペダルを踏んで走っていた。そろそろ列車に乗る時刻が近づいてきたので、駅へ戻ることにした。

すこし行くと、街を貫流している内川に架かる橋の上に立った。と、川べりに建つ木造の家と、緑の枝と野草が水面に映っているのが見えてくる。藤沢周平の作品に描かれている場景だ。自転車を停めて眺めていた。ここが彼のふるさとであることを知った。

案内所に自転車を戻してから、リュックを担ぎ、ホームへ向かった。

列車は日本海の海岸線に沿って走り、小さな坂町で止まった。駅前食堂でラーメンの大盛りを食べてから、こんどは二両編成のローカル電車の席に座った。

走り出すと、緑のなかに点在する農家の屋根と、深く茂った木々の山肌が見え出してくる。これから行くところは、さらに山奥だ。濃い緑の山々が迫ってくるに違いない。

しばらくすると、二十一年前のことが浮かんでくる。筑波大学を卒業した一人の女性が、社会福祉分野のことを勉強したいと熱望してテュービンゲンに訪ねてきたことがあった。その女性に何かできるのではないだろうかと思い、高齢者及び障がいのある人たちが住んでいる施設などをよく案内した。彼女は私の家にも頻繁に来て、よく食事を共にした。そして、一年後日本に帰った。

風の便りで、彼女は夫と共に農業をして、二人の子供がいると聞いた。その彼女が住むところへこれから行くのである。どのような暮らしをしているのだろうか。

電車は小国駅に到着する。まず、駅前の簡易旅館に荷物を降ろしてから、彼女に電話すると、明朝、車で迎えに来てくれるとのこと。

日が傾くまでにはまだ時間があった。町を見下ろすことができそうな山を目にしたので、そこへ登り出した。三十分もすると、朝日連峰が遠くに見えてくる。さらに登って行くと、雪で覆われている飯豊山《いいでさん》（二一〇六メートル）の山容が目に入ってくる。どっしりと横たわっている山だ。眺め続けた。

翌朝、人気がまったくない小国駅前で待っていると、車のなかで片手を振りながら、彼女がこちらに向かってくるのが見えた。私も手を振った。

ニコニコしながら座席から降りてきた彼女と握手を交わし、車に乗った。シートに坐ってから、早速話しかけた。

「元気なのでしょ?」

「昨年の冬、炭焼きの作業をして、根つめてやっていたので、体をすこし壊してしまいましたが……」

ハンドルを握っている彼女を見ると、当時のふっくらした面影は消え、二人の子供を育てている母親の顔であった。

しばらくすると、彼女が、「ここが、日に二回走っているバスの終点、大石沢で、これからさらに行ったところが私たちの部落です。八家族が住んでいます。小国の最奥にある集落です」と言った。

車はさらに新緑の山間を抜けるようにして走り続け、一軒の家の前で止まった。

「ここが私の家です。古い建物を、夫と私が床板を取替えたり、継ぎ足しをしたりして改築しました」

「あそこにニワトリ、それにアイガモも数羽いるね」

「私たちが飼っています。むこうに田圃もあって、米も作っています。ここは雪が多く、そのときは、二階の窓から出入りします」

彼女は玄関の戸を開けてから、なかに入った。あとに続いた。

居間兼台所に足を踏み入れると、山小屋で使用するような薪ストーブが目に入った。その横には、干し柿が四つ、五つと垂れ下がっている。一瞬、山小屋に来たような感じになった。でも、家族が暮らしている空間なのは、一目でわかる。

厚みのある黒っぽく輝く大きなテーブルをはさんで、彼女が語るここでの生活に耳を傾けた。この時間、夫は山で仕事、二人の青年は学校にいるとのこと。ほうじ茶を飲みながら歓談する。

話のなかで、彼女は長男が寮生活をしている基督教独立学園についても触れた。それを聴き、「その高等学校を見学したい」とお願いすると、快く肯いてくれた。

昼食を摂ってから彼女に連れられて、その学校へ向かった。家から車で五分走ると、大自然のなかに校舎と寮、それに牛舎などが建っているのが見えてくる。車から降りて道を歩いていると、生徒たち一人ひとりから、「こんにちは」とのかけ声をもらう。生き生きした声である。

彼女は歩きながら、この学校についての説明をはじめた。聖書を基にして真理を求め、自ら考え、大自然から学び、共に生きる人間となっていく教育を目指していると力説した。全校生徒七十五名、全員が寮生活である。感受性の強い年齢でのここでの経験は、のちの生活に豊かなものをもたらすに違いない。

車に再び乗って家に戻ったあと、この自然豊かな地を歩きたくなり、一人で山道に入った。

三十分もすると、ブナの木々の茂みとなった。それにつれて、あることが気になり出した。それは歩き出す前、彼女から、「ここら一帯は熊が出ますよ」と言われたことだった。あまり奥へ入らないことにしよう。

一時間して家に戻り、テーブルを囲んで、彼女の手作りのクッキーを食べながら、再び話をしていた。気がつくと、ここを発たねばならぬ時刻である。彼女の運転する車で小国駅へ向かった。

発車した電車の窓から外をのぞくと、仕事を終えた彼女の夫が急いで駆けつけて来たのだろう、二人並んで手を振っているのが見えた。こちらも手を振り返した。

走っている列車の窓に映る自分の顔を見ながら思っ

た。東北地方を旅していると、人も草木も大地にしっかりと根を下ろして生きているのを感じ、そうすると、私の心が膨らんできたのは確かだ。そこには、自然と共に暮らす、日本の原風景があったからだろう。

存在には、二つあるだろう。一つは、目に見える存在で絶えず変化がある。もう一つは、目に見えない記憶の存在で変化がない。この年齢になってくると、後者の存在をうれしく思うようになってくる。とくに、目に見えない記憶の存在は、外国に住んでいる私にとって、生まれ育った日本の地が、時と場を替えた異次元の世界でもあるのだ。現実の世界だけではなく、異次元の世界を、わが身一つで経験できたことを、よろこぼう。それが、自分の生をより豊かにさせているのだから。

ドイツに戻るまで、あと数日間はある。日本の大地の空気を思い切り吸って行こう。ふるさと日本の旅、バンザイだ。

大雪山の春　（二〇〇九年五月十六日〜二十二日）

東京駅を発ってから、四時間半が過ぎている。あと三十分したら、津軽海峡の下だ。と、あのことが鮮明に浮かんでくる。

大学一年生のときだった。サークルの夏合宿で北海道の大雪山に登ったことがあった。その山行が心に強く残り、自分たちが三年の執行学年になったら、再び大雪山に行こうと、同学年の山仲間たちと語り合った。そして、三年生になり、五十名のサークル員と共に、大雪山系を縦走するために青森から北海道へ渡ったのだ。列車ではなく、連絡船だった。往きの船中は胸を張って、これからの山登りに心が躍っていた。が、帰路の船上では、項垂れ、目からは悔し涙が出た。もう三十八年前のことだ。

全長約五十四キロメートルの海底トンネルに入った。列車は薄暗いなかをゴウゴウと軽い音を出しながら走って行く。記憶はあのときに少しずつ戻りつつある。が、これがもし連絡船に乗っていたら、さぞ鮮明に一つひとつのことが想い浮んできたに違いない。特急の列車、それに暗闇では、回顧への感覚は鈍い。

あっという間に、北海道の地に出た。車窓から外を眺めると、桜の花が所々に咲いているのが見える。五月中旬の今、この地ではやっと雪の季節が終わり、春の到来を告げているのだ。木全体を被っている桜の花を目にするのは、何年ぶりだろう。

曇り空の下、青色やあずき色のトタン屋根が並ぶ先に、小波が立っている海面が横たわっている。その上を、数羽のカモメが翼を傾けながら飛んでいる。窓を開けたら、海岸に打ち寄せる波の音が潮風にのって聞こえてくるに違いない。

長万部駅を過ぎると、先ほど車内販売の人に注文したカニめし弁当が運ばれてくる。早速、食べ出した。四十年前のあのカニの味だ。ご飯の上にぎっしり詰まったカニを口に入れると、じわっと汁が出てくる。折り箱にこびり付いているご飯を、箸で拾うようにしながら、最後の一粒までも口に入れた。

東京を出発してから、十時間が過ぎている。次々に現われ出てくる景色を目で追っていた。外は薄暗くなりかけていたが、車内は眩しいくらいに明るい。あとすこしで、札幌駅だ。

人口二百万都市の札幌で二泊してから、リュックを背負い、歩いて駅まで行き特急列車に乗った。昨日と違って雲一つない青空の下、列車は広大な平野をつき抜けて一路旭川へ走り続けた。

車窓からは、果てしなく広がっている代掻きの田と、枝にまだ葉を付けてないポプラの木々、それに洗ったように瑞々しい白樺の葉が、風に吹かれながら春光を浴びているのが見える。北海道ならではの風景だ。

車掌が検札に回ってきたので、訊ねた。

「この地域一帯は、石狩平野ですか」

「さあ、わかりません」

若い車掌はそう言って、頭を下げながら消えた。

二〇分ほどしただろうか、その車掌が再び私のところに来て、「調べてみたら、ここら一帯は石狩平野です」と言って、手元に持っている地図で現在地を示した。そして、「先ほどは答えることができませんで、失礼しました」と声を出しながら、帽子を取って再び頭を下げた。

こんなに優しく、親切な車掌がいるのだなと思いながら、外の景色を眺めていた。職務上ではない、その人の素直さを感じ、このようなとき、旅がさらに豊かになってくるのだ。たとえ、車掌が知っているべきことを怠ったとしても。

旭川駅で三十分待って、富良野線の各駅停まりの一両電車に腰かけた。ガタンと停車するたびに、乗客は一人、二人と降りて行く。線路に沿った草地には、モンシロチョウよりも小さい蝶がタンポポと菜の花の上を飛び交い、水田では農夫たちが田植え機を動かしている。遠くには、雪を被った峰々が連なっているのが望める。外の風景がのどかなら、車内の空気も伸び伸びしたものだ。

三十分足らずで美瑛《びえい》駅に到着。リュックを担いで駅舎を出て、バス停へ向かった。

次のバスがくるまで、あと三時間は待たねばならない。どこかで昼食を摂ろうとして、町のなかを歩き出すと、コンビニの看板が目に留まった。立ち寄ると、棚に美味しそうな助六寿司とおむすびが並んである。手を伸ばした。

駅近くの小さな公園内のベンチに座って、おいなりさんを食べはじめた。カラッとした大気、ドイツの空気と似ている。春の陽が肌にとても心地良い。遠望すると、五月の光をいっぱいに浴びながら、十勝連峰が白銀色に輝いている。あそこの麓へ、これから向かうのだ。

バスに揺られ、四十分ほどで白金《しろがね》温泉に到着して、停留所から降りると、十勝岳、美瑛岳、美瑛富士、それにトムラウシが澄み切った大空の下にくっきりと見える。あまりに間近に映し出されてくる光景にことばもなく、しばらく立ち尽くしていた。と、あそこの稜線を歩いたときのことが浮かんでくるのだった。

宿を決めなければならない。大きなホテルがいくつか建っていたが、宿泊代が高そうなので、そこを敬遠して、歩き出した。すこし行くと、食事、お土産、それに民宿と書かれた看板が目に入った。二階建ての民家らしき建物である。そこに寄って料金を訊くと、手ごろである。迷わず、ここに決めた。

二階の部屋に入ると、窓から十勝連峰がパノラマのように連なっているのが目に飛び込んでくる。リュックを降ろして、窓を開けた。さわやかな春の風が快い。しばらくすると、ここの主人がやって来た。

「今は、客がだれもいないので、近くを車で案内しますよ」

そう言って、誘ってくれる。それはありがたいと思

い、

「では、お願いします」

と、返事をして外に出た。

私より一回り若い主人とのドライブとなった。隣の十勝岳温泉と白金温泉の違いなどについて語り出すのを聴いていた。

しばらく走っていると、広々とした牧場のひと際高いところに出た。と、主人が車を停めた。

「ほら、向こうのほうに、大雪山の主峰旭岳が見えるでしょう」

まさかここから表大雪山系を眺望できるとは思っていなかったので、

「えッ、本当ですか」

と、声を上げて、主人が指差した方向に目をやった。と、旭岳それに十勝岳まで続く緩やかな稜線に、春の陽がさんさんと降り注いでいるではないか。まるで白銀の帯が、風に揺られながら靡いているかのようだ。

再び車に乗った。車道の両側には、雪の固まりがまだ残っている。明日からの山歩きが気になった。それを見抜いたかのように、主人が、

「春の山歩きをするには、まだ早いですよ。登山者は、だれも来ていませんから」

と忠告した。

「そうですか」

低い声で応えた。

一時間のドライブを終え、部屋に戻ってから、夕食を摂るために一階の食堂へ行った。

椅子に座って食べていると、調理場から主人の奥さんと母親が出て来る。主人を含めて四人の会話となった。

私が三十八年前のあのときのことを話すと、五十年近くここに住んでいた主人の母親が、私の顔を見ながら語り出した。

「学習院大学の学生が、足を骨折してヘリコプターで運ばれた新聞記事を読んだことがあった」

あの事故をうっすらと憶えていた。彼女は、続けた。

「当時は、黒いなべをかついだ女だか男だか見分けのつかない学生たちを、よく目にしたもんだ。今は、

あのような若者を見かけないが」

それを聴いていた主人が、

「今は、皆軽いリュックを背負っての日帰り登山者が多い。それも、女性たちと中高年の人たちだ。男は、ここでもはじけ者だよ」

と、言った。それを耳にした主人の母親が、

「皆、スマートになったもんだ」

と、笑い声を上げた。

二時間近くも話をしていると、ここの家族を以前から知っていたかのような錯覚に陥る。しばらくして部屋に戻り、自分で布団を敷いてから風呂場へ向かった。硫黄のにおいのする熱い湯が、とうとうと湯船に注いでいる。そこに、山から引いた冷たい水を混ぜての調節である。

ほどよい湯加減になったので、小さな湯船に浸かった。温泉の湯は心地良いものだ。タイルが黄色くなって、蛇口に砂がこびり付いたようになっていたが、山奥ではそれも趣があっていいものだ。

十時過ぎ、寝具のなかに潜りこんだ。が、掛け布団が重くて、それを跳ね除けると、寒さを感じて、なかなか寝入ることができないでいた。

目を開けると、部屋はうっすらと明るくなっていた。布団から出て、厚いカーテンを引くと、遠くに白と黒の色をした十勝連峰の稜線が浮かび上がり、山の中腹には、濃い霧が立ちこめて、それらが白樺の木々などを包んでいるのが見える。何と幻想的な光景なのだろう。眺め続けた。

腕時計をのぞくと、明け方の五時五分前である。再び寝床に入ったが、もう眠ることはできない。三十分ごとに立ち上がっては、窓に映る山景色を眺めていた。山は動かないが、まわりの大気は絶えず動いているのがわかる。

七時前、共同のトイレで用を済ませてから、洗面所で顔を洗い、外に出た。

澄んだ晴れた青空の下、山の新鮮な大気を吸いながら足の向くままに散策した。ウグイスの鳴き声がどこからともなく聞こえてくる。白樺の芽吹きの音までも、耳に入ってくるような静けさである。目線を上げると、

十勝岳頂上付近の火口から、噴気が糸を引くように立ち上っているのが望める。また、ウグイスが鳴いた。

部屋に戻ってから朝食を摂り、宿を出て、雪がまだ残る山へ向かって歩き出した。

九時過ぎの日射しは、もう強い。ドイツから持ってきた麦わら帽子を被りながら、アスファルトの道を歩いていた。この時期、観光客の姿はなく、主人が言ったように登山者はだれ一人としていない。しばらくすると、登山口の標識が目に入った。

土の道となった。ウグイスの声に誘われるようにして歩いていた。一時間もすると、熊笹に覆いかぶさっていた雪の固まりが、雪原に変わった。雪山の装備をしていないので、これ以上進んで行くのは危険だと思い、引き返すことにした。と、どこかでカサカサと音がした。昨日主人が、ここら一帯は熊の好きな食べ物が豊富にあるとも語った。そう思うと、もういけない。雪路を歩きながら、妻のことを思うことしきり。登山路ではない、遊歩道を歩くことにしよう。

宿を出てから三時間ほど経ったが、だれとも逢わない。百メートル下に、赤い屋根の国立大雪青少年交流の家が目に入った。そこへ向かった。

大きな建物前にベンチがあったので、そこに「よっこらしょ」と声を出して腰かけて靴を脱いだ。靴下はびっしょりである。それを絞りながら、もう年なのだから、いい加減にしろと自分に言い聞かせた。山に入ると、足が自然と進んでしまうから怖い。

ベンチに座りながら上を仰ぐと、富良野岳、十勝岳、美瑛岳、オプタテシキ山が一列に並び、その稜線がくっきりと白く望める。なかなかの眺望だ。

一時間近くベンチで休んでいると、足の筋肉がしだいに張ってくるのがわかる。下の白金温泉まで歩いて行けるだろうかと不安になった。

足をいくらか引きずりながら宿に帰り、主人が作ったラーメンを食堂で食べてから、部屋に戻った。

二時間ほど横になっていると、疲れが取れてきたので、昨日目にした大雪山の最高峰旭岳を再び眺めようとして、下の食堂に行った。すると、主人が、

「六キロメートル先の、昨日のところまで、車で連

れて行きますよ」

と、言ってくれたのを聞き、よろこんだ。

車から降りると、旭岳、間宮岳、化雲《かうん》岳が連なっている表大雪連峰、それに十勝連峰が横に並ぶように浮かんでいる。比類のない眺めだ。こんなにも緩やかに横に伸びた線を、今まで見たことがあっただろうか。高さは二千メートルの山々だが、スイスの四千メートルに匹敵するような横長に並ぶ大パノラマだ。三十分近く、心ゆくばかり眺め続けた。

宿へ向かって、車道を歩き出した。大雪山系に登った記憶をたどっている自分がいる。あのとき、サークル員の一人が足を骨折して、ヘリコプターで運ばれたのだ。計画通りに行かないで、途中で引き返した夏合宿。それに、東京に戻ってからの適切ではなかった、執行学年の一員としての私の行動。しかし、あのときに味わった体験があったからこそ、今の自分があるのだ。

過去と現在を結ぶ物語が、心のなかで湧いている。過ぎた日の経験、それも苦い経験を見つめれば見つめるほど、今に至るまでの物語を見つけることができる。これは、年を重ねてきた人に与えられた特権だろう。それをバネにしてさらに生きていかねば。若い時分は、体験した意味の深さを知り、物語を創ることはできない。

夕刻の六時過ぎになっても、まだ澄んだ青空である。このような日は珍しいに違いない。春の穏やかな夕日に、まだ雪で被われている大雪山系が照り輝いている。立ち尽くして眺め続けた。

宿に着くまでには、まだ四キロメートルはある。再び、道を歩き出した。

合掌造りの白川郷と五箇山　（二〇〇九年五月二十九～三十一日）

名古屋駅で乗り換えて、特急列車の飛騨ワイドビュー号に乗った。しばらくすると、深い渓谷の下に、青く済んだ水が所々に見え出し、険しい山々が目に飛び込みはじめてくる。

単線を走る列車は、濃い緑に包まれながら建ち並ぶ民家を縫うように進み、飛騨川に架かっている小さな鉄橋を渡るたびにゴトンゴトンと音を鳴らし、いくつものトンネルを抜けるごとに、新たな景色が展開してくる。久しぶりの日本の渓谷風景に、懐かしさを覚えながら眺めていた。あとすこしで、高山駅に到着だ。

駅を出てから、宿を探した。リュックを背負って二分ほど歩いていると、シングル二千五百円の看板が目に留まった。あまりに安いので、そこへ行くかどうか迷ったが、足はもうその宿のカウンターに立っていた。あどけない丸顔をした女性に訊いた。

「泊まりたいと思うのですが、部屋を見せてくれますか」

彼女は、こちらを上から下までのぞき込むようにして見た。

「お一人さんですか。いいでしょう。これを持って部屋に行ってください」

そう言ってから、鍵を渡してくれる。それを手にして、五階に上った。トイレと洗面所は付いていないが、清潔そうなベッドが置いてある。これで十分だ。投宿することにした。

リュックを置き、宿を出てから、古い町並みが残っているところへ向かって歩き出した。

黒く塗られた出格子が並ぶ通りには、今も江戸時代の城下町の名残を知るような町家造りの商家、民家、郷土料理店、それに土産物店が軒を連ねていた。五月下旬のこの時期、観光客の姿を多く見かける。通りで耳にすることばは、中国語と韓国語が多い。三分の二以上は、中国や台湾や韓国の人たちだろう。

一時間近く足に任せて歩いていると、疲れを感じ始める。この古い町並み（さんまち）の軒下に、休むことのできる長椅子が所々に置いてあったので、どこかで休もうとした。と、ちょうど宮川に架かっている朱色をした中橋の横に、長椅子があったので腰かけた。

座りながら、目の前を歩いている人の姿を目で追った。二人連れは六十代のリタイヤーした夫婦たち。三人連れは若い日本の女性。四人以上になると、中国と韓国の人が多い。一人で歩いている人はプラスチックの買い物袋を手に持った地元の人だ。このようなことをしていられるのも、ひとり旅だからこそできるのだろうと思いながら眺めていた。

日が傾きはじめたので、腰を上げて、古いさんまちを再び歩き出した。

観光客の姿は消え、店を閉じているところもある。格子窓の奥に明かりが灯り、通りは先ほどとは違う静かな佇まいに変わっていた。落ち着いた風情が漂うなかを、ゆっくりと周囲の古い建物などに目をやりながらぶらついていた。

宮川に架かる橋から下をのぞくと、鯉がエサを探している姿が薄暗やみでもはっきりと見える。それに、川に沿って立ち並ぶ家々などを目にしていると、ここが飛騨の小京都なのが納得できた。

翌朝、宿の清算をしてから、リュックを担いで駅近くのバス停へ行き、朝一番のバスに乗った。曇り空の下、バスは山峡の村をいくつか通り抜けて、奥へ奥へ走り続けた。新緑を終えた葉が、濃い緑色に変わり、山肌を密に埋めつくしているのが見える。

一時間ほどで、白川郷に到着。早速、観光案内所に行き、今夜泊まる民宿を斡旋してもらうと、茅葺き屋根の家を紹介してくれたので、そこへ向かった。

宿に着き、リュックを玄関に置いてから外に出ると、太陽が照り出してくる。集落内に建っているいくつかの合掌造りの家屋前で、立ち止まっては、それらの建築様式を眺めていた。

土曜日なせいか、観光客が多い。しばらくして、こんどは緩い勾配を登り、白川郷を一望できる高台に立つと、急峻な山々に囲まれた集落が見えた。自然と融和している姿だ。

ここですこし立ち尽くしてから、今来た道をゆっくりと下った。小鳥の鳴き声が聞こえ、蝉の声が一段と高くなってくる。五月に蝉の声を耳にするとは、思いも寄らぬこと。耳を澄ました。

下に着き、どっしりとした大きな合掌造りの家々を再び見ながら歩いていた。稲を植えた田の水面が、陽を浴びて青色に輝き、紫と白の色をした花ショウブが、民家の庭先で誇ったように咲いている。水が至るところで流れているのを目にして、ここは、水で育まれている豊かな山里なのがわかった。

遅くなった昼食を摂ってから、合掌造りの建物内を見学したくなり、野外博物館の民家園を訪れることにした。

園内の九棟の一軒一軒を見て廻っていた。六十度の急勾配はあるだろう大きな茅葺き屋根のある家のなかに入った。ここで、四十数名の大家族が暮らしていたのである。排便は数人一緒にできるように、板の間から落とす造りである。木材の組み立ては、風や雪の重みに耐えられるように、釘とカスガイは一切使用していない。すべて荒縄でしばってある。二階は養蚕ができるようになっていた。生活の場と生業の場が一つになったのが、合掌造りのようだ。

家のなかの柱は、どれもススで真っ黒である。囲炉裏のある一階の広々とした空間は、夏は風で涼しいだろうが、冬は豪雪地帯の暮らしだ。さぞ厳しいに違いない。

二時間以上、この博物館の園内にいてから外に出て、視線を山に向けると、自生しているダケカンバやブナの緑が山肌を被っているのが望める。目の前のトチノキの横で、田植えをしている人を見かける。ここで暮らしている約二千人のなかには、観光客を訝しげにとらえる人もいるだろう。ふと、足元に目を落とすと、一メートルほどの青大将がゆっくりと這っている。観光客の私を威嚇しているかのようだ。

五時過ぎ、今晩泊まる合掌造りの民宿に戻り、四畳の部屋で番茶を飲んで一休みしてから、五百メートル先の温泉へ行った。そして、大きな湯船に浸かっては出て、それを何度も繰り返していた。

庄川の川瀬の水音が耳に届いてくる。そちらに目をやると、澄んだ水が川底で青色となって揺れているのが見える。岩魚が泳いでいそうなところだ。

一時間ほどして銭湯から出ると、陽は山かげに没し、あたりは夕闇に閉ざされていた。通りには、観光客の姿はまったくない。昔からの里山の静かな佇まいだ。温泉で温まった体で、宿に戻った。

部屋に入ると、夕食の膳がテーブルに置いてあった。早速、それを食べ出した。この周辺で採れたものばかりである。飛騨肉も盛ってあったが、肉をそう好まないので、勿体ないと思いつつ食べ残した。

部屋は襖四枚で区切れているので、隣室の灯りがふすまの間から漏れてくる。今晩は夫婦連れの会話、それに寝返りする音も聞こえてくるだろう。外では、カエルが盛んに鳴いている。

係りの人が布団を持って部屋に入ってきて、それを敷こうとしたので、「自分でできますから」と私は言ってから、布団を伸ばした。と、一センチ弱ほどの棒状の虫が這っていた。これも、山麓でよく目にする日常的なことだ。

夜中に目が覚め、腕時計をのぞくと、まだ二時過ぎである。カエルの大合唱の声を耳にしながら、再び眠りに就いた。

六時を打つ鐘の音が、近くの明善寺から響き渡ってくる。

朝食を摂ったあと、リュックを再び背負い、バス停まで歩いて行った。灰色の雲が空を覆い、今にも雨が降りそうな気配である。

バスは数軒の農家が寄り添っているところを、縫うように走り続け、岐阜県から富山県に入った。と、針葉樹が多くなり、山が一層深くなり出した。小一時間で相倉口《あいくらぐち》の停留所に到着。リュックを再び担ぎ、五箇山の合掌造りの集落に足を踏み入れた。

日曜日なのに、観光客はほとんどいない。天気が悪いせいだろう。土産店で二、三人を見かけるだけである。白川郷と較べると、二十三棟の茅葺屋根はどれも小さい造りだ。人口がわずか六十名のこの村も、四方を山々に囲まれている。

棚田などを目にしながらぶらついていると、古くから伝わる歴史を背景にしながら、ここの人たちは暮らしているのを感じ出す。

十メートル先に、地元の人らしき男性がいたので話しかけた。

「ここは静かですね。昨日は白川郷にいたのですが、人の数が多かったです」

「あそこは観光地になってしまった。将来も世界遺産に値するかどうかだ」

六十歳ぐらいの人は、にがにがしい顔で言い、さらに、

「あそこの町役人は、自分の職を辞めて、民宿を運営するようになってしまった。そのほうが儲かるのだろう」

と、つけ加えた。

「ここも世界遺産に登録されていますが、年間どのくらいの人が訪れるのですか。白川郷では、百八十万人と聞きましたが」

「まあ三十万人ぐらいだろう。ほら、あそこに三つの茅葺の屋根が見えるだろう。あれらは、今売りに出しているが、なかなか買い手がない。家主の子供たちは、大きな街へ行ってしまい、親は年をとり、長男の家で暮らすようになったりするからな」

「失礼ですが、どのくらいの額なのですか」

「四百万円ぐらいだろう。売る際は、百万円ぐらいだろうが。ただ、ここに長く住むことが必要だ。若い家族が入居してくるといいのだが」

この人と話しをしていると、ここで誇らしく暮らし、この村の歴史を引き継ぎ、未来にそれを遺していこうとしているのを感じる。自然を敬う心が、この人には

あるからだろう。

世界遺産は過去の遺産だけではなく、未来へ続けてこそ、その名に値するだろう。その未来には、自然と共に暮らす人の姿があると思う。目の前にいる方が、まさにそのような人だ。

この相倉合掌造り集落に立ち、物静かな佇まいに耳を澄ましていると、気持ちが落ち着き、時間がゆったりと流れているのを覚える。このようなところが、日本の原風景だ。

育ったところ　（二〇一〇年四月二十五〜二十七日）

受付で宿泊代を払い、ベッドシーツを手にして一階の部屋に入ると、ベッドと小さな机、それに三畳ぐらいの広さを掃除するための箒とちりとりが置いてあった。いくらか狭い空間だが、一泊三千円と安いのがいい。

一メートル四方の窓から外を眺めると、薄暗やみのなかに松林が見える。先ほどまで、大学時代の山の仲間たちと、丹沢付近の山々を久しぶりに歩いてきたので、身体は疲れ切っていた。早速、掛け布団にシーツを取り付けてから、ベッドに潜り込んだ。

六時半、起き出してカーテンを引くと、四月下旬のやわらかい朝日が松葉の間から輝くように入ってくる。窓を開けると、小鳥たちの鳴き声の替わりに、カラスの声が聞こえてくる。それも二羽や三羽ではない。カラスの大合唱だ。

外を眺めていると、中学生たちが朝のジョギングをしている姿を見かける。ここは、一九六四年の東京オリンピックの際に、選手たちが寝泊りしていたところである。今はユースホステルとなっている。

さあ、東京での一日のはじまりだ。

共同の洗面所で顔を洗い、自室に戻り、昨晩コンビニで購入した食パンにドイツから持ってきた蜂蜜をぬっての朝食である。窓から入ってくる爽やかな朝の風に、蜂蜜の香りが溶けあい、ゆったりとした気持ちで食事をとった。

八時過ぎ、代々木のオリンピック記念青少年総合センター内にあるユースを出て、幼児期から大学を卒業するまで暮らしたところへ向かった。

　小田急線に乗って、新宿駅で降りてから、山手線に乗り換えようとホームを歩いていると、人、人、人の群れである。その流れに入ると、群れから外れるのがひと苦労だ。今も、当時と変わりはない。

　電車に乗ると、身動きができないほどである。左右に揺れるたびに、体が隣の人に触れる。まわりを見回すと、携帯電話の画面をのぞいている人が多い。それも、若い女性たちばかりだ。日本の女性たちよ、手元の画面で今日の職場についての情報を得ているのかもしれないが、遠くに近くに視線を向けてはと思ってしまう。一人ひとり、しゃれた服を身に着けているのに、目の輝きを見ることができないのはさみしいかぎりだ。

　つり革につかまっていた私の手が、前にいた女性の茶髪に一瞬触れた。女性は振り返り、こちらを一瞥した。怖いものだ。

　四つ目の目黒駅で降りて改札口を出ると、駅前広場である。四十数年前と広さは同じだが、周囲の建物は当時のままではない。とんきで食べたとんかつ店は、今はない。あのやわらかい肉とシャキッとしたキャベツの食感は、特別だった。当時は贅沢な味だった。

　ビルの谷間を歩いて行くと、自然教育園前に出た。さらに進むと、歩道に白い花のハナミズキや赤いツツジの花、それに夏みかんの木に実がなっているのを目にする。私が住んでいたころは、通りに緑の木々がそうなかったのだが、今は違っていた。

　さらに行くと、結婚式などが催される八芳園が見えてくる。その門の前を通ると、あのことが浮かんでくる。

　夕方の五時過ぎになると、毎日、東京新聞の夕刊百部を肩から背負って、その一部を八芳園に届けていたことがあった。小学五年から中学二年までのことだった。それで得た毎月千五百円の賃金で、時代劇が好きだった私は、東映の映画をよく観にいったものだ。今目を閉じても、美空ひばり、中村錦之助、大川橋蔵、それに片岡千恵蔵などの姿が浮かび上がってくる。それに、八芳園の前ラーメンが四十円の時代だった。

を通ると、学校から下校中の好きな女の子としばしば出逢ったものだ。あのときは恥ずかしいやら、複雑な気持ちだった。

　仲の良かった、小学校のクラスメートの一人が、言ったことを今も想い出す。

「よこい、初恋って知っているかよ」

「初めて恋したことだろ」

あの彼女、今はどうしているのだろう。

　さらに進むと、白金小学校前に出た。学校から一分もしないところに住んでいたので、授業がはじまるチャイムが鳴るのを聞いて、登校していたものだった。当時、学校のそばに並び建っていた牛乳屋、肉屋、豆腐屋、それにパン屋は今はない。コッペパンに揚げあがった熱いハムフライを挟み、ソースをたっぷりかけてのあの味と匂いを、今でも想い出すことができる。

　すこし行くと、私が住んでいた中二階建ての家はもうなくなって、時間貸しの駐車場となっていた。隣の八百屋と写真館は跡形もない。今は車が十台ほど置かれてあった。変わってしまったものだと思いながら、その駐車場の一角にしばらく立ち尽くしていた。と、当時ここで、親そしてきょうだいと暮らしていた時分のことが想い出され、とくに、母の姿が鮮明に浮かんでくる。六十代で逝ってしまった両親。早過ぎた二人の生だった。目を瞑った。

　当時住んでいた家の周辺の建物はなくなっていたが、通りはそのままあった。この通りで、近所の仲間たちと、メンコやビー玉や釘さしをしたものだ。皆、今はどのような暮らしをしているのだろう。

　百メートルほど進んで行くと、若い学生たちの姿を見かけるようになった。明治学院の大学生たちだ。女学生たちはいろいろな服を着て、おしゃれを感じる。テュービンゲンの学生たちは、男も女もほとんどジーンズと簡単なシャツを身に着けているが、日本の女子学生は違う。バッグまでも様々で、ファッションショーを見ているようだ。社会に出るまでの彼女たちのたのしみなのかも知れない。またそれができる日本の社会だ。

　明治学院大学の正門前を通って、十分ほど行くと、昔通っていた港区立高松中学校の校舎が見えてくる。校門の前に立った。あまりの違いに、目が丸くなった。古びた木造二階の校舎が、鉄骨コンクリートの五階建てになっていたからだ。

門の横に立っている掲示板を読んでいると、今は一学年三クラスあって、一クラス三十数名となっている。昭和の団塊世代の私たちの時分は、一学年十クラスの編成で、一クラスの人数は六十名だった。集団の力動性のなかで、様々な経験をしたものだ。

校舎前の花壇には、いろいろな花が色鮮やかに咲いている。あの当時、花などを校舎内で目にすることはなかった。だれが世話をしているのだろうかと思いながら、花壇を眺めていた。

鍵のかかった鉄柵の校門前でしばらく立ち続けてから、道幅二メートルの狭い坂道を下った。この道を歩いて学校に通ったのだ。数分もしないうちに、高いビルディングのみやこホテルが見え出してくる。再びビルの谷間を縫うようにして進んだ。

ふと、腕時計をのぞくと、十二時が過ぎている。すこし先にコンビニがあったので、そこに入り、おにぎり四つとりんごジュースを手にして店を出た。と、通りの向こう側のビルディングが目に入った。

あそこは、当時は小学校のクラスメートの家だった。毎週一回、夜の八時になると、彼の家に行ってたことがあった。目的は、白黒のテレビジョンに映る力道山のプロレスを観るためだった。画面の前には、いつも近所の遊び仲間が十名ぐらい畳の上に座っていた。テレビが出はじめたころのことだ。

笛吹童子、赤胴鈴の助、それに月光仮面などの名前が浮かんでくる。それに、胸を弾ませながら、漫画の本を借りに貸し本屋にもよく通った。遠い過去の記憶に存在するものが、途切れることもなくふつふつと涌き出てくる。

五分ほど行くと、緑の木々に囲まれた広い公園が見え出す。そのなかに入り、木のベンチに腰かけて、おにぎりを食べ出した。雲一つない青空の下、爽やかな風を肌に感じながらの時間である。

数十メートル先では、小さな子供たちを連れた若いお母さんたち七〜九名が、木の下でビニールシートを敷いて昼食を摂っている。赤ちゃんに乳を飲ませているお母さんもいる。多分、広い道路を挟んで建っているマンションに住んでいる人たちなのだろう。皆の笑い声が軽やかな風に乗って、こちらまで響いてくる。数えると、四つの小グループが芝生の上で輪になっている。毎日ここに来て、どんな会話を交わしているのだろう。

昔はこのような光景を目にすることはなかった。そのような余裕はなかった。子育ての彼女たちの姿が眩しく映る。妻も若いころ、このような輪のなかに入っていたら、たのしかっただろうに。障がいのあるミヒャエルに毎日追われていた日々の彼女だった。

昼食を済ませてからも、目の前に映る光景を眺めていた。と、金髪のお母さんとおそらくハーフの幼児二名が公園内に入ってきて、ビニールシートを広げ、その上に腰かけた。しばらくしてもその親子は、三人のままでいる。近くにいる日本のお母さんたちも、子供たちも、彼らのところには近寄らない。三人とも寂しいのではないだろうか。複雑な気持ちで、その情景を眺めていた。

ベンチから立ち上がり、ユースホステルに戻ろうと目黒駅へ向かって再び歩き出した。頭のなかでは、当時経験したことが、今の自分とどのように繋がっているのだろうと考え続けたが、なかなか答えが見つからなかった。

再び山手線の電車に乗って、原宿で降りてから歩き出すと、都内で一番広いといわれる代々木公園の入り口前に出た。

園内に入ると、緑の木々と芝生が、春の陽を浴びながら広がっている。このような優しい風景が都内にあるのを、二十数年間東京で暮らしていて知らなかった。

土の道を歩いていると、ジョギングをしている人や、若い男女のカップルや、グループで輪になって芝生の上に座りながら歓談している人たちを見かける。それに、自転車に乗っている中年の女性や、小さな池の側で横笛を吹いている男性、それに親子連れの家族や、視覚障がいのある人と手を結んで駆けている伴走者なども目にする。皆生き生きしている姿ばかりだ。

人ばかりだけではない。犬たちも自由に駆け回ることができるランという柵のなかで、他の犬を追い駆けたりして、たのしそうに走り回っている。ふと、立ち止まると、体長十五センチぐらいの亀がのそりのそりと歩いているではないか。そばに女性がいたので話しかけた。

「あなたの亀なのですか」

「ええ、そうですよ」

「毎日ここに来るのですか」

「週に二回ぐらいの割りで、ユウちゃんと散歩しますよ。このユウちゃん、わたしが仕事から帰ると、真っ先にわたしの足の甲にのるのですよ」

中年女性は、ユウちゃんが自分の子供のようだと、ニコニコした顔で言った。

時々、カラスの鳴き声を耳にしながら足に任せて歩いた。生き物たちは、ここでよろこびを見出しているのだ。自分もそうだ。先ほどまで考えていた、過去の経験と今の自分との繋がりがどのようなものかということが再び浮かんでくる。当時の経験があったからこそ、今をたのしんでいられるのだ。それを、ただ素直にあるがまま受けとるだけだ。

五時過ぎにユースに戻り、一休みしてから青少年センター内にある大きなレストランに行った。一日中歩き廻っていたので、お腹がすいた。レストランの入り口で、六百七十円の食券を買い、中華、和食、麺類などの十種類ほどの品々から、自分で選んだものを持ってテーブルに着いた。

あたりを見回すと、皆のお盆にはサラダとデザートがのっている。ここは飲料水とサラダとデザート、それにご飯と味噌汁の御代わりは自由なようだ。そこで二杯目のご飯と味噌汁、それと旅で欠けていたサラダを心ゆくまで食べた。ここのおかずは、昔親しんだ日本の味だ。それに、大勢の中学生たちと引率の先生たちと一緒の食事である。若い人たちを見ながら日本食を味わっていると、自分の若いころのことが想い出されてくる。このままずっと座っていたくなった。

よろこびで満ちた胃と心で自室に帰り、五、六人が入れる風呂場に行った。

五月の連休前なので、宿泊客をあまり見かけない。湯船には、私一人だけである。しばらく浸かっていると、近所の遊び仲間と銭湯に入り、その帰り道、駄菓子屋で時々ラムネを飲んだことが想い浮かんでくる。あの味は今も覚えている。湯につかり続けた。

おわりに

ドイツのテュービンゲン市に住むようになってから、二十六年が過ぎようとしている。その間、私は年に数回ほど友人や知人たちに、ここでの私の暮らしについて書いてきたものを、テュービンゲン便りなる小冊子に載せて送り続けてきた。

気がつくと、その便りは百号以上となっていた。そこで、それらを何とかまとめようと試みた。そして、テーマ別に整理して、テュービンゲン便りの総集編ができ上がった。それを読んだ、静岡大学の松田純氏から連絡があって、本にしてはどうかとのご提案をいただいた。私は、「もちろん、願ってもないことです」と応えると、氏は早速知り合いの知泉書館の小山光夫氏に問い合わせして、この本の成立となった。

題の「小さなよろこび　大きな幸せ」は、日本の文化・社会・言語と異なる社会のなかで暮らしてきた私が、身をもって体験したなかから出たことばである。そこには、この書のなかにしばしば出てくる「共に」との関係が深くあると思っている。それに支えられ、私は暮らしてきたし、それは今後も変わりはないと思うからだ。この「共に」ということは、人が生きていくうえで無くてはならないものと思っている。そこに、私は普遍的な真理を見つけるし、それを信じる自分でもある。

人はだれでも、どのように生きたらいいのだろうかと考えるときがしばしばあると思う。私の場合は、異国の地で何かと戸惑いながら、自分の毎日の行為を反省しながら、家族、周りの人、社会の人たちと暮らしているところがある。この書は、その証しのようなところがある。

なお、後半の旅の編もテュービンゲン便りに載せたものばかりである。

最後に、哲学書や宗教書を主に扱っている知泉書館が、私の稚拙な文章を本にしてくださるとは思いも寄らぬことだった。それも、本にしようとの話が出て、二か月足らずで刊行に至った運びには、松田純氏、そして小山光夫氏のご尽力があったからこそと思っている。お二人に、心から厚くお礼を申し上げたい。

二〇一二年六月一三日

横井　秀治

横井　秀治（よこい・ひでじ）
1948年に東京都で生まれる。学習院大学経済学部卒業。土浦の障害児施設（尚恵学園），浜松の障害児施設（子羊学園）での勤務を経て，障害幼児のための「土浦おもちゃライブラリー」主宰，かたわら三枝充悳先生（筑波大学）の下で宗教哲学を学ぶ。1986 年からドイツのテュービンゲンに在住，ハウスマンをしつつ「テュービンゲン便り」を発行。
著書に「GEMEINSAM-IN DANKBARKEIT（共に，そして感謝）」と「LEBEN An den Ufern des Neckar（ネッカー川のほとり　生きる）」がある。

〔小さなよろこび　大きな幸せ〕　ISBN978-4-86285-140-6

2012 年 9 月 15 日　第 1 刷印刷
2012 年 9 月 20 日　第 1 刷発行

著　者　横　井　秀　治
発行者　小　山　光　夫
製　版　ジ　ャ　ッ　ト

発行所　〒113-0033 東京都文京区本郷1-13-2
電話03(3814)6161 振替00120-6-117170
http://www.chisen.co.jp
株式会社　知泉書館

Printed in Japan　印刷・製本／藤原印刷